Rainer Noch (Hrsg.)

e-Vergabe in der Praxis

e-Vergabe in der Praxis

Herausgegeben von
Rainer Noch, Oppler Hering Rechtsanwälte PartGmbB,
München

Bearbeitet von
Dr. jur. Rainer Noch
Prof. Dr. jur. Hilmar Brunner
Dipl.-Betriebswirt Florian Andrä

DE GRUYTER

Zitiervorschlag: *Noch* e-Vergabe in der Praxis, Rn.

Hinweis:
Alle Angaben in diesem Werk sind nach bestem Wissen unter Anwendung aller gebotenen Sorgfalt erstellt worden. Trotzdem kann von dem Verlag und den Autoren keine Haftung für etwaige Fehler übernommen werden.

ISBN 978-3-11-033035-9
e-ISBN 978-3-11-033069-4

Bibliografische Information der Deutschen Nationalbibliothek
Die Deutsche Nationalbibliothek verzeichnet diese Publikation in der Deutschen Nationalbibliografie; detaillierte bibliografische Daten sind im Internet über http://dnb.d-nb.de abrufbar.

Einbandabbildung: RalcherDesign/iStock/Thinkstock
Datenkonvertierung/Satz: Werksatz Schmidt & Schulz GmbH, Gräfenhainichen
Druck: CPI books GmbH, Leck
♾ Gedruckt auf säurefreiem Papier
Printed in Germany

www.degruyter.com

Vorwort

Ebenso wie der Handkurbelbetrieb beim Auto einstmals durch den Anlasser ersetzt wurde, stehen auch im öffentlichen Vergabewesen fortgeschrittenere Methoden der Verfahrensdurchführung auf der Auftraggeberseite einerseits sowie auf der Anbieterseite andererseits im Rahmen der Angebotsabgabe zur Einführung an. Taktgeber ist einmal mehr die EU, die mit dem am 28. März 2014 veröffentlichten EU-Richtlinienpaket in gestaffelter Form die Einführung von elektronischen Vergabeprozessen bei der öffentlichen Auftragsvergabe verpflichtend macht. Die Umsetzung dieser Vorgaben in der Bundesrepublik Deutschland steht unmittelbar vor der Tür, und es würde wenig Sinn ergeben, bei Aufträgen oberhalb der EU-Schwellenwerte andere Vergabeprozesse und -methoden vorzusehen als unterhalb der EU-Schwelle.

Was bis zum Jahre 2019, und bei zentralstaatlichen Auftraggebern noch viel eher, staatliche Pflicht wird, muss zum Standard für alle Anwender avancieren. Die Zeiten, als man es sich noch leisten konnte, die elektronische Vergabe „links liegen" zu lassen, sind endgültig vorbei. Um einem Missverständnis vorzubeugen: Man kann sich nicht damit begnügen, die Versendung der Vergabeunterlagen oder deren Herunterlademöglichkeit als „elektronische Vergabe" zu titulieren. Gemeint ist vielmehr die komplette Abbildung des Vergabeprozesses in elektronischer Form, also inklusive digitaler Angebotsabgabe und Dokumentation.

Das Buch verfolgt das Ziel, die elektronischen Vergabeprozesse in ihren tatsächlichen und rechtlichen Bezügen darzustellen, aber auch durch zahlreiche Abbildungen zu veranschaulichen. Visualisierung und Erläuterung gehören zusammen, und sie bilden auch ein notwendiges Element, um dem Entstehen von Abneigungen vorzubeugen oder um bereits vorhandene Ängste vor dieser sicherlich vieles verändernden neuen Form der Vergabeprozesse abzubauen.

Ganz bewusst wurde Wert gelegt auf die Bezüge zu anderen Bereichen der öffentlichen Verwaltung, die zwar nicht unmittelbar etwas mit der öffentlichen Auftragsvergabe zu tun haben, die aber in den notwendigen Kontext gehören. Es geht zum Beispiel konkret um elektronische Rechnungen und um die jeweils in den Bundesländern laufenden Programme zur Digitalisierung der Verwaltung. Weder Verwaltungsmitarbeiter, noch die Rechtsanwaltschaft oder Fachberater können diesbezüglich heutzutage noch „auf Lücke setzen".

Der Herausgeber dankt seinen Autoren, ohne welche die Verwirklichung dieses Projektes nicht möglich gewesen wäre. Besonderer Dank gilt für die journalistische und technische Unterstützung meinem Mitarbeiter Herrn Nikolaus Poppitz.

Herausgeber und Autoren wünschen den Lesern und Nutzern gute Lektüre und praktischen Gewinn.

Unkel bei Bonn, Berlin und München im Juli 2014

Inhaltsübersicht

Kapitel 5
Die Vorteile

Kapitel 6
Die Nachteile

Kapitel 7
Muster

Kapitel 8
Ausblick

Inhaltsverzeichnis

Kapitel 2
eGovernment in der Umsetzung

Kapitel 4
Einsparungspotentiale durch elektronische Vergabe

Kapitel 5
Die Vorteile

Kapitel 8
Ausblick

Abkürzungsverzeichnis

a.a.O.	am angegebenen Ort
a.F.	alter Fassung
Abl.	Amtsblatt der EU
Abs.	Absatz
AISBL	Association international sans but lucratif (Internationaler Idealverein nach belgischem Recht)
AnA	Angebotsassistent
App	Application (Computerprogramm für mobile Endgeräte)
Art.	Artikel
Aufl.	Auflage
Az.	Aktenzeichen
BAFöG	Berufsausbildungsförderungsgesetz
BAG	Bundesarbeitsgericht
BayObLG	Bayerisches Oberstes Landesgericht
BDI	Bundesverband der deutschen Industrie e.V.
Beschl.	Beschluss
BGB	Bürgerliches Gesetzbuch
BGH	Bundesgerichtshof
BHO	Bundeshaushaltsordnung
BIP	Bruttoinlandsprodukt
BME	Bundesverband Materialwirtschaft, Einkauf und Logistik e.V.
BMI	Bundesministerium des Innern
BMWi	Bundesministerium für Wirtschaft und Energie (1998–2002 und 2005–2013: Bundesministerium für Wirtschaft und Technologie, 2002–2005: Bundesministerium für Wirtschaft und Arbeit)
BSI	Bundesamt für Sicherheit in der Informationstechnik
BT-	Bundestags-
bzgl.	bezüglich
bzw.	beziehungsweise
CeBIT	Centrum für Büroautomation, Informationstechnologie und Telekommunikation (Warenmesse)
CPV	Common Procurement Vocabulary: Gemeinsames Vokabular der EU für öffentliche Aufträge
d.h.	das heißt
D-U-N-S	Data Universal Numbering System (Eindeutige Identifizierungsnummern für Unternehmen; Warenzeichen der Fa. B&D)
EDV	Elektronische Datenverarbeitung = IT
EGovG	Gesetz zur Förderung der elektronischen Verwaltung
eID	elektronischer Identitätsnachweis
ELSTER	Elektronische Steuererklärung
endg.	endgültig
et al.	und andere
EuGH	Europäischer Gerichtshof

EWR	Europäischer Wirtschaftsraum
f; ff	folgend(e)
FormAnpG	Formanpassungsgesetz
GAEB	Gemeinsamer Ausschuss Elektronik im Bauwesen
GG	Grundgesetz
ggf.	gegebenenfalls
GPA	Government Procurement Agreement: Beschaffungsabkommen
GWB	Gesetz gegen Wettbewerbsbeschränkungen
https	hypertext transfer protocol secure (Sicherer Übertragungsstandard in Internet)
HWK	Handwerkskammer
i.e.S.	im engeren Sinne
ICT	information and communication technology = IKT
IDA	Interchange of data between administrations: Datenaustausch zwischen Behörden
IDABC	Interoperable Delivery of Pan-European eGovernment Services to Public Administrations, Business and Citizens: Interoperable Bereitstellung von europaweiten eGovernment-Dienstleistungen für Öffentliche Verwaltungen, Wirtschaft und Bürger
IHK	Industrie- und Handelskammer
IKT	Informations- und Kommunikationstechnik
ISBN	Internationale Standard Buch-Nummer
IT	Informationstechnologie = EDV
IuK	Internet und Kommunikation
Kfz	Kraftfahrzeug
KMU	Kleine und mittlere Unternehmen
LHO	Landeshaushaltsordnung(en)
lit.	Buchstabe
LS	Leitsatz
LZD	Landesamt für zentrale Dienste
MPBC	Multiplattform-Bieterclient (Dienstprogramm für Bieter, das mehrere Ausschreibungsplattformen zusammenfassend bearbeiten kann)
MwSt	Mehrwertsteuer
NUTS	Nomenclature des unités territoriales statistiques: Statistische Code für geografische Einheiten
o.ä.	oder ähnliches
OLG	Oberlandesgericht
OSCI	Online Services Computer Interface (Internet-Standard für die deutsche öffentliche Verwaltung)
P2P	peer-to-peer: Direktverbindung zwischen zwei Computern

PEPPOL	Pan-European Public Procurement Online: Europaweite öffentliche Online-Beschaffung
PIN	Persönliche Identifikationsnummer
PQ	Präqualifikation
Pub.L.	Public Law
RL	Richtlinie (der EWG, EG oder EU)
Rn.	Randnummer
RoI	Return on Investment: Kapitalrentabilität
Rs.	Rechtssache
S.	Seite
s.o.(u.)	siehe oben (unten)
SektVO	Sektorenverordnung
SGB	Sozialgesetzbuch
SigG	Signaturgesetz
SIMAP	Système d'information pour les marchés publics européens: Informationssystem für die Europäische öffentliche Auftragsvergabe
SMS	Short Message Service: Kurznachrichtendienst (im Mobilfunk)
SOA	Service-orientierte Architektur (eines Computerprogramms)
sog.	sogenannte/r/s
TED	Tenders Electronic Daily (Bekanntmachungsportal der EU)
TR	Technische Richtlinie
u.a.	unter anderem
u.ä.	und ähnliche(s)
u.s.w.	und so weiter
u.U.	unter Umständen
UN	United Nations: Vereinte Nationen
URL	Uniform Resource Locator: Eindeutige Quellenangabe (für eine Datei im Internet)
Urt.	Urteil
USt.	Umsatzsteuer
vgl.	vergleiche
VgV	Vergabeverordnung
VK	Vergabekammer
VKR	Vergabekoordinierungsrichtlinie
VN	Vergabe Navigator (Zeitschrift)
VOB	bis 2009: Verdingungsordnung für Bauleistungen, danach: Vergabe- und Vertragsordnung für Bauleistungen
VOF	bis 2009: Verdingungsordnung für freiberufliche Leistungen, danach: Vergabeordnung für freiberufliche Leistungen
VOL	bis 2009: Verdingungsordnung für Leistungen, danach: Vergabe- und Vertragsordnung für Leistungen
VS	Vergabe Spezial (Zeitschrift)
vs.	versus: gegenüber
VSVgV	Vergabeverordnung für die Bereiche Verteidigung und Sicherheit
VwVfG	Verwaltungsverfahrensgesetz (des Bundes)

WSDL	Web Services Description Language (Computersprache zum Datenaustausch zwischen Webanwendungen)
WTO	World Trade Organization: Welthandelsorganisation
XMeld	OSCI-Erweiterung zum Austausch von Melderegisterdaten
XML	Extensible Markup Language (erweiterbare Auszeichnungssprache für Computer)
z.B.	zum Beispiel
z.T.	zum Teil
ZfBR	Zeitschrift für deutsches und internationales Bau- und Vergaberecht
ZPO	Zivilprozessordnung

Bearbeiterverzeichnis

Florian Andrä, Jg. 1978. Er hat Rechts- und Wirtschaftswissenschaften an den Universitäten Konstanz und Ulm studiert. Praktische Erfahrungen im Bereich Vergaberecht und Vergabeverfahren hat er als Referent für Beschaffungen bei der Deutschen Akademie der Technikwissenschaften (acatech) gesammelt. Seit Mitte 2012 ist er als selbstständiger Kommunalberater mit dem Schwerpunkt Vergabe tätig.

Hilmar Brunner, Jg. 1974; Prof. Dr. jur., Projekt-Betriebswirt (VWA), Rechtsanwalt in Neu-Ulm und München. Prof. Brunner hat Rechtswissenschaften an der LMU München studiert. Er ist heute als Kommunalberater bei PMA – Die Kommunalberater GmbH tätig sowie als Justiziar der Deutschen Akademie der Technikwissenschaften (acatech). Seit 2010 ist er Professor für die Lehrgebiete Öffentliches Recht und Public Management an der Hochschule für angewandtes Management, Erding.

Rainer Noch, Dr. jur., Rechtsanwalt. Nach Studium und einer halbjährigen Stage im Bundeswirtschaftsministerium (Referat für öffentliches Auftragswesen) sowie Promotion über den Rechtsschutz im Vergaberecht spezialisierte sich Dr. Rainer Noch als einer der ersten anwaltlichen Berater im Ausschreibungs- und Nachprüfungswesen. Er vertritt zahlreiche Institutionen, ist durch verschiedenste Publikationen hervorgetreten, und ist darüber hinaus Fortbilder bei den Fachanwaltskursen. Seit einigen Jahren befasst er sich speziell mit dem Thema der elektronischen Vergabe und ist auch auf diesem Gebiet als Fortbilder in Erscheinung getreten.

Kapitel 1
Die Grundlagen der Elektronischen Vergabe

A. Die eVergabe als Ausprägung des eProcurements

Spätestens nachdem weltweit koordiniert die Umstellung der Rechner zum Beginn des Jahres 2000 ohne große Probleme gelungen war, sind die letzten Zweifel an den Segnungen elektronischer Kommunikation für rund ein Jahrzehnt in den Hintergrund getreten. Ein **enormer Aufschwung** in der Abwicklung aller Arten von Prozessen über das Internet war die Folge. Immer mehr Menschen bekamen einen Internet-Zugang, immer stärker kommunizieren die Menschen auf webbasierten Kanälen. Das war und ist auch **eine Herausforderung für die öffentlichen Verwaltungen**, die sich darauf einstellen mussten, auch mit ihren Klienten elektronisch zu interagieren. Während die Wirtschaft mit eProcurement, eCommerce, aber auch eLearning oder eHealth an den Start ging, mussten für den öffentlichen Sektor zunächst die erforderlichen rechtlichen Rahmenbedingungen geschaffen werden. 1

Bereits im Jahr 2000 hat die Europäische Kommission **einen Aktionsplan eEurope 2002** vorgestellt, wonach die Mitgliedstaaten bis zum Jahr 2002 alle grundlegenden Dienste über das Internet anbieten sollten. Im Jahr 2002 hat die Kommission diesen Aktionsplan fortgeschrieben[1] und erweitert. Nunmehr sollten bis zum Jahr 2004 alle grundlegenden Dienste plattformunabhängig über Breitbandnetze[2] angeboten werden. Allerdings war die Anbindung der öffentlichen Verwatungen an Breitbandnetze erst bis zum Jahr 2005 vorgesehen. Im gleichen Dokument der Kommission wird auch gefordert, dass die Mitgliedsstaaten bis zum Jahr 2005 einen **„bedeutenden Teil aller öffentlichen Beschaffungsmaßnahmen elektronisch durchführen“** sollten. Gleichzeitig erkannte die Kommission in der Einführung des eGovernment auch die Möglichkeit, die Prozesse in den öffentlichen Verwaltungen zu reformieren und deren Effizienz zu steigern. Die aktuelle Durchdringung mit elektronischen Vergabeverfahren beträgt ca. 7,5 %. 2

Auf nationaler Ebene hatte parallel dazu das Bundesministerium des Innern im Dezember 2001 den Umsetzungsplan für die eGovernment-**Initiative „Bund Online 2005“** vorgestellt. Das Ministerium zählte damals exakt 383 Dienstleistungen, welche die Bundesverwaltung anbiete, von denen nur sehr wenige nicht online-fähig seien. 3

---

1 MITTEILUNG DER KOMMISSION KOM(2002) 263 endg. „eEurope 2005: Eine Informationsgesellschaft für alle“, S. 11f.

2 Nach dem damaligen Verständnis des Begriffes bedeutete „Breitbandnetz“ ein Netzwerk, in dem die Daten in Hochfrequenzmodulation übertragen werden, z.B. über das TV-Kabelnetz. „Breitband“ bezeichnete insofern nicht die Kapazität einer Datenleitung, sondern die elektrotechnische Grundlage. Heute wird der Begriff „Breitband“ für Datenverbindungen mit einer besonders hohen Kapazität verwendet, die weit über das hinausgeht, was 2002 geplant war.

Sie online anzubieten stifte einen erheblichen Nutzen für Bürger, Wirtschaft, Wissenschaft und Behörden. Mit **18 Modellprojekten** begann der Bund die Umsetzung der eGovernment-Initiative, darunter die Online-Arbeitsvermittlung der damaligen Bundesanstalt für Arbeit, das ELSTER-Verfahren der Steuerverwaltung und auch die erste Version des Beschaffungsportals des Bundes www.oeffentlicher-einkauf-online.de.[3]

4 Allerdings sah man damals auch die (inzwischen immer kleiner werdende) Gefahr einer **Spaltung der Gesellschaft** in Internet-Nutzer und solche Bürger, die mit dieser rasanten technischen Entwicklung nicht mithalten können. Ebenso waren aber auch die Anbieter der elektronischen Verwaltungsdienste gespalten: Während der Bund die nötigen Mittel besaß, seine Dienstleistungen elektronisch anzubieten, sind **kleine Kommunen teils noch bis heute damit überfordert**. *„Die digitale Spaltung der Gesellschaft geht quer durch alle Ebenen des Gemeinwesens. Eine große Herausforderung der Informationsgesellschaft besteht auch in der Überwindung solcher Unterschiede bis hin zur Etablierung von E-Mail, Download und Mausklick als Kulturtechniken des 21. Jahrhunderts."* [4] Darauf hat der Gesetzgeber Rücksicht genommen, als er die elektronische Kommunikation zwischen Verwaltung und Bürger zuließ. Mit dem Dritten Gesetz zur Änderung verwaltungsverfahrensrechtlicher Vorschriften[5] wurde in das Verwaltungsverfahrensgesetz der neue § 3a aufgenommen:

> „Die Übermittlung elektronischer Dokumente ist zulässig, soweit der Empfänger hierfür einen Zugang eröffnet."[6]

5 Mit der Zulassung der elektronischen Kommunikation und den Regeln für die **elektronische Signatur** im Signaturgesetz[7] aus dem Jahr 2001, die ebenso wir die eigenhändige Unterschrift die unterzeichnende natürliche Person identifizieren soll, waren die wesentlichen rechtlichen Grundlagen für die Einführung des eGovernments und als Teil davon auch der elektronischen Vergabe geschaffen. Es dauerte jedoch noch bis zum **Jahr 2003**, bis der Bund die **erste vollständig elektronische Ausschreibung** auf den Weg gebracht hat. Am 05.03.2003 erhielten Bieter aus der Wirtschaft erstmals die Möglichkeit, ihre Angebote komplett und rechtsverbindlich ohne Medienbruch über das Internet abzuwickeln.[8]

6 Während also die elektronische Vergabe einerseits als besondere Ausprägung der elektronischen Verwaltung angesehen werden kann, so stellt sie andererseits auch

---

3 BundOnline 2005 – Umsetzungsplan für die eGovernment-Initiative, Broschüre des BMI, Dezember 2001.

4 Heckmann: „E-Vergabe als Motor für eGovernment?", in: Kommunikation und Recht, 3/2003, S. 100.

5 BGBl. I 2002, S. 3322.

6 § 3a Abs. 1 VwVfG.

7 BGBl. I 2001, S. 876.

8 IBR News Nr. 2651.

einen **Sonderfall** des zwischen Wirtschaftunternehmen geläufigen **eProcurements** dar.

Beispiel
Große eProcurement-Systeme, wie sie z.B. in der Automobilindustrie zwischen den Automobilbauern und deren Zulieferern gängig sind um eine just-in-time-Anlieferung benötigter Komponenten zu ermöglichen, zeichnen sich durch eine volle Integration der Rechnernetzwerke von Auftraggeber und Lieferanten aus. Am anderen Ende der Größenskala stehen Systeme, bei denen ein einzelner Kunde ein einzelnes Teil über eine internetbasierte Auftragsannahme bezieht, sei es als Katalogbestellung, sei es als Teilnahme an einer Online-Auktion (die aber in den meisten Anwendungen handelsrechtlich lediglich einen Verkauf zum Höchstgebot darstellt).

Im eProcurement kann man zwischen **käufer- und verkäuferseitigen Systemen** unterscheiden. Bei der massenhaften Abnahme der immer gleichen, speziell entwickelten Komponenten durch einen Autohersteller, ist es in der Regel der Abnehmer, der das elektronische Bestellsystem vorgibt. Der Lieferant muss sich daran anpassen. Beim elektronischen Handel mit dem Endverbraucher ist es umgekehrt. Bei der Betrachtung der beschafften Produkte kommt man zu gleichartigen Überlegungen: Im ersten Falle definiert der Kunde die Produkteigenschaften, im Zweiten erwirbt er ein Produkt, das der Lieferant für den Markt entwickelt hat. 7

Die **eVergabe muss beide Verfahrensstränge abbilden** können, jedoch in umgekehrter Zuordnung. Einerseits sind einfache **Verbrauchsgüter** am Markt in großen Mengen zu beschaffen. Derartige Beschaffungen machen den allergrößten Teil der öffentlichen Aufträge aus und können fast immer **freihändig** oder in Form beschränkter Ausschreibungen vergeben werden. Andererseits sollen auch Aufträge für einzelne **hoch spezialisierte Leistungen** bis hin zur Errichtung ganzer Bauwerke elektronisch abgewickelt werden, für **die Bieter in ganz Europa** gesucht werden. 8

Beispiel
Die standardisierte Beschaffung von Massenprodukten (wie z.B. Büromaterial) hat der Bund seit 1995 beim Beschaffungsamt des Bundesministeriums des Innern gebündelt. Alle Bundesbehörden können mit Hilfe des **Beschaffungsamtes** ihren Bedarf decken. *„Standardleistungen und -produkte werden in der Regel aus Rahmenverträgen beschafft. Rahmenverträge werden durch die zentralen Beschaffungsstellen der Ressorts in einem koordinierten, arbeitsteiligen Vorgehen abgeschlossen. Für Ausschreibungen und den Abschluss der Rahmenverträge werden standardisierte Vorgaben (u. a. Vertragskomponenten) erarbeitet. Es wird ein virtuelles Kaufhaus des Bundes eingerichtet, in dem Rahmenverträge zentral verwaltet und den Bundesbehörden zur Bestellung von Leistungen und Produkten („Einkauf Online“) bereitgestellt werden.“*[9]

---

9 Aus dem Beschluss der Bundesregierung zur Optimierung öffentlicher Beschaffungen vom 27.02.2004.

Beispiel
Im 2003 errichteten **Kaufhaus des Bundes** stehen heute **über 40.000 standardisierte Produkte** zum Abruf bereit. Aufgrund des durch die Bedarfsbündelung entstehenden Einkaufsvolumens kann der Bezug dieser Waren nicht mehr freihändig erfolgen. Hersteller können sich also nicht in diesem Kaufhaus listen lassen. Vielmehr ist es für alle Bestandteile des Sortimentes erforderlich, dass über ein ordentliches Vergabeverfahren zuvor Rahmenvereinbarungen über die Lieferung ausgeschrieben werden.

9 Vor gleichen **Herausforderungen** wie Bund und Länder stehen auch die großen Städte, die zum wirtschaftlichen Einkauf ihre Beschaffungen aus den verschiedenen Abteilungen in einem Zentraleinkauf bündeln (manche Städte bleiben allerdings hartnäckig bei ihrem System einer dezentralen Beschaffung). In Frankfurt/Main werden jedoch – getreu dem System des Zentraleinkaufs – über 10.000 Lieferanten zentral verwaltet.[10] Allerdings ist das Kostenoptimierungspotential allein durch die Bündelung der Bedarfe noch lange nicht ausgeschöpft. So wird diskutiert, dass eine **zielführende Einkaufsstrategie** auf der Auswertung der tatsächlichen Beschaffungsvolumina aufbauen müsste, um passgenaue Rahmenverträge zu schließen. Die Experten sind sich seit Jahren dieser Notwendigkeit bewusst: *„Die Einführung von E-Einkaufslösungen wird heute nicht mehr als Selbstzweck, sondern als Mittel zum Zweck verstanden. Dabei wird häufig die Transparenz über das Einkaufsvolumen und die Produkte als Hauptvorteil genannt.“* [11]Allein, die nötigen Zahlen fehlen noch immer. *„Alle sind sich einig, dass strategisches Herangehen an die öffentliche Beschaffung sinnvoll und notwendig ist. Aber es gelingt nur, wenn die Ausgangslage klar ist. Wenn feststeht, wie viel pro Monat und pro Jahr eingekauft wird. Doch dafür fehlen die Zahlen.“*[12]

10 Derartige **Rahmenlieferverträge** müssen schließlich ebenso wie Bau-, Dienst- und spezielle Planungsleistungen **öffentlich ausgeschrieben** werden. Die für diesen Zweck entwickelten Computeranwendungen stellen die eVergabe im engeren Sinne dar: Die elektronische Form der althergebrachten öffentlichen Ausschreibung.

11 **Datensicherheit** wird naturgemäß auch im Bereich der eVergabe eine immer größere Rolle spielen. Die bisher am Markt aufgetretenen Plattformen verfügen hierüber nicht, was sich jedoch durch den Marktzutritt weiterer Player sehr bald ändern könnte. Technischer Hintergrund ist die **internationale Norm ISO/IEC 27001** (Information technology – Security techniques – Information security management systems – Requirements). Diese Norm bildet eine Spezifikation für die Anforderungen ab, die im Rahmen der Herstellung, der Einführung, des Betriebs, der Überwachung,

10 Blome/Huland/Christmann: „Leuchttürme der öffentlichen Beschaffung, Teil III – Strategischer Einkauf in Kommunen?“ in: Beschaffung aktuell 10/2007 S. 48ff.

11 Ebenda.

12 „Es gibt keine Zahlen“, Behördenspiegel 2/2013.

Noch

Wartung und der Verbesserung eines dokumentierten Informationssicherheits-Managementsystems unter Berücksichtigung der IT-Risiken zu stellen sind. Es geht dabei um die gesamte Organisation. Die dazugehörige DIN-Norm ist die Familie der ISO/IEC 2700x.

B. Die Entstehungsgeschichte der elektronischen Auftragsvergabe

Die Prinzipien der transparenten Vergabe öffentlicher Aufträge reichen zurück bis in 12
die Antike. Bereits im alten Rom wurden staatliche Projekte bekannt gemacht und die geeigneten Lieferanten zum Angebot aufgefordert. In der Neuzeit entwickelte sich im Zuge der **Industriellen Revolution** des späten 19. Jahrhunderts das heute gebräuchliche Submissionsverfahren. In **der Weimarer Republik** folgten die ersten Ausgaben der VOB und später der VOL.[13]

Der Übergang vom papiergebundenen Verfahren zur **elektronischen Abwicklung beginnt Anfang der 1990er** Jahre des vergangenen Jahrhunderts.[14] Die USA 13
wollten bereits im Jahr 1994 mit **dem „Federal Acquisition Streamlining Act“**[15] die Anwendung elektronischer Kommunikationsmittel für die Teilnahme am Vergabeverfahren bei kleineren öffentlichen Aufträgen als Voraussetzung verbindlich machen. Diese ersten Schritte in Richtung auf die Einführung der eVergabe stießen unter den damaligen technischen Rahmenbedingungen zwar noch auf erhebliche Schwierigkeiten. Die USA haben damit aber den Anstoß dafür gegeben, dass auch in Europa elektronische Verfahren vorbereitet wurden.[16]

I. EG-Richtlinien 97/52/EG und 98/4/EG

Die Erkenntnis der Nutzanwendung zunehmender Digitalisierung führte dazu, dass 14
die EU-Kommission bei der Überarbeitung der früheren Vergabe-Richtlinien[17] zur Umsetzung des WTO-Beschaffungsübereinkommens[18] die Rahmenbedingungen

13 Dietlein/Fandrey in: Byok/Jaeger: „Kommentar zum Vergaberecht“, 3. Aufl. 2011, S. 7.

14 Das für die Ausschreibungsbekanntmachungen maßgebliche Supplement zu Amtsblatt der EU (früher: EG) – also das sog. Amtsblatt mit dem Zusatz „S“ für „Supplement“ – erschien bis zum Jahre 1998 wöchentlich von Dienstags bis Samstags.

15 Pub. L. 103–355, Oct. 13, 1994, 108 Stat. 3243.

16 vgl. Schäfer in: Kilian/Heussen: „Computerrechts-Handbuch“, 26. Erg.-Lief. 2008, Rn. 57.

17 RL 92/50/EWG (Dienstleistungsaufträge), RL 93/36/EWG (Lieferaufträge), RL 93/37/EGW (Bauaufträge) und RL 93/38/EWG (Sektorenauftraggeber).

18 EU ABl. C 256 v. 03.09.1996.

geschaffen hat, auf aller Arten neu entstehende Kommunikationstechnik zurückzugreifen, solange diese nur die **gleiche Verbindlichkeit** der übermittelten Dokumente gewährleistet **wie die althergebrachte Schriftform**.

15 Das WTO-Übereinkommen hatte sich 1996 noch auf die Zulassung der Telefaxübermittlung von Angeboten beschränkt:

> Angebote werden normalerweise schriftlich, und zwar direkt oder per Post, eingereicht. Ist es gestattet, Angebote per Fernschreiben, Telegramm oder Fernkopie einzureichen, so müssen diese Angebote alle für ihre Beteiligung erforderlichen Angaben enthalten (...). Das Angebot ist innerhalb kürzester Zeit durch Brief oder Zusendung einer unterzeichneten Kopie des Fernschreibens, Telegramms oder der Fernkopie zu bestätigen.[19]

16 Die beiden oben genannten Richtlinien 97/52/EG[20] und 98/4/EG[21] gehen darüber hinaus und beschränken die elektronische Kommunikation nicht mehr auf das Mittel der Fernkopie. In alle vier bestehenden Vergaberichtlinien wurde wortgleich folgende Bestimmung eingeführt, die die **Grundlage auch für die Kommunikation über das Internet** bildet:

> Die Angebote werden schriftlich auf direktem Wege oder mit der Post übermittelt. Die Mitgliedstaaten können zulassen, daß die Angebote auf andere Weise übermittelt werden, sofern gewährleistet ist, daß
> – jedes Angebot alle für seine Beurteilung notwendigen Angaben enthält;
> – die Vertraulichkeit der Angebote bis zu ihrer Beurteilung gewahrt bleibt;
> – die Angebote umgehend schriftlich oder durch Übermittlung einer beglaubigten Abschrift bestätigt werden, wenn dies aus Gründen des rechtlichen Nachweises erforderlich ist;
> – die Öffnung der Angebote nach Ablauf der für ihre Einreichung festgelegten Frist erfolgt.[22]

17 In der etwas jüngeren Überarbeitung der Sektorenrichtlinie vom Anfang des Jahres **1998** finden dann auch schon **„sonstige elektronische" Übertragungswege** ausdrückliche Erwähnung:

> Die Anträge auf Teilnahme sowie die Aufforderung zur Angebotsabgabe sind auf dem schnellstmöglichen Wege zu übermitteln. Werden Anträge auf Teilnahme

---

19 Art. XIII Abs. 1 lit a des WTO-Übereinkommens über das öffentlichen Beschaffungswesen.
20 EU ABl. L 328 v. 28.11.1997.
21 EU ABl. L 101 v. 01.04.1998.
22 So z.B. RL 97/52/EG Art. I Nr. 6.

Noch

> per Telegramm, Fernschreiben, Fernkopierer, Telefon oder in sonstiger Weise elektronisch übermittelt, so können die Mitgliedstaaten verlangen, daß sie vor Ablauf der in Artikel 26 Absatz 2 genannten Frist brieflich bestätigt werden.[23]

Der deutsche Verordnungsgeber hat auf diese neuen Richtlinien mit der völligen Neufassung der **Vergabeverordnung VgV (2001)** Ende des Jahres 2000 (verspätet) reagiert, nachdem durch den Rat bereits weitere grundlegende Richtlinien für den elektronischen Geschäftsverkehr beschlossen worden waren, nämlich die **Signaturrichtlinie (Ende 1999)** und die **E-Commerce-Richtlinie (Anfang 2000).** 18

§ 15 VgV (2001) übernimmt den Regelungsgehalt der Richtlinien vollständig und ergänzt sie um die Möglichkeit, digitale Angebote elektronisch zu signieren: 19

> Soweit die Bestimmungen, auf die die §§ 4 bis 7 verweisen[24], keine Regelungen über die elektronische Angebotsabgabe enthalten, können die Auftraggeber zulassen, dass die Abgabe der Angebote in anderer Form als schriftlich per Post oder direkt erfolgen kann, sofern sie sicherstellen, dass die Vertraulichkeit der Angebote gewahrt ist. Digitale Angebote sind mit einer qualifizierten elektronischen Signatur nach dem Signaturgesetz zu versehen und zu verschlüsseln; die Verschlüsselung ist bis zum Ablauf der für die Einreichung der Angebote festgelegten Frist aufrechtzuerhalten.

In alle drei Verdingungsordnungen sind **weitgehend inhaltsgleiche Regeln für die elektronische Vergabe** eingeführt worden, noch bevor die VgV (2001) zum 01.02.2001 in Kraft trat. 20

In der VOB/A ist in § 21 die Möglichkeit eingefügt worden, Angebote anstelle mit Unterschrift mit einer **qualifizierten digitalen Signatur** zu unterzeichnen. Ebenso geregelt wurde der Inhalt der **elektronische Vergabebekanntmachung** und der Vergabeunterlagen.[25] Die Vorschriften über die Öffnung elektronischer Angebote waren (und sind) nicht so eindeutig, dass der Analogieschluss zum papiergebundenen Verfahren unmittelbar ersichtlich wäre.[26] 21

---

23 RL 98/4/EG Art. I Nr. 7.

24 Das sind die drei Verdingungsordnungen VOL/A, VOB/A und VOF.

25 Antweiler: „Einsatz elektronischer Mittel bei der Vergabe öffentlicher Aufträge" in: „Computer und Recht" 10/2001, S. 717ff.

26 Heckmann: „E-Vergabe als Motor für E-Government?" in: „Kommunikation und Recht" 3/2003, S. 97ff.

Noch

! **Fettnapf**
Insbesondere der **Zeitpunkt der Öffnung** wird in der Literatur diskutiert,[27] weil die Entschlüsselung des Dokumentes und die Anzeige des Inhaltes nicht mit zwingender technischer Notwendigkeit in einem Zeitpunkt zusammenfallen müssen. Spätestens jedoch in demjenigen Zeitpunkt, in dem der Verhandlungsleiter das erste Mal die Möglichkeit hatte, den Inhalt des elektronisch eingereichten Angebotes zu sehen, ist die Öffnung erfolgt.[28]

22 In der VOL/A sind die Regelungen nicht so detailliert ausgeführt worden wie in der VOB/A. Im Zweiten Teil der VOL/A ist für die Vergaben oberhalb des europarechtlichen Schwellenwertes keine Regelung getroffen worden, so dass hier § 15 VgV unmittelbare Anwendung findet. Gleiches gilt für die VOF.

II. E-Commerce-Richtlinie, Signaturrichtlinie, Signaturgesetz

1. Signaturgesetz 1997

23 Seit Anfang der 1990er Jahre des vergangenen Jahrhunderts bestand das Begehren der Bundesnotarkammer, **einen rechtlichen Rahmen für digitale Dokumente** zu schaffen.[29] Im Jahr 1995 wurde auf der Basis des im US-Bundesstaat Utah erlassenen **Utah Digital Signature Act**[30] vom Bundesministerium des Innern ein erster Vorentwurf für ein deutsches Signaturgesetz erarbeitet, der schließlich in das im Jahr 1997 vom Bundestag im Rahmen des Informations- und Kommunikationsdienstegesetzes[31] beschlossene Gesetz zur digitalen Signatur mündete. (SigG (1997))

24 Damit wurden erstmals die rechtlichen Grundlagen für **die Ausstellung von Signatur-Zertifikaten** gelegt. Mit diesen Zertifikaten soll sichergestellt werden, dass die Urheberschaft eines signierten Dokumentes **zweifelsfrei einer natürlichen Person zuzuordnen** ist, und dass nach dieser Zuordnung das Dokument nicht mehr ohne Zerstörung der Signatur verändert werden kann, wodurch das signierte elektronischen Dokument technisch die Funktion einer Urkunde erhält.

25 Eine rechtliche Anerkennung dieses technischen Umstandes erfolgte mit dem ersten Signaturgesetz jedoch noch nicht. Erst im Zuge der Novellierung des Signaturgesetzes 2001 wurden auch die entsprechenden Vorschriften im BGB und der ZPO angepasst.

---

27 Ebenda, S: 102f.

28 Vgl. Weyand: „ibr-online-Kommentar Vergaberecht" Stand 26.11.2012, § 14 VOB/A Rn. 32 – so auch in früheren Ausgaben zur wortgleichen Regelung des § 22 VOB/A a.F.

29 Vgl. Hühnlein/Korte: „Grundlagen der elektronischen Signatur", 1. Aufl., Ingelheim 2006.

30 Utah Code, Title 46, Chapter 03.

31 Gesetz zur digitalen Signatur (Signaturgesetz, SigG). Artikel 3 des Informations- und Kommunikationsdienste-Gesetz (IuKDG) vom 22.07.1997, BGBl. I 1997 S. 1870–1872.

Noch

2. Signaturrichtlinie 1999/93/EG[32]

Ebenso wie Deutschland erkannten auch andere Mitgliedsstaaten der Europäischen Gemeinschaft die Notwendigkeit, Regeln zur Integrität elektronischer Dokumente zu erlassen. Das führte zunächst zu einer recht **uneinheitlichen Regelungsvielfalt** innerhalb der Gemeinschaft, deren Verfestigung mittelfristig den grenzüberschreitenden Austausch elektronischer Dokumente und damit auch den wirtschaftlichen Verkehr behindert hätte. Um dem entgegenzuwirken hat die Europäische Kommission eine **Richtlinie zur Vereinheitlichung** der europäischen Signaturregeln vorgeschlagen. 26

> Die Interoperabilität von Produkten für elektronische Signaturen sollte gefördert werden. Gemäß Artikel 14 des Vertrags umfaßt der Binnenmarkt einen Raum ohne Binnengrenzen, in dem der freie Warenverkehr gewährleistet ist. Es sind grundlegende Anforderungen zu erfüllen, die speziell für Produkte für elektronische Signaturen gelten, um so den freien Verkehr im Binnenmarkt zu gewährleisten.[33]

Während das **Signaturgesetz von 1997** geregelt hatte, dass jede Signatur letztlich auf ein **behördlich ausgestelltes Zertifikat** zurückzuführen ist, die Signatur als solche also eine Art „Öffentlichen Glauben" erlangen sollte, verfolgt die **EU-Richtlinie** einen **privatrechtlichen Ansatz**. Die Zertifizierungsstellen sollten hier nicht hoheitlich tätig sein, dafür allerdings für alle Arten von Zertifikatsfehlern in eine nahezu unbeschränkte Haftung genommen werden. 27

Die Signaturrichtlinie definierte auch erstmals die Anforderungen an eine fortgeschrittene Signatur, 28

a) Sie ist ausschließlich dem Unterzeichner zugeordnet;
b) sie ermöglicht die Identifizierung des Unterzeichners;
c) sie wird mit Mitteln erstellt, die der Unterzeichner unter seiner alleinigen Kontrolle halten kann;
d) sie ist so mit den Daten, auf die sie sich bezieht, verknüpft, daß eine nachträgliche Veränderung der Daten erkannt werden kann;[34]

und forderte von den Mitgliedstaaten, dass derartig signierte Dokumente, sofern sie mit einem **qualifizierten Zertifikat** versehen sind (nämlich einem solchen, das inhaltliche Mindestanforderungen erfüllt und von einem akkreditierten Zertifizierungsanbieter ausgestellt wurde), so behandelt werden, dass sie 29

32 EU Abl. L 13, v. 19.01.2000, S. 12ff.
33 RL 1999/93/EG, Erwägungsgrund 5.
34 Art. 2 Nr. 2 der RL 1999/93/EG.

a) die rechtlichen Anforderungen an eine Unterschrift in bezug auf in elektronischer Form vorliegende Daten in gleicher Weise erfüllen wie handschriftliche Unterschriften in bezug auf Daten, die auf Papier vorliegen, und
b) in Gerichtsverfahren als Beweismittel zugelassen sind.[35]

30 Der grundsätzlich andere Ansatz für die Zertifizierungen und die konkreten Anforderungen an die nationalen Signaturgesetze erforderten schließlich die **völlige Überarbeitung des Signaturgesetzes** und führten zum neuen Signaturgesetz von 2001.

3. E-Commerce-Richtlinie 2000/31/EG[36]

31 Ein halbes Jahr nach der Signaturrichtlinie folgte die europäische E-Commerce-Richtlinie, mit der die Mitgliedsstaaten verpflichtet wurden, ihre nationalen Gesetze so auszugestalten, dass der **Abschluss von Verträgen und die Aufgabe von Bestellungen auf elektronischem Wege** möglich werden, wobei einzelne Rechtsgebiete (Erbverträge, Immobilienkauf, Bürgschaften, öffentlich-rechtliche Verträge) von den Mitgliedsstaaten ausgenommen werden können. Die Richtlinie definiert vor allem **verbaucherschützende Regeln**. Für die elektronische Vergabe von Bedeutung ist ihre Forderung nach der Rechtsgültigkeit elektronisch abgeschlossener Verträge.

4. Signaturgesetz 2001[37]

32 Im Signaturgesetz von 2001 wurden erstmals **drei Stufen der Sicherheit** von Signaturen definiert. Das Gesetz nennt **einfache** elektronischen Signaturen, das sind jede Art Daten, die einem elektronischen Dokument zur Authentifizierung hinzugefügt werden. Aus sich heraus besitzen **derartige Signaturen keinerlei Beweiskraft**. Ob sie geeignet sind, die Identität eines Absenders und die Integrität des Dokumentes zu gewährleisten, muss im Einzelfall geprüft werden.

33 Die Definition der **Fortgeschrittenen Signatur** folgt exakt der Vorgabe der **europäischen Signaturrichtlinie**. Hinzu kommt die **Qualifizierte Signatur**, für die gefordert wird, dass sie mit einem qualifizierten Zertifikat (analog der Signaturrichtlinie) versehen und darüber hinaus mit **einer sicheren Signaturerstellungseinheit** erstellt worden sind. Die Qualifizierte Signatur kann in der Praxis noch in zwei Typen unterschieden werden, je nach Eigenschaft der Zertifizierungsstelle. Denn § 15 SiG (2001) eröffnet den Zertifizierungsanbietern die Möglichkeit, eine staatliche Akkredi-

35 Art. 5 Abs. 1 der RL 1999/93/EG.

36 EU ABl. L 178 vom 17.07.2000, S. 1–16.

37 Gesetz über Rahmenbedingungen für elektronische Signaturen und zur Änderung weiterer Vorschriften, vom 16.05.2001. BGBl. I 2001, S. 876 ff.

tierung zu erlangen. Damit wurde **durch die Hintertür die alte Regelung des SigG (1997)** zurückgeholt, nun aber auf freiwilliger Basis, weil sie sonst der Signaturrichtlinie widerspräche. So gibt es also Zertifizierungsstellen mit und ohne Akkreditierung.

Anfänglich war als Ersatz für die Unterschrift unter einem Angebot ausschließlich 34
die Qualifizierte Signatur zulässig. Dies führte bisweilen dazu, dass die Bieter **keinen Gebrauch** von der Möglichkeit der vollelektronischen Angebotsabgabe machten, weil Ihnen die **Prozesskosten** für die Implementierung eines entsprechenden Signaturverfahrens im Unternehmen **zu hoch** waren. Dabei spielte und spielt auch heute noch die Personenbindung der Qualifizierten Signatur, die über die Zertifizierungsstelle erfolgen muss, eine große Rolle und bildet ein erhebliches Hindernis. Hinzu kommen in manchen Branchen häufige Personalwechsel, die diese Erschwerung im Umgang mit der qualifizierten Signatur unterstreichen.

Beispiel

Aus der Freien und Hansestadt Hamburg berichtet die Finanzbehörde im Jahr 2006, dass das Signaturverfahren auch ein Jahr nach der Einführung der elektronischen Vergabe **kaum Akzeptanz** bei den Bietern finde, die zu einem großen Teil auf das **Mantelbogenverfahren** auswichen, also der zusätzlichen papiergebundenen Unterschrift den Vorzug vor der digitalen Signatur geben.[38]

Die **Qualifizierte Signatur** setzt voraus, dass die entsprechende Hardware, die Sig- 35
naturkarte, einer **natürlichen Person** zugeordnet wird. Für ein Unternehmen bedeutet dies ebenso wie für die Vergabestellen, dass jeder zur Unterschrift berechtigte Mitarbeiter eine auf seinen Namen ausgestellte Karte beantragen muss.

Hinweis

Das hatte vereinzelt zu **arbeitsrechtlichen Konflikten** geführt, wenn Mitarbeiter die dafür erforderlichen Daten aus Datenschutzgründen nicht einem Dritten, nämlich dem Zertifizierungsunternehmen, mitteilen wollten. Das Bundesarbeitsgericht hat dazu entschieden, dass der Arbeitgeber den Arbeitnehmer zur Beantragung einer Signaturkarte anweisen kann.[39]

Erst mit den Vergabe- und Vertragsordnungen der Fassung des Jahres 2009[40] wurde 36
den Auftraggebern freigestellt, welche Form der digitalen Signatur sie von den Bietern verlangen. **Zulässig ist jetzt** neben der Qualifizierten Signatur **auch die Fortgeschrittene**:

> Der Auftraggeber legt fest, in welcher Form die Angebote einzureichen sind. Sie müssen unterzeichnet sein. Elektronisch übermittelte Angebote sind nach Wahl des Auftraggebers mit einer fortgeschrittenen elektronischen Signatur nach dem

---

38 Kaldewei: „Das Mantelbogenverfahren in der e-Vergabe", in: „Vergabe Navigator" 2/2007, S. 21ff.

39 BAG, Urteil vom 25.09.2013, Az.:10 AZR 270/12, zit. nach „Der Betrieb" 50/2013 S. 2863ff.

40 Früher Verdingungsordnungen: VOB/A, VOL/A, VOF.

Signaturgesetz und den Anforderungen des Auftraggebers oder mit einer qualifizierten elektronischen Signatur nach dem Signaturgesetz zu versehen.[41]

37 Technisch unterscheidet sich eine Qualifizierte von einer Fortschrittlichen Signatur dadurch, dass die Qualifizierte ein zusätzliches Datenpaket enthält, das sie als „qualifiziert" ausweist. Beiden **Verfahren gemeinsam ist das grundlegende Prinzip:** Durch ein kryptografisches Zertifikat wird die Identität des Ausstellers überprüft. Das Zertifikat selbst ist **dreistufig aufgebaut.** Die unterste Stufe wird in Deutschland vom Bundesamt für Sicherheit in der Informationstechnik ausgestellt und ermöglicht einem kommerziellen Anbieter, darauf aufbauende Zertifikate zu verkaufen. Auf diesen kommerziellen Zertifikaten wiederum bauen die persönlichen Zertifikate auf.

38 Von praktischer Bedeutung wird dies bei der Echtheitsprüfung der Zertifikate[42]. Hier gibt es **zwei verschiedene Prüfverfahren**, die nicht kompatibel sind. Während die UN-Sonderorganisation für Telekommunikation auf den **ITU-T X-509-Standard** setzt, wonach eine mögliche zeitlicher Befristung aller drei Zertifikatsstufen im Zeitpunkt der Gültigkeitsprüfung noch nicht abgelaufen sein darf (sog. „Schalenmodell"), setzt das SigG (2001) auf ein anderes Prüfverfahren.

39 Das **deutsche „Kettenmodell"** für Qualifizierte Signaturen[43] erfordert nur, dass das grundlegende Zertifikat in demjenigen Zeitpunkt noch gültig sein musste, in dem das darauf aufbauende ausgestellt wurde. Das klingt nach Haarspalterei, hat aber für den dauerhaften Bestand der Zertifikate einen **wesentlichen Vorteil:** Ein Zertifikat kann nicht dadurch ungültig werden, dass der kommerzielle Anbieter der mittleren Zertifizierungsstufe nach Ausstellung der persönlichen Zertifikates z.B. insolvent wird und dadurch alle seine kommerziellen Zertifikate ihre Gültigkeit verlieren.

! **Praxistipp**

Diese vom UN-Standard abweichende deutsche Regelung ist beim Einsatz von Prüfsoftware zu beachten. Oftmals wird derartige Software werksseitig mit der Einstellung des Schalenmodells als Prüfverfahren ausgeliefert und muss erst durch den Anwender auf das Kettenmodell umgestellt werden.

---

40 Die VK Südbayern hatte sich mit einem Fall eines Angebotsausschlusses wegen einer vermeintlich ungültigen Signatur zu befassen. Auch wenn der UN-Standard das Schalenmodell sei, dürfe es dennoch nicht als einziges Prüfverfahren für Fortschrittliche Signaturen verwendet werden. Das SigG (2001) schreibt für diese Signaturklasse nicht ausdrücklich das zu verwendende Prüfverfahren vor. Eine

41 § 13 Abs. 1 Nr. 1 VOB/A 2009 und § 13 Abs. 1 Nr. 1 VOL/A 2009.
42 Vgl. Poppitz: „Digitale Signatur – passendes Prüfverfahren verwenden" in: VS 2013, 50.
43 § 2 Nr. 3 lit. a SigG (2001).

Fortschrittliche Signatur muss also **mindestens nach einem der beiden Verfahren** als gültig erkannt werden. Die Ungültigkeit allein nach dem Schalenmodell rechtfertige keinen Ausschluss wegen fehlender Unterschrift.[44]

5. FormAnpG

Im Zuge der Anpassung nationalen Rechtes wurde auch eine Reihe von Vorschriften in anderen Gesetzen geändert[45], um die von der Signatur- und der E-Commece-Richtlinie und geforderte Gleichrangigkeit der elektronischen Signatur mit der Unterschrift, deren **prozessuale Beweiswirkung** und die Möglichkeit zum **elektronischen Vertragsabschluss** umzusetzen. 41

Im BGB wurde der § 126a neu eingeführt: 42

> (1) Soll die gesetzlich vorgeschriebene schriftliche Form durch die elektronische Form ersetzt werden, so muss der Aussteller der Erklärung dieser seinen Namen hinzufügen und das elektronische Dokument mit einer qualifizierten elektronischen Signatur nach dem Signaturgesetz versehen.
> (2) Bei einem Vertrag müssen die Parteien jeweils ein gleichlautendes Dokument in der in Absatz 1 bezeichneten Weise elektronisch signieren.

Auch im Vewaltungsverfahrensgesetz wurde die Möglichkeit **zum elektronischen Dokumentenaustausch** geschaffen. 43

Die elektronische Signatur soll dabei nach Möglichkeit alle Funktionen erfüllen, die auch die papierhafte Unterschrift erfüllt[46]: 44

- das **Textende** der so unterzeichneten Willenserklärung definieren (Abschlussfunktion),
- die **Willenserklärung dauerhaft dokumentieren** (Perpetuierungsfunktion – daher auch Prüfung nach dem Kettenmodell, weil das Schalenmodell dieser Funktion nicht gerecht würde),
- den **Nachweis der Identität** des Ausstellers führen (Identitätsfunktion)
- den Zusammenhang zwischen Signatur und Willenserklärung sichern (Echtheitsfunktion)
- die **Überprüfung** desselben ermöglichen (Verifikationsfunktion)
- als **Beweis über die Abgabe** dieser Willenserklärung dienen (Beweisfunktion)

44 VK Südbayern, Beschl. v. 17.04.2013, Az.: Z3-3-3194-1-07-03/13.

45 Nämlich durch das Gesetz zur Anpassung der Formvorschriften des Privatrechts und anderer Vorschriften an den modernen Rechtsgeschäftsverkehr (FormAnpG), vom 13.07.2001. BGBl. I, S. 1542–1549.

46 Vgl. dazu die Begründung zum FormAnpG, BT-Drucksache 14/4987 vom 14.12.2000.

– und schließlich einen Akt schaffen, mit dem sich der Unterzeichner der rechtlichen **Bedeutung der Ausstellung** der Urkunde bewusst wird (Warnfunktion).

45 Um das Erfordernis der **prozessualen Beweiskraft** elektronisch signierter Dokumente aus der Signaturrichtlinie zu erfüllen, wurde schließlich in die ZPO die Bestimmung des § 371a eingefügt:

> (1) Auf private elektronische Dokumente, die mit einer qualifizierten elektronischen Signatur versehen sind, finden die Vorschriften über die Beweiskraft privater Urkunden entsprechende Anwendung. Der Anschein der Echtheit einer in elektronischer Form vorliegenden Erklärung, der sich auf Grund der Prüfung nach dem Signaturgesetz ergibt, kann nur durch Tatsachen erschüttert werden, die ernstliche Zweifel daran begründen, dass die Erklärung vom Signaturschlüssel-Inhaber abgegeben worden ist.
> (2) Auf elektronische Dokumente, die von einer öffentlichen Behörde innerhalb der Grenzen ihrer Amtsbefugnisse oder von einer mit öffentlichem Glauben versehenen Person innerhalb des ihr zugewiesenen Geschäftskreises in der vorgeschriebenen Form erstellt worden sind (öffentliche elektronische Dokumente), finden die Vorschriften über die Beweiskraft öffentlicher Urkunden entsprechende Anwendung. Ist das Dokument mit einer qualifizierten elektronischen Signatur versehen, gilt § 437 entsprechend.

III. EU-Richtlinien 2004/17/EG und 2004/18/EG[47]

46 Einen weiteren Schritt machte die **Umsetzung der elektronischen Vergabe** mit dem EU-Richtlinienpaket des Jahres 2004. Es zielt nunmehr auf die Implementierung **vollständig elektronischer dynamischer Beschaffungssysteme** ab.

> In Anbetracht des Umstands, dass sich Online-Beschaffungssysteme rasch verbreiten, sollten schon jetzt geeignete Vorschriften erlassen werden, die es den Auftraggebern ermöglichen, die durch diese Systeme gebotenen Möglichkeiten umfassend zu nutzen. Deshalb sollte ein vollelektronisch arbeitendes dynamisches Beschaffungssystem für Beschaffungen marktüblicher Leistungen definiert und präzise Vorschriften für die Einrichtung und die Arbeitsweise eines solchen

47 EU Abl. L 134 vom 30.04.2004, S. 1ff und S. 114ff.

Systems festgelegt werden, um sicherzustellen, dass jeder Wirtschaftsteilnehmer, der sich daran beteiligen möchte, gerecht behandelt wird.[48]

Mit den beiden Richtlinien werden erstmals ausdrücklich **elektronische Kommunikationsformen in jeder Phase des Vergabeverfahrens** – also nicht mehr nur für die Angebotsabgabe – zugelassen. Damit wird die vollelektronische Abwicklung eines Vergabeverfahrens endgültig der herkömmlichen papiergebundenen Methode gleichgestellt. Die EU-Kommission verspricht sich davon eine **erhöhte Effizienz und Transparenz** der Verfahren und vor allem eine weitergehende Öffnung der Beschaffungsmärkte mit einer **erhofften Steigerung des Wettbewerbs**. Dazu definieren beide Richtlinien den Begriff „schriftlich" neu: 47

> „Schriftlich" ist jede aus Wörtern oder Ziffern bestehende Darstellung, die gelesen, reproduziert und mitgeteilt werden kann. Darin können auch elektronisch übermittelte und gespeicherte Informationen enthalten sein.[49]

Im Weiteren regeln beide Richtlinien dann auch ausdrücklich, dass der Auftraggeber diese **elektronische Kommunikation für jede Mitteilung im Vergabeverfahren** auswählen kann.[50] Voraussetzung dafür ist allerdings, dass beiden Parteien (also Auftraggeber und Bieter) die erforderlichen technischen Mittel zur Verfügung stehen, um – anschaulich gesprochen – die gleiche Datensicherheit zu erzeugen wie im papiergebundenen Verfahren. Diese Vorschrift beinhaltet demnach auch die Verpflichtung für den Auftraggeber, **nur solche Software** für die elektronische Abwicklung des Vergabeverfahrens einzusetzen, **die allen Bietern zugänglich ist.** 48

Ein **maßgeblicher Vorteil** für Auftraggeber, die elektronische Vergabesysteme nutzen, ist die durch das Richtlinienpaket eingeführte **Verkürzung der Verfahren**. Es steht dem Auftraggeber nun frei, das Verfahren unter den oben genannten Bedingungen ausschließlich elektronisch abzuwickeln, also andere Kommunikationsformen gar nicht mehr zuzulassen. Nimmt er diese Möglichkeit wahr, wird das Verfahren durch Fristverkürzungen um insgesamt bis zu 12 Tage gegenüber der papiergebundenen Methode beschleunigt.[51] Diese Rechtfertigung für derartige Fristverkürzungen liegt darin, dass **Postlaufzeiten** und ihre Unwägbarkeiten durch die elektronische Kommunikation **vermieden werden**. Im vollelektronischen Verfahren haben Bieter wie Auftraggeber durch Auswertung von Protokolldateien immer die Möglichkeit nachzuvollziehen, welche Mitteilung wen wann tatsächlich erreicht hat, wodurch 49

---

48 Erwägungsgrund 21 der RL 2004/17/EG, wortgleich auch Erwägungsgrund 14 zur RL 2004/18/EG.
49 Art. 1 Abs. 11 der RL 2004/17/EG, wortgleich auch Art. 1 Abs. 12 der RL 2004/18/EG.
50 Art. 48 der RL 2004/17/EG bzw. Art. 42 der RL 2004/18/EG.
51 Hausmann/Bleker: „Rechtliche Grundlagen – eVergabe schafft für beide Seiten mehr Flexibilität" in: eGovernment Computing, 8/2004, S. 16f.

selbst bei technischen Übermittlungspannen immer festgestellt werden kann, ob das Verschulden eines möglichen Fristversäumnisses in der Sphäre des Auftraggebers oder des Bieters lag.

50 Mit den Bekanntmachungsregeln[52] der beiden neuen Richtlinien wurde darüber hinaus die Verwendung des **gemeinsamen europäischen Vokabulars** für öffentliche Aufträge (CPV – Common Procurement Vocabulary) verpflichtend vorgeschrieben. Hierbei handelt es sich quasi um eine Art „ISBN-Nummer", also die genaue Identifizierbarkeit, eines Buches. Der Käufer bzw. der an dem Buch interessierte Leser kann überall im Internet danach recherchieren, wo er das von ihm gesuchte Buch zu kaufen findet. Im öffentlichen Auftragswesen geht es beim CPV darum, dass der Bieter „quer durch die Datenbanken" die auf sein Leistungsprofil passenden Ausschreibungen von Waren, Liefer- und Dienstleistungen, auf der er anbieten möchte, findet. Er kann sich **dann zielgerichtet auf die Ausschreibungen bewerben** und Dienstleister beauftragen, ihm die Nachweise von Bekanntmachungen zu liefern, ggf. auch gefiltert nach bestimmten Regionen, in denen der betreffende Wirtschaftsteilnehmer ausschließlich oder bevorzugt anbieten möchte. Aus diesem Grund stellt es eine **sinnvolle und notwendige Ergänzung** dar, wenn die Pflicht zur Verwendung des **CPV auch für nicht EU-weite Ausschreibungen** z.B. auf den verschiedensten Länderplattformen vorgeschrieben wird bzw. mittlerweile ist.

51 Völlig neu im Richtlinienpaket 2004 sind dynamische Beschaffungssysteme und elektronische Auktionen.

52 **Dynamische Beschaffungssysteme**[53] dienen dem regelmäßigen Bezug großer Mengen marktüblicher, also solcher Produkte, die nicht auf die Bestellung des Auftraggebers hin besonders angefertigt, sondern von den Lieferanten laufend am Markt feilgeboten werden. Es wird in den Richtlinien wie folgt definiert:

> Ein „dynamisches Beschaffungssystem" ist ein vollelektronisches Verfahren für Beschaffungen von marktüblichen Leistungen, bei denen die allgemein auf dem Markt verfügbaren Merkmale den Anforderungen des öffentlichen Auftraggebers genügen; dieses Verfahren ist zeitlich befristet und steht während der gesamten Verfahrensdauer jedem Wirtschaftsteilnehmer offen, der die Eignungskriterien erfüllt und ein erstes Angebot im Einklang mit den Verdingungsunterlagen unterbreitet hat.[54]

53 Das Verfahren wird durch die Veröffentlichung einer Bekanntmachung über die Nutzung eines dynamischen Systems durch den Auftraggeber gestartet. Es ist in der Regel auf eine **Dauer von vier Jahren** befristet. Auf die Veröffentlichung hin können

52 Art. 41 der RL 2004/17/EG bzw. Art. 35 der RL 2004/18/EG.
53 Art. 15 der RL 2004/17/EG bzw. Art. 33 der RL 2004/18/EG.
54 Art. 1 Nr. 5 der RL 2004/14/EG, wortgleich Art. 1. Abs. 6 der RL 2004/18/EG.

Noch

sich Bieter um die Teilnahme am System bewerben. Fällt deren Eignungsprüfung positiv aus, werden sie zu dem System zugelassen.

Im Gegensatz zur Ausschreibung einer Rahmenvereinbarung können Bieter innerhalb der Befristungszeit jederzeit durch Abgabe eines unverbindlichen Angebotes dem **Beschaffungssystem beitreten**. Jeder Einzelauftrag im dynamischen Beschaffungssystem stellt daher auch eine einzelne Vergabe dar und nicht nur den Abruf einer zuvor bereits ausgehandelten Leistung, sodass **jedes Mal ein Wettbewerb** zwischen den im System registrierten Bietern stattfinden muss. Der Vorteil dieser Neuerung liegt zweifelsfrei in der Verringerung des Aufwandes für die Eignungsprüfung. Die Zweckmäßigkeit wird allerdings in der Literatur unterschiedlich beurteilt.[55] 54

Elektronische Auktionen stellen demgegenüber eine besondere elektronische Form eines Verhandlungsverfahrens mit vorgelagertem öffentlichem Teilnahmewettbewerb dar. 55

> Eine „elektronische Auktion" ist ein iteratives Verfahren, bei dem mittels einer elektronischen Vorrichtung nach einer ersten vollständigen Bewertung der Angebote jeweils neue, nach unten korrigierte Preise und/oder neue, auf bestimmte Komponenten der Angebote abstellende Werte vorgelegt werden, und das eine automatische Klassifizierung dieser Angebote ermöglicht.[56]

Als Grundlage für die Auktion, deren Ziel es ist, dass die Angebote im Laufe der Zeit preislich oder qualitativ nachgebessert werden, dient also immer zunächst ein konventionelles Angebot, das nach den bekannt gemachten Kriterien zuschlagsfähig sein muss. Es entsteht also ein gewisser Druck auf die Bieter, ihr **Preis-Leistungs-Verhältnis in jeder Auktionsrunde zu verbessern**. Das hat zu deutlicher Kritik aus der Wirtschaft an diesem Verfahren geführt. *„Die Gründe für die skeptische bis ablehnende Beurteilung insbesondere der anbietenden Wirtschaft sind zwischenzeitlich nicht entfallen. Kritisch zu bewerten ist vor allem die Tendenz zu ruinösem Preisdruck bei umgekehrten Auktionen."* [57] 56

Das Richtlinienpaket 2004 schreibt den Mitgliedsstaaten nicht vor, diese neuen Vergabemethoden tatsächlich in ihr nationales Recht zu implementieren. Vielmehr soll nur die **Möglichkeit** eröffnet werden, solche Verfahren zu nutzen, die in einigen Mitgliedsstaaten bereits umgesetzt wurden. Dies ergibt sich aus den Erwägungsgründen der Richtlinien: 57

---

55 Während Kullack („EU-Legislativpaket: Die neue ‚klassische' Vergabekoordinierungsrichtline" in: ZfBR 2004, 346) das System für große Verwaltungen zweckmäßig erachtet, hat Werner (in: Byok/Jaeger: „Kommentar zum Vergaberecht" 3. Aufl. 2011, GWB § 101, Rn. 133) weiterhin Zweifel, ob die Methode nicht letztlich zu einer Verkleinerung des Bieterfeldes führen könnte.

56 Art. 56 der RL 2004/17/EG bzw. Art. 54 der RL 2004/18/EG.

57 So noch 2008 der BDI in seiner Stellungnahme zum Gesetz zur Modernisierung des Vergaberechtes.

Zur Berücksichtigung der unterschiedlichen Gegebenheiten in den Mitgliedstaaten sollte es in das Ermessen derselben gestellt werden zu entscheiden, ob für die Auftraggeber die Möglichkeit vorgesehen werden soll, auf zentrale Beschaffungsstellen, dynamische Beschaffungssysteme oder elektronische Auktionen, wie sie in dieser Richtlinie vorgesehen und geregelt sind, zurückzugreifen[58].

58 In Deutschland wurden diese **beiden Möglichkeiten zunächst nicht umgesetzt.**

59 Die Mitgliedsstaaten wurden durch die Richtlinie verpflichtet, die obligatorischen Regeln bis zum 31.01.2006 umzusetzen. Das Maßnahmenpaket der Kommission weist noch über dieses Datum hinaus. Danach **sollten bis zum Jahr 2007** in allen Mitgliedsstaaten **die Voraussetzungen für vollelektronische Systeme** auf nationaler Ebene und die automatisierte elektronischer Veröffentlichung auf der europäischen Vergabeplattform TED geschaffen werden.[59] In diesem Zusammenhang beklagt die Kommission, dass jedenfalls im Jahr 2004 noch immer **90 % aller Veröffentlichungen im TED papiergebunden** eingereicht werden.[60]

60 Die Umsetzung des Richtlinienpaketes fand seinen ersten Niederschlag in Deutschland in der **Novelle des Vergaberechtes 2006.** Mit der Neufassung der VgV wurden die Regelungen über die elektronische Vergabe hier gestrichen. Sie finden sich nunmehr wieder in den §§ 16 und 21 sowohl der VOB/A als auch der VOL/A.

61 In den amtlichen Hinweisen zur VOB/A wird der Regelungszweck beider Vorschriften wie folgt erklärt:

„Kommunikationsmittel sollen bei nationalen und EU-weiten Vergaben einheitlich verwendet werden. Daher erfolgte die Gleichstellung für die Anwendung elektronischer Mittel und klassischer Mittel zur Kommunikation und zum Informationsaustausch in Umsetzung von Artikel 42 Abs. 1, 2, 4 und 54 der VKR[61] im Basisparagraphen[62]. Detaillierte Anforderungen an die Kommunikationsmittel und Technologien hinsichtlich Verfügbarkeit, Transparenz und Kompatibilität, die der Auftraggeber erfüllen muss, wurden gestellt. Im Anhang I wurden in diesem Zusammenhang die inhaltlichen Anforderungen an Geräte zum Empfang elektronischer Teilnahmeanträge oder elektronische Angebote festgelegt. Weiterhin wurden die Möglichkeiten nach Art. 35 Absatz 1 VKR umgesetzt, wonach Auftraggeber im Internet ein Beschafferprofil einrichten können. […]

---

58 Erwägungsgrund 24 der RL 2004/17/EG bzw. Erwägungsgrund 16 der RL 2004/18/EG.

59 Aktionsplan zur Umsetzung und Anwendung der Rechtsvorschriften über die elektronische Vergabe öffentlicher Aufträge-KOM (2004) 841 endg. vom 29.12.2004.

60 Ebenda.

61 Kurz für die RL 2004/18/EG.

62 Nämlich dem § 16.

Noch

Nach den Regelungen des Artikels 42 Abs. 1 bis 3 VKR waren Vorkehrungen zur Sicherstellung der Vertraulichkeit bei elektronisch übermittelten Angeboten vorzugeben, die bei nationalen Vergaben gleich gehandhabt werden sollen[63]*. Um der Situation der momentan noch nur in geringem Umfang in Anspruch genommenen Möglichkeit der elektronischen Angebotsabgabe Rechnung zu tragen, haben Auftraggeber bei nationalen Vergabeverfahren, insbesondere mit Rücksicht auf kleinere und mittlere Unternehmen, auch weiterhin immer die Möglichkeit die schriftlichen Angebotsabgabe vorzusehen. Zur Erleichterung der elektronischen Angebotsabgabe wurde neben der bisherigen qualifizierten elektronischen Signatur auch die fortgeschrittene elektronische Signatur nach dem Signaturgesetzt in Verbindung mit den Anforderungen des Auftraggebers als Wahloption für die Auftraggeber vorgesehen.“*[64]

Gerade die letzte Änderung der VOB/A und der VOL/A hatte – zusammen mit der 62 Streichung des § 15 VgV, der eine Qualifizierte Signatur vorschrieb – den Sinn, die **Schwelle für die Bieter zur Teilnahme an elektronischen Verfahren abzusenken**, um die Akzeptanz dieser Verfahren zu erhöhen – allerdings unter Inkaufnahme eines geringeren Sicherheitsniveaus der Signatur. Als Hemmschuh wurde nämlich vor allem die für die Qualifizierte Signatur zwingend erforderliche personenbezogene Signaturkarte identifiziert[65] Im Gegensatz dazu lässt sich die **Fortgeschrittene Signatur auch als reine Softwarelösung** ohne zusätzliche Hardwarekomponenten generieren. Nachteil ist jedoch die geringere Beweiskraft einer Fortgeschrittenen Signatur, was in der Literatur teilweise kritisch gesehen wird.[66]

Die Gleichstellung der elektronischen mit der herkömmlichen Kommunikation 63 und die Wahlfreiheit des Auftraggebers, welche Kommunikationswege er zulässt, durch das Richtlinienpaket 2004 und dessen nationale Umsetzung hat auch zur Folge, dass der öffentliche Auftraggeber sich dafür entscheiden kann, ausschließlich die elektronische Kommunikation zuzulassen. Damit hat **die eVergabe einen wesentlichen Schub** erhalten. Allerdings mussten in diesem Stadium der Entwick-

---

63 Im § 21.

64 Bundesministerium für Verkehr, Bau und Stadtentwicklung: Bekanntmachung des Sofortpaketes zur Anpassung der Vergabe- und Vertragsordnung für Bauleistungen (VOB/A) an zwingende Änderungen durch neuen EU-Vergaberechtrichtlinien vom 20.03.2006, S. 11.

65 Graef: „Rechtsfragen zur Kommunikation und Informationsübermittlung im neuen Vergaberecht“ in: NZBau 2008, 34ff.

66 so z.B. Roßnagel: „Die Form des Bieterangebots in der elektronischen Vergabe“ in: NZBau 2007, 74 ff.

Noch

lung die Auftraggeber bei der Wahl des Kommunikationsweges noch im Blick haben, dass die reine elektronische Vergabe unter Umständen das **Bieterfeld unangemessen einschränken** konnte.[67]

IV. KOM (2011) 896/2

64 Mit dem Vorschlag der EU-Kommission aus dem Jahr 2011 zur Neufassung der Vergaberichtlinien wurde der **Grundstein für die heutige Richtliniengeneration** 2014 gelegt.

65 Die Kommission beruft sich dabei auf die im Jahr zuvor **beschlossene Strategie „Europa 2020“**, mit der im gemeinsamen Wirtschaftsraum ein „intelligentes, nachhaltiges und integratives Wachstum“ geschaffen werden sollte. Der öffentlichen Auftragsvergabe hat man dabei eine **zentrale Rolle** zugeschrieben.

66 Der konkrete Vorschlag zur Neufassung der Richtlinie verfolgt demnach zwei einender ergänzende Ziele: Einerseits die **Steigerung der Effizienz** der öffentlichen Ausgaben. Dazu sollten vor allem die Vorschriften über die Auftragsvergabe vereinfacht werden, um kleinen und mittleren Unternehmen die Teilnahme an solchen Verfahren ebenso zu erleichtern wie grenzüberschreitende Bewerbungen. Andererseits sollten auch – und das ist grundlegend neu – die öffentliche **Auftragsvergabe besser zur Unterstützung gemeinsamer gesellschaftlicher Ziele** genutzt werden, wie z.B. in den Bereichen Umweltschutz, Ressourcen- und Energieeffizienz, Bekämpfung des Klimawandels, Innovationsförderung und sozialer Eingliederung.

67 Gerade der zweite Zielbereich hatte schon damals großen **Diskussionsbedarf** erzeugt, weil er in der Systematik der Vergabeverfahren einen **Fremdkörper** darstellt. Grundlegendes Ziel jeder öffentlichen Beschaffung ist nun einmal eigentlich die Versorgung des öffentlichen Auftraggebers mit **der bestmöglichen Leistung zum bestmöglichen Preis**. Das ergibt sich allein schon aus dem Gebot einer **sparsamen Haushaltsführung**. Die Einbeziehung nicht haushaltswirksamer Vergabekriterien weicht diese strenge Sichtweise der Vergaberegeln auf.

! **Hinweis**

Allerdings ist der Kommission zuzugestehen, dass die Steuerungswirkung öffentlicher Vergaben nicht unterschätzt werden darf. 18 % des Bruttoinlandsproduktes der EU werden durch die Vergaben der öffentlichen Hand erwirtschaftet. Wenn diese enorme Nachfragemacht an den Märkten systematisch genutzt wird, ist eine Lenkungswirkung durchaus denkbar.

---

67 Vgl.: Schindler: „Zulässigkeit der Beschränkung der Angebotsabgabe auf elektronische Form durch öffentlichen Auftraggeber“ in: NZBau 2008, 746ff.

Noch

Die Richtlinien der vorangegangenen Generation hatten, so sieht es die Kommission jedenfalls, ihre **Zwecke im Wesentlichen erfüllt**. Allerdings unter dem Preis teilweise recht aufwändiger Verfahrensabläufe. Deswegen wurden allenthalben **Vereinfachungen** des Regelwerkes gefordert.[68] 68

Im Einzelnen hat der Kommissionsvorschlag für neue Vergaberichtlinien Folgendes vorgesehen: 69

- Vereinfachung und Flexibilisierung der Vergabeverfahren
- Die Bergriffsdefinition des öffentlichen Auftrages und der Abgrenzungen zwischen den verschiednen Auftragsarten (Bau-, Dienstleistungs-, Lieferauftrag u.s.w.) wurde klarer gefasst und der Rechtssprechung des EuGH angepasst.
- Die Unterscheidung zwischen prioritären und nichtprioritären Dienstleistungen entfällt.
- Den Mitgliedsstaaten wird neben den klassischen offenen und nichtoffenen Verfahren eine Auswahl verschiedener weiterer Verfahrensarten zur Verfügung gestellt, die sie nicht zwingend in nationales Recht umsetzen müssen („Toolbox-Konzept“).
- Für Lokale und regionale Behörden werden Erleichterungen geschaffen.

Vor allem aber soll die **elektronische Auftragsvergabe forciert** werden. *„Der Vorschlag zielt darauf ab, die Mitgliedstaaten bei der Bewältigung des Übergangs zur elektronischen Auftragsvergabe zu unterstützen und Anbietern im gesamten Binnenmarkt eine Teilnahme an Online-Vergabeverfahren zu ermöglichen. Zu diesem Zweck sieht der Richtlinienvorschlag eine Verpflichtung zur Übermittlung von Bekanntmachungen in elektronischer Form, zur elektronischen Verfügbarmachung der Auftragsunterlagen sowie zur Umstellung auf eine ausschließliche elektronische Kommunikation, insbesondere auf eine elektronische Einreichung („e-Submission“), bei sämtlichen Vergabeverfahren innerhalb eines Übergangszeitraums von zwei Jahren vor. Dynamische Beschaffungssysteme und elektronische Kataloge sollen rationalisiert und verbessert werden. Dabei handelt es sich um vollelektronische Beschaffungsinstrumente, die in besonderer Weise für eine stark gebündelte Beschaffung durch zentrale Beschaffungsstellen geeignet sind. Das Instrument der elektronischen Auftragsvergabe würde zudem die öffentlichen Auftraggeber in die Lage versetzen, Fehler zu vermeiden, zu entdecken bzw. zu korrigieren, die im Allgemeinen darauf zurückzuführen sind, dass die Vorschriften für die öffentliche Auftragsvergabe falsch verstanden oder falsch ausgelegt werden.“*[69] 70

Mit der Digitalisierung geht auch eine **weitere Verkürzung der Fristen** einher. Damit will die Kommission eine raschere und rationellere Beschaffung durch die öffentlichen Auftraggeber ermöglichen. 71

68 Vgl. dazu auch den „Rühle-Bericht“ des Europäischen Parlamentes P7_TA(2011)0454.
69 KOM (2011) 896/2, S. 10.

72 Um die Teilnahme von kleinen und mittleren Unternehmen zu erleichtern, reduziert die Kommission in ihrem Vorschlag die **Nachweispflichten** für die Bietereignung. Erstmals vorgeschlagen wird hier eine **europaweite Vereinheitlichung** eines Nachweises, dass gegen den Bieter keine Ausschlussgründe vorliegen. Außerdem wird eine abschließende Liste aller zulässigen Bedingungen für die Teilnahme an einem Wettbewerb in die Richtlinie aufgenommen, so dass Bieter nicht mehr von exotischen Teilnahmebedingungen im Ausland überrascht werden können.

73 Für die **„vergabefremden" Kriterien**, wie Umweltschutz oder Soziale Normen, hat die Kommission die Möglichkeit geschaffen, Lebenszykluskosten als Wertungskriterium zuzulassen. Externe Umweltkosten können dabei jedoch in die Betrachtung nur eingehen, wenn sie auch **eindeutig zu beziffern** sind, woran wohl zumeist deren Wertung scheitern wird. Auch werden für die Vergabe Umwelt- und soziale Gütezeichen als Kriterium zugelassen – sofern sie in einem Zusammenhang mit dem Auftragsgegenstand stehen.

Beispiel
Das können zum Beispiel Umweltsiegel sein oder Zertifikate, dass bestimmte Produkte ohne den Einsatz von Kinderarbeit hergestellt wurden.

V. Aktionsplan der EU zur Umsetzung und Anwendung der Rechtsvorschriften über die elektronische Vergabe öffentlicher Aufträge (2004)

74 Am 29.12.2004 erging seitens der EU-Kommission eine Mitteilung der Kommission an den Rat, das Europäische Parlament, den Europäischen Wirtschafts- und Sozialausschuss und den Ausschuss der Regionen, in der ein **Aktionsplan** für die Umsetzung und Anwendung der neuen Rechtsvorschriften für die **elektronische Vergabe** öffentlicher Aufträge vorgeschlagen wurde, die im April 2004 als Teil des Vergabegesetzgebungspakets[70] verabschiedet wurden.

75 Inhalt der neuen Vorschriften war es, einen kohärenten Rahmen für die offene, transparente und diskriminierungsfreie Abwicklung von Vergabeverfahren auf elektronischem Weg zu liefern[71]. Von einer flächendeckenden Einführung der Online-Beschaffung versprach man sich seinerzeit **Einsparungsmöglichkeiten von bis zu 5 % bei den Beschaffungspreisen** seitens der öffentlichen Hand, bei öffentlichen Auftraggebern und Auftragnehmern versprach man sich ein Einsparungspotential von rund **50–80 % bei den Prozesskosten**[72]**.** Weiterer Effekt sollte eine Belebung des Wettbewerbes sein.

---

70 Vgl. Richtlinien 2004/18/EG und 2004/17/EG.
71 Vgl. KOM(2004) 841.
72 Vgl. KOM(2004) 841.

Eine von der Kommission durchgeführte Konsultation im Zuge der Folgenabschätzung bestätigte die Sinnhaftigkeit eines Aktionsplanes unter Mitwirkung der Mitgliedsstaaten, der Kandidatenländer und von Unternehmen. Maßnahmen in drei Schwerpunktbereichen wurden von der Kommission vorgeschlagen. So sollte das **Funktionieren des Binnenmarktes** für die elektronische Vergabe öffentlicher Aufträge gewährleistet werden, die Effizienz der Vergabeverfahren sollte gesteigert, die Verwaltungspraxis verbessert werden, ein internationaler Rahmen für die elektronische Vergabe öffentlicher Aufträge sollte geschaffen werden[73]. 76

1. Inhalt des Aktionsplanes

Zunächst sollte über das Jahr 2005 durch Unterstützung der Mitgliedsstaaten durch 77 die Kommission eine **korrekte und fristgerechte Umsetzung** des Rechtsrahmens erfolgen, da die Mitgliedsstaaten verpflichtet wurden, die neuen Richtlinien bis 31.01.2006 umzusetzen. Fehlerhafte oder **divergierende Auslegungen** der neuen Vorschriften sollten **vermeiden werden**, um den grenzüberschreitenden Handel nicht zu gefährden und eine Zersplitterung des Marktes zu verhindern.

Daher wollte die Kommission die jeweilige Umsetzung der Richtlinien in nationa- 78 les Recht aufmerksam verfolgen und sich um einen Austausch unter den Mitgliedsstaaten bemühen. Im ersten Quartal 2005 erfolgte seitens der Kommission eine Mitteilung an die Mitgliedsstaaten zur Auslegung der neuen Vorschriften, zudem eine **Online-Bereitstellung von Schulungsmaterial.** Mit Hilfe dessen sollten sich Auftraggeber und Auftragnehmer mit den neuen Bestimmungen und Werkzeugen vertraut machen können. Der Aktionsplan sah vor, dass die Kommission im Zuge eines Stufenplanes Anfang 2005 **eine Verordnung über Standardformulare** verabschieden wird, bis Ende 2006 sollte die Kommission dann eine neue Generation strukturierter Standardformulare vorschlagen. Ziel sollte hierbei u.a. sein, die automatische Erstellung von Zusammenfassungen in allen Amtssprachen der EU zu erleichtern[74].

Es wurde eine Studie zur Verwendung des CPV in einer vollelektronischen Umge- 79 bung in Angriff genommen. Bis Anfang 2006 sollten dann anhand der Ergebnisse der Studie Vorschläge zur Überarbeitung des Gemeinsamen Vokabulars für öffentliche Aufträge erarbeitet werden. Ein Entwurf für ein **elektronisches System** zur Erhebung und Veröffentlichung **von Bekanntmachungen** in TED sollte von der Kommission bis Ende 2006 vorgelegt werden. Sodann setzte sich die Kommission das – mehr als ehrgeizige – Ziel, bis Ende 2007 vollelektronische Systeme auf nationaler Ebene, einschließlich Werkzeuge für eine automatisierte zentrale Annahme und Veröffentlichung in TED, einzuführen.

73 Vgl. KOM(2004) 841.
74 Vgl. KOM(2004) 841.

80 Auf der Grundlage der IDA-Studie aus dem Jahre 2004 sollten die Kommission und die Mitgliedstaaten im Laufe des Jahres 2005 die Ergebnisse des IDA-Funktionsanforderungsprojektes für e-Vergabe-**Systeme erproben, präzisieren und validieren**. Anfang 2006 sollten die Mitgliedsstaaten alle operativen e-Vergabe-Systeme auf ihre Anpassung an die Richtlinienerfordernisse überprüfen. Die Einführung nationaler Schemata zur **Überprüfung der Rechtskonformität** elektronischer Vergabesysteme wurde als Ziel bis Mitte 2005 gesetzt. Bis Ende des Jahres 2005 sollten sowohl Mitgliedsstaaten als auch die Kommission über die Einführung eines gemeinsamen Konformitätsprüfungsschemas auf Basis einer Machbarkeitsstudie entschieden haben. Zur Unterstützung der Mitgliedsstaaten bei der koordinierten Einführung fortgeschrittener qualifizierter Signaturen zur Lösung der Interoperabilitätsprobleme sollte in den Jahren 2005 und 2006 der Vorschlag einer IDABC-Aktion[75] erfolgen. Bis 31.01.2006 sollten dann alle Mitgliedsstaaten eine **interoperable qualifizierte elektronische Signatur** verwenden.

81 Eine Fertigstellung der Lückenanalyse zu den Interoperabilitätsanforderungen für eine wirksame elektronische Vergabe öffentlicher Aufträge sollte bis zum 1. Quartal 2005 abgeschlossen sein. Im Zeitraum von 2005–2007 sollten die **Normungsaktivitäten** auf europäischer Ebene gefördert, Kontakte zu internationalen Normungsgremien hergestellt und ein Vorschlag zur Fortsetzung der Arbeiten im Rahmen des IDABC-Programms seitens der Kommission unterbreitet werden.

82 Alle Mitgliedsstaaten sollten bis Ende 2005 einen landesweiten Plan zur Einführung der elektronischen Vergabe öffentlicher Aufträge ausarbeiten. Ebenfalls im gleichen Zeitraum sollte eine Ausarbeitung dahingehend erfolgen, wie eine Ausarbeitung vergleichbarer Pläne durch einzelne Auftraggeber und die Koordinierung und Überwachung der Durchführung gefördert werden kann. Bis Ende 2006 sollten die Mitgliedsstaaten wirksame elektronische **Systeme für die Erhebung und Verarbeitung statistischer Vergabedaten** einrichten.

83 Für das zweite Halbjahr 2005 sah die Kommission vor, einen Vorschlag zur Prüfung von Diensten für die elektronische Bereitstellung von Geschäftsinformationen und in öffentlichen Ausschreibungen erforderliche Bescheinigungen zu erarbeiten. Eine Einigung über die einheitliche Gestaltung einer Reihe **häufig geforderter Bescheinigungen** sollten die Kommission und die Mitgliedsstaaten im Zeitraum der Jahre 2005 und 2006 herbeiführen. Daneben sollten über Public Procurement Network im Jahre 2006 Veranstaltungen und Workshops zur **Förderung des Informationsaustausches** bezüglich der Standardisierung von Vergabeunterlagen durchgeführt werden. Kleinere und mittlere Unternehmen im Blick sollten die Mitgliedsstaaten im

75 Nach den Erfolgen des IDA-Programmes hat das EU-Parlament 2004 den Beschluss über das neue Programm IDABC verabschiedet, das die Entwicklung interoperabler europaweiter elektronischer Behördendienste abstecken, unterstützen und fördern soll.

Zeitraum der Jahre 2005 bis 2007 Sensibilisierungskampagnen und Schulungsprogramme durchführen und fördern.

Für die Jahre 2005 bis 2007 hat sich die Kommission weiterhin eine Vielzahl von 84 Vorhaben auf die Agenda des Aktionsplanes gesetzt: Neben der Fortführung der Verhandlungen über das WTO-Beschaffungsübereinkommen (GPA) sollten Initiativen im Rahmen dieses Übereinkommens zur Verwendung einer gemeinsamen Nomenklatur für die **Klassifizierung zu beschaffender Waren und Dienstleistungen** gestartet werden. Tätigkeiten zur Vermeidung von Interoperabilitätsbarrieren auf internationaler Ebene sollten hervorgebracht, eine Zusammenarbeit im Hinblick auf die Koordinierung der technischen Unterstützung für Drittländer bei der Umstrukturierung der Vergabe öffentlicher Aufträge und deren Umstellung auf elektronische Verfahren sollten initiiert werden[76].

2. Online-Befragung der EU-Kommission

Bei den Unternehmen abgefragt wurde z.B., ob es sich um ein Unternehmen oder 85 einen Wirtschaftsverband handle, die Nennung der Haupttätigkeit, die Angabe, auf welchem Gebiet der Wirtschaftsverband tätig sei, wie viele Mitarbeiter das Unternehmen beschäftige, oder wo der Sitz des Unternehmens sei. Wichtige Fragen waren u.a., in wie viele Länder der EU das befragte Unternehmen außerhalb des Hauptsitzes regelmäßig Waren oder Dienstleistungen verkaufe, welche Möglichkeiten für die elektronische Geschäftsabwicklung genutzt würden, und die Frage, als wie immanent man jeweils die elektronische Auftragsannahme, die elektronische Rechnungsstellung oder die elektronische Zahlung einschätze.

3. Maßnahmen der EU-Kommission zur Beschleunigung der Einführung von E-Vergaben in der EU (Juli 2011)

2011 kündigt die EU-Kommission an, dass man die Einführung der elektronischen 86 Auftragsvergabe unterstützen wolle. Wie klingt das, nachdem man in den Jahren 2004 bis 2007 im Rahmen des Aktionsplanes reichlich viel unternommen hat, um die zuvor auf den Weg gebrachten Richtlinien einem guten Erfolg zuführen zu können? So muss man im Jahre 2011, also deutlich nach An- und auch Ablauf des Aktionsplanes der EU-Kommission feststellen, dass die (flächendeckende) Umsetzung der **elektronischen Vergabe noch in weiter Ferne** schwebt. Allein in Deutschland sprechen wir zu diesem Zeitpunkt von unter 10 % vollelektronischer Vergabe.

Nun lässt die EU-Kommission verlauten, man wolle „die Einführung der elektro- 87 nischen Auftragsvergabe unterstützen“[77]. Sie kündigt dazu eine Reihe von Maßnah-

76 Vgl. KOM(2004) 841.

77 Vgl. Pressemitteilung der EU-Kommission IP/11/940 vom 29.07.2011.

men an, mit deren Hilfe die Einführung der eVergabe in der EU beschleunigt werden soll. Zunächst soll eine informelle Sachverständigengruppe zum Thema eVergabe eingesetzt werden. Führende Sachverständige auf dem Gebiet der eVergabe sollen sich **um technische Konzepte wie auch politische Strategien** bemühen. Der Erwartungshorizont geht bis Ende 2012: dann sollen Funktionsanforderungen für nach einheitlichen Grundsätzen gestaltete eVergabelösungen ausgearbeitet werden. Qualifizierte Sachverständige werden aufgefordert, sich zur Teilnahme an dieser Gruppe zu bewerben. Die Kommission soll mit der Analyse der Nutzung der eVergabe in allen Mitgliedsstaaten beginnen, **Best-Practice-Lösungen identifizieren** und diese fördern. Um sich des Themas Benchmarking anzunehmen hat die Generaldirektion Binnenmarkt und Dienstleistungen eine Studie über Messung **und Benchmarking im elektronischen Beschaffungswesen** ausgeschrieben. Veröffentlicht wurde auch eine detaillierte Zusammenfassung der Antworten zum Grünbuch zum Ausbau der e-Beschaffung. Dabei wurden 77 eingegangene Antworten zum Grünbuch analysiert. Angeblich spreche sich eine knappe Mehrheit der Kommentare für das verbindliche Vorschreiben der Nutzung von e-Beschaffung auf EU-Ebene aus.[78]

4. Schlussfolgerung und Stand der Umsetzung

88 Lassen wir zunächst einmal EU-Kommissar Barnier mit einem Zitat aus dem Jahre 2011 zu Wort kommen:

> *„e-Beschaffung ist die Zukunft des öffentlichen Auftragswesens. Durch sie werden bessere Ergebnisse bei der Beschaffung erzielt, Verschwendung und Fehler verringert und öffentliche Auftraggeber bei der Verwaltung komplexer Transaktionen unterstützt. In fünf bis zehn Jahren wird der Großteil der Verwaltung der öffentlichen Beschaffung elektronisch abgewickelt werden. Wir müssen uns bereits jetzt auf diesen Wandel vorbereiten. Auf EU-Ebene müssen wir sicherstellen, dass der Umstieg durch das rechtliche und politische Umfeld gefördert wird. Die Grundlagen, mit deren Schaffung heute begonnen wird, stellen einen weiteren wichtigen Schritt in Richtung auf den Einsatz neuer Technologien für eine bessere Beschaffung dar.“*[79]

89 Diese Äußerung aus dem Jahre 2011 muss man in dem Kontext lesen, dass bereits 2004 der Aktionsplan der EU-Kommission an den Start gegangen war und zahlreiche Initiativen unternommen worden waren, um eVergabe in den öffentlichen Verwaltungen und bei den Auftragnehmern einzuführen. Eine **Analyse,** welche Maßnahme nun genau wie gegriffen hat und was auf dem Weg zur Einführung

78 Vgl. Pressemitteilung der EU-Kommission IP/11/940 vom 29.07.2011.

79 Vgl. Pressemitteilung der EU-Kommission IP/11/940 vom 29.07.2011.

einer vollelektronischen Vergabe noch zu leisten ist, erübrigt sich, wenn selbst der EU-Kommissar Barnier davon spricht, dass man bereits heute (also 2011) die Grundlagen für den Einsatz neuer Technologien schaffen müsse. Er selbst gibt der Einführung eines vollelektronischen Vergabesystems durch Großteile der öffentlichen Verwaltung einen **Zeitrahmen von fünf bis zehn Jahren**, aus der Warte von 2011 also bis spätestens 2021. Heute, im Jahre 2014, sind wir schon etwas weiter: es existieren die neuen Richtlinien 2014/23/EU, 2014/24/EU sowie 2014/25/EU.

VI. GWB-Modernisierungsgesetz 2009

Erst mit dem Gesetz zur Modernisierung des Vergaberechtes[80] hat die Bundesrepublik Deutschland das EU-Richtlinienpaket vollständig umgesetzt. Während 2006 zunächst lediglich die zwingend notwendigen Änderungen vollzogen wurden, kam drei Jahre später die **längst geplante „große" Reform**, mit der das Vergaberecht wieder übersichtlicher werden sollte. 90

Bereits im Jahre 2003 – also zeitgleich mit den Überlegungen der EU-Kommission – hatte die Bundesregierung eine Arbeitsgruppe zur Verschlankung des Vergaberechts eingesetzt, deren Vorschläge zwar noch in einen Gesetzentwurf mündeten, der dann allerdings durch die vorgezogene Bundestagswahl 2005 **nicht mehr zum Abschluss** gebracht werden konnte. Schon im Bericht dieser Arbeitsgruppe[81] wurde die Einführung von elektronischen Auktionen und dynamischen Beschaffungssystemen (damals unter der Arbeitsbezeichnung „elektronischer Katalog") gefordert. 91

Diese beiden Verfahren wurden 2009 in den neuen Abs. 6 des § 101 GWB aufgenommen. Ein großer Teil der Vergabeverordnung wurde aufgehoben (vgl. Kapitel 1 A III) und deren Regeln in die Verdingungs- und Vertragsordnungen aufgenommen, darunter auch die Regeln zur elektronischen Vergabe. 92

Die Aufnahme der beiden Verfahren in das GWB hat der Gesetzgeber jedoch äußerst knapp gefasst: 93

> Eine elektronische Auktion dient der elektronischen Ermittlung des wirtschaftlichsten Angebotes. Ein dynamisches elektronisches Verfahren ist ein zeitlich befristetes ausschließlich elektronisches offenes Vergabeverfahren zur Beschaffung marktüblicher Leistungen, bei denen die allgemein auf dem Markt verfügbaren Spezifikationen den Anforderungen des Auftraggebers genügen.[82]

Eine inhaltliche Ausgestaltung über den Verfahrensablauf ist damit nicht erfolgt. 94

---

80 BGBl. I v. 23.04.2009, S. 790ff.
81 IBR-Materialien 117.
82 § 101 Abs. 6 GWB.

Hinweis
So wurde in der Literatur teilweise die Meinung vertreten, dieser Rahmen alleine genüge nicht, um die erwähnten Verfahren überhaupt anzuwenden, soweit sie nicht zumindest in den Verdingungsordnungen im Einzelnen geregelt sind.[83] Die Gegenposition, die auf die detaillierten Regelungen in den EU-Richtlinien als Grundlage für die Ausgestaltung der Verfahren verweist, hat sich später durchgesetzt.[84]

VII. EU-Richtlinienpaket 2014

1. Vorgeschichte

95 Im Jahr 2010 hat die EU-Kommission ein Grünbuch[85] zum Ausbau der elektronischen Beschaffung in Europa vorgelegt. Demnach geht es der Kommission um mehr als nur einen Übergang vom papiergebundenen zum elektronischen Dokumentenaustausch. Vielmehr erkennt die Kommission hier ein „Potential zum Erzielen erheblicher Effizienzverbesserungen bei den Einkäufen einzelnen Einkäufen, der allgemeinen Verwaltung der öffentlichen Beschaffung und dem Funktionieren der Märkte für öffentliche Aufträge". Bereits wenige Monate zuvor hatte die Kommission ihre **„Digitale Agenda für Europa"**[86] vorgelegt, in der sie bis zum Folgejahr ein Weißbuch zur Festlegung konkreter Maßnahmen für die Verknüpfung der Kapazitäten im elektronischen Auftragswesen des Binnenmarktes im Rahmen des e-Government-Ausbaus angekündigt hatte. Das Grünbuch sollte nur ein erster Schritt zur Reform des europäischen Vergaberechtes darstellen. Allerdings hat die Kommission schließlich den nächsten Schritt – nämlich das angekündigte Weißbuch – übersprungen und direkt die **Vorschläge für ein neues Richtlinienpaket** vorgelegt.

96 Hintergrund für die erneuten Bemühungen um eine Implementierung der elektronischen Auftragvergabe sind die **ernüchternden Zahlen zur Wirkung** des Richtlinienpaketes 2004: *„2005 gaben die EU-Minister ihrer Hoffnung Ausdruck, dass bis 2010 mindestens 50 % der öffentlichen Beschaffungen mit einem Auftragsvolumen oberhalb des EU-Schwellenwerts auf elektronischem Wege durchgeführt werden. Um dieses Ziel zu erreichen, hat die Kommission Änderungen von Rechtsvorschriften vorgenommen und den Aktionsplan zur elektronischen Vergabe öffentlicher Aufträge von 2004 umgesetzt. Trotzdem hinkt die praktische Realisierung aufgrund der technischen, logistischen und administrativen Komplexität des Übergangs weit hinter der ursprüng-*

83 Vgl. zum damaligen Stand der Diskussion auch Schröder: „Die elektronische Auktion nach § 101 IV 1 GWB – Rückkehr des Lizitationsverfahrens?" in: NZBau 2010, S. 411ff.

84 So z.B. VK Lüneburg, Beschl. v. 10.05.2011, Az.: VgK-11/2011.

85 KOM(2010) 571 endgültig vom 18.10.2010.

86 KOM(2010) 245 endgültig vom 26.08.2010.

Noch

lichen Planung zurück. Eine von der Kommission durchgeführte Analyse weist darauf hin, dass die in der Vorreitergruppe der Mitgliedstaaten über elektronische Systeme vergebenen Aufträge weniger als 5 % der insgesamt verfügbaren Beschaffungsbudgets ausmachen.“[87]

Dabei sieht die Kommission die für die e-Vergabe nötige **Technik als ausgereift** 97
an und verweist auf vielfältige existierende e-Vergabe-Lösungen in ganz Europa. Die Einsparpotentiale, die sich durch die E-Vergabe realisieren ließen, seien gewaltig.

Beispiel
Am Beispiel der österreichischen Bundesbeschaffungsagentur wird ein Einsparpotential von rund 20 % der Beschaffungskosten vorgerechnet.[88]

Allerdings beklagt die Kommission, dass die bestehenden E-Vergabe-Systeme kaum 98
in der Lage seien, grenzüberschreitend die Auftragsvergabe zu managen. Um die E-Vergabe beschleunigt durchzusetzen, setzt die Kommission auf ein **System von Anreizen und Zwang.**[89] So will die Kommission einerseits den Mitgliedsstaaten die Möglichkeit geben, die E-Vergabe zur alleinigen Kommunikationsform zu machen und denkt darüber nach, durch weitere Fristverkürzungen Vorteile für die Auftraggeber zu schaffen, um diese Mittel auch einzusetzen.

Mit der Vorlage des Grünbuches hatte die EU-Kommission auch **eine breit ange-** 99
legte Konsultation zur elektronischen Vergabe gestartet, in der alle Interessierten Kreise aufgefordert waren, sich zu beteiligen: „*All citizens and organisations are welcome to contribute to this consultation. Contributions are particularly sought from Member States, large procurement agencies and contracting authorities, ICT industry, procurement specialists in the private and public sector and representatives of business trade associations.*“[90]

Mit einem zusätzlichen Grünbuch vom Januar 2011 leitete die Kommission auch 100
die Diskussion über eine Vielzahl weiterer Aspekte des Vergaberechtes bis hin zur bislang umstrittenen vergaberechtlichen Behandlung der Konzessionserteilungen ein. Aus den Stellungnahmen zu beiden Grünbüchern resultierte der Entwurf[91] für die neuen Richtliniengeneration [vgl. auch Kapitel 1 B IV].

---

87 Grünbuch, S. 2.
88 Grünbuch, S. 6.
89 „Mit Zuckerbrot und Peitsche“ – so wörtlich in der deutschen Fassung des Grünbuches, S. 14.
90 „*Alle Bürger und Organisationen sind eingeladen, sich an dieser Konsultation zu beteiligen. Beiträge sind besonders aus den Mitgliedstaaten, großen Beschaffungsstellen und öffentlichen Auftraggebern, aus der IKT-Branche, von Beschaffern in der privaten und öffentlichen Wirtschaft und von Vertretern der Wirtschaftsverbände gesucht.*“ Das Internet-Portal zur Konsultation gab es nur in englischer Sprache unter der Adresse: http://ec.europa.eu/internal_market/consultations/2010/e-procurement_en.htm.
91 KOM(2011) 896 endgültig vom 20.12.2011.

Noch

2. Klassische Vergaberichtlinie

101 Mit der Richtliniengeneration 2014 verfolgt die Kommission unter anderem das Ziel, die elektronische Kommunikation auf allen Stufen des Vergabeverfahrens – von der Bekanntmachung bis zum Zuschlag – verpflichtend für alle Beteiligten durchzusetzen. Hinzu tritt die nach deutscher Rechtssystematik nicht dem Vergaberecht zuzuordnende Absicht, auch die **Abrechnung** der erbrachten Leistung **vollständig zu digitalisieren.** Damit strebt die Kommission nicht nur eine vereinfachte Vergabe an, sondern will den Anstoß dazu geben, die „Funktionsweise der öffentlichen Verwaltung grundlegend zu modernisieren".[92]

a) Verpflichtung zur elektronischen Kommunikation

102 Entsprechend **umfangreich sind die Regelungen, die zur E-Vergabe** getroffen worden sind. Insbesondere Artikel 22 Abs. 1 Satz 1 der Richtlinie schreibt zweifelsfrei vor:

> Die Mitgliedstaaten gewährleisten, dass die gesamte Kommunikation und der gesamte Informationsaustausch nach dieser Richtlinie, insbesondere die elektronische Einreichung von Angeboten, unter Anwendung elektronischer Kommunikationsmittel gemäß den Anforderungen dieses Artikels erfolgen.

103 Damit ist der Erwägungsgrund 52 der Richtlinie umgesetzt: *„Elektronische Informations- und Kommunikationsmittel können die Bekanntmachung von Aufträgen erheblich vereinfachen und Effizienz und Transparenz der Vergabeverfahren steigern. Sie sollten zum Standard für Kommunikation und Informationsaustausch im Rahmen von Vergabeverfahren werden, da sie die Möglichkeiten von Wirtschaftsteilnehmern zur Teilnahme an Vergabeverfahren im gesamten Binnenmarkt stark verbessern."*

104 Einzig in solchen Fällen, in denen die elektronische Kommunikation nicht zweckdienlich ist, lässt die Richtlinie noch Ausnahmen zu. Diese Ausnahmen aber sind abschließend aufgezählt:

a) Aufgrund der besonderen Art der Auftragsvergabe würde die Nutzung elektronischer Kommunikationsmittel spezifische Instrumente, Vorrichtungen oder Dateiformate erfordern, die nicht allgemein verfügbar sind oder nicht von allgemein verfügbaren Anwendungen unterstützt werden.

b) Die Anwendungen, die Dateiformate unterstützen, die sich für die Beschreibung der Angebote eignen, verwenden Dateiformate, die nicht mittels anderer offener oder allgemein verfügbarer Anwendungen verarbeitet werden können, oder sind

92 KOM(2013) 453 endgültig vom 26.06.2013, S. 2f.

durch Lizenzen geschützt und können vom öffentlichen Auftraggeber nicht für das Herunterladen oder einen Fernzugang zur Verfügung gestellt werden.

c) Die Nutzung elektronischer Kommunikationsmittel würde spezielle Bürogeräte erfordern, die öffentlichen Auftraggebern nicht generell zur Verfügung stehen

d) In den Auftragsunterlagen wird die Einreichung von physischen oder maßstabsgetreuen Modellen verlangt, die nicht elektronisch übermittelt werden können.[93]

Außerdem kann auf die elektronische Kommunikation verzichtet werden, wenn dem besondere Sicherheitsbedürfnisse bei der Datenübertragung entgegenstünden. 105

b) Zulässige Kommunikationsmittel

Die Auftraggeber müssen aber bei der Auswahl der elektronischen Kommunikationskanäle darauf achten, dass **keine Technik** verwendet wird, die sich **diskriminierend auf die Bieter** auswirkt. 106

> Die für die elektronische Kommunikation zu verwendenden Instrumente und Vorrichtungen sowie ihre technischen Merkmale müssen nichtdiskriminierend und allgemein verfügbar sowie mit den allgemein verbreiteten Erzeugnissen der IKT kompatibel sein und dürfen den Zugang der Wirtschaftsteilnehmer zum Vergabeverfahren nicht einschränken.[94]

Praxistipp !

Das bedeutet in der Praxis, dass die zur Verfügung gestellten Kommunikationswege auf den gängigen Betriebssystemen funktionieren müssen, dass nur **nichtproprietäre Datenformate** Verwendung finden dürfen. Das ist für reine Textdokumente noch relativ einfach lösbar (z.B. durch ausfüllbare pdf-Dateien an Stelle von Textverarbeitungsdokumenten für Formulare). Allerdings könnte diese Bestimmung bei Tabellenkalkulationsprogrammen schnell an die Grenzen der Kompatibilität zwischen den verschiedenen Softwareherstellern stoßen. Insbesondere **Office-Dateien die im Open-XML-Format** gespeichert werden (z.B. *.xlsx) lassen sich nicht von allen gängigen Office-Softwareprogrammen öffnen. Benötigt also ein Bieter ein ganz bestimmtes Softwareprodukt aus einer ganz bestimmten Softwaregeneration eines ganz bestimmten Herstellers, wäre wohl auch bei weiter Verbreitung dieses Produktes die Forderung der Richtlinie nach „allgemeiner" Verbreitung nicht erfüllt.

Nämliches gilt auch für die Auswahl der **Verschlüsselungstechnologie.** Die Richtlinie verlangt ein Sicherheitsniveau der Signatur und Verschlüsselung, das zum Schutz- 107

93 Art. 22 Abs. 1 Unterabs. 2 der klassischen Richtlinie.
94 Art. 22 Abs. 1 Satz 2 der klassischen Richtlinie.

bedürfnis der übermittelten Inhalte verhältnismäßig ist.[95] Das wird in Erwägungsgrund 57 nachvollziehbar erläutert: *„Dies würde bei ansonsten gleichen Umständen bedeuten, dass das Sicherheitsniveau, das beispielsweise bei der per E-Mail erfolgten Anforderung einer Bestätigung der genauen Anschrift, an der eine Informationsveranstaltung durchgeführt werden soll, erforderlich ist, nicht so hoch sein muss wie für das eigentliche Angebot, das für den Wirtschaftsteilnehmer ein verbindliches Angebot darstellt.“* Mit anderen Worten: Der Auftraggeber soll die Anforderungen an die Sicherheit der Datenübermittlung auch **nicht unnötig hoch ansetzen.**

108 Bei der Verwendung einer Fortschrittlichen Signatur mit Qualifiziertem Zertifikat war es dem Auftraggeber bislang freigestellt, die Anforderungen an das Sicherheitsniveau selbst zu definieren. Auch hier schiebt die neue Richtlinie einen Riegel aus Gründen der Nichtdiskriminierung und der europaweiten Vereinheitlichung vor. Die Kommission wird **ein Register vertrauenswürdiger Zertifikatsanbieter** führen. Signaturen, die auf einem derart gelisteten Zertifikat aufbauen, gelten nunmehr grundsätzlich als ausreichend.

c) E-Certis

109 Um die grenzüberschreitende elektronische Vergabe zu erleichtern, wird auch die Einrichtung einer Art **europäischen Präqualifikation** verpflichtend vorgeschrieben.

110 Das bereits bestehende „e-Certis“-System hat dieses Ziel noch nicht erreicht. Deswegen werden die Mitgliedsstaaten nun verpflichtet, die **notwendigen Datengrundlagen für dieses System laufend zu aktualisieren.** *„Ziel von e-Certis ist es, den Austausch von Bescheinigungen und anderen von öffentlichen Auftraggebern häufig verlangten Nachweisen zu erleichtern. Die bisherigen Erfahrungen zeigen, dass eine freiwillige Aktualisierung und Überprüfung unzureichend ist, wenn sichergestellt werden soll, dass e-Certis sein Potenzial für eine Vereinfachung und Erleichterung des Dokumentenaustauschs zum Nutzen insbesondere KMU voll ausschöpfen kann. In einem ersten Schritt sollte daher die Pflege von e-Certis obligatorisch gemacht werden, bevor dann in einem späteren Schritt die Verwendung von e-Certis vorgeschrieben wird.“*[96]

d) Elektronische Kataloge

111 Neu hinzu gekommen sind auch Bestimmungen über elektronische Kataloge. Während dieser Art Datenaustausch, mit dem ein Lieferant ein ganzes Spektrum von Waren feilbietet, in der Vorgängerversion, der Richtlinie 2004/18/EG, nur im Erwägungsgrund 12 kurz gestreift wurde, ohne dass daraus eine eindeutiger Handlungs-

95 Art. 22 Abs. 6 lit. b der klassischen Richtlinie.
96 Erwägungsgrund 87 der klassischen Richtlinie.

Noch

rahmen erwachsen wäre, finden sich in der Version 2014 detaillierte Regeln zum elektronischen Katalog:

> Ist der Rückgriff auf elektronische Kommunikationsmittel vorgeschrieben, können die öffentlichen Auftraggeber festlegen, dass die Angebote in Form eines elektronischen Katalogs übermittelt werden oder einen elektronischen Katalog beinhalten müssen. Die Mitgliedstaaten können die Verwendung elektronischer Kataloge im Zusammenhang mit bestimmten Formen der Auftragsvergabe verbindlich vorschreiben.[97]

Der elektronische Katalog soll eine technische **Verknüpfung** zwischen den von den 112
Lieferanten in ihren eigenen Systemen vorgehaltenen **Artikeldatenbanken** und den **Bestelllisten** der Auftraggeber darstellen. Es geht bei der Einführung dieses Systems darum, auch für standardisierte Produkte ein **e-Procurement – wie in der Industrie üblich** – zu ermöglichen. Konsequenterweise regelt die Richtlinie denn auch ausdrücklich das Zusammenspiel elektronischer Kataloge mit Rahmenvereinbarungen (Art. 36 Abs. 4) und Dynamischen Beschaffungssystemen (Art. 36 Abs. 6). Dabei geht es keinesfalls darum, dass ein Lieferant einfach alle seine Produkte auf diesem Wege in die Bestellsysteme der öffentlichen Verwaltung einspeisen kann. Vielmehr sollen die Lieferanten nur solche Produkte aus ihren Datenbanken in die Kataloge einspeisen, die den zuvor spezifizierten Anforderungen der Beschaffungsstelle auch entsprechen.[98]

e) Übernommene Regeln für die E-Vergabe

Die Bestimmungen aus der Richtliniengeneration 2004 zur elektronischen Auktion, zu 113
den dynamischen Beschaffungssystemen und zur elektronischen Bekanntmachung sind auch in den neuen Richtlinien enthalten.

Sie wurden an einigen Stellen zur Beseitigung von Unklarheiten leicht verändert. 114
So wurde z.B. ausdrücklich geregelt, dass elektronische Auktionen für geistig-schöpferische Planungsleistungen nicht nur nicht sinnvoll, sondern nunmehr auch ausdrücklich nicht zulässig sind.[99]

f) Zeitplan für die Umsetzung

Für die Umsetzung der Richtlinie ist den Mitgliedsstaaten ein **straffer Zeitplan** vor- 115
gegeben worden. Sie muss bis zum **Frühjahr des Jahres 2016** erfolgt sein. Damit

97 Art. 36 Abs. 1 der klassischen Richtlinie.
98 Erwägungsgrund 68 der klassischen Richtlinie.
99 Art. 35 Abs. 1 Satz 3 der klassischen Richtlinie.

müssen die Mitgliedsstaaten bis zu diesem Zeitpunkt die neuen Verfahrensarten der dynamischen Beschaffungssysteme, der elektronischen Kataloge und Auktionen und der Beschaffung durch Zentrale Beschaffungsstellen in nationales Recht umsetzen. Für alle diese (noch immer relativ neuen) Verfahrensarten gilt, dass sie ausschließlich elektronisch durchführbar sind. Für die bisherigen offenen und nichtoffenen Verfahren gilt eine Übergangsfrist bis zum Herbst 2018, bis auch der letzte Mitgliedsstaat alle innerstaatlichen Regelungen angepasst und alle technischen Voraussetzungen geschaffen haben muss. Zentrale Beschaffungsstellen haben mit deren Umstellung auf vollelektronische Verfahren nur bis zum Frühjahr 2017 Zeit.

116 Während der Bund mit seinen Beschaffungsstellen schon seit Jahren die Umstellung auf eine durchgängig elektronische Vergabe plant und in vielen Fällen schon umgesetzt hat, stieß die Verpflichtung gerade bei **kleinen Kommunen** auf **heftige Kritik**. So wurde gefordert, die Übergangsfrist deutlich zu verlängern.[100] Die Richtlinie hat in ihrer endgültigen Fassung den Mitgliedsstaaten nun die Möglichkeit gegeben, die Verpflichtung der Beschaffer zur elektronischen Vergabe bis **zum Jahr 2018 hinauszuschieben**. Ob allerdings der Bundesgesetzgeber davon Gebrauch machen wird und den Kommunen eine entsprechend lange Umstellungszeit gewähren wird, ist noch offen.

3. Sektorenrichtlinie

117 Die Regeln zur elektronischen Vergabe aus der klassischen Richtlinie finden sich – mit Ausnahme von E-Certis – ebenso in der Sektorenrichtlinie wieder:

- Die Verpflichtung zur elektronischen Kommunikation in Artikel 40
- Die Klarstellung zur elektronischen Auktion in Artikel 53
- Die elektronischen Kataloge in Artikel 54.

118 Dass E-Certis keine Erwähnung in der Sektorenrichtlinie finden, dürfte nicht so zu verstehen sein, dass dessen Verwendung für Sektorenauftraggeber unzulässig wäre. Vielmehr scheint nichts dagegen zu sprechen, dass auch Auftraggeber aus dem Sektorenbereich dieses durch die klassische Richtlinie bereits etablierte System nutzen.

4. Konzessionsrichtlinie

119 Völlig neu hinzugekommen ist mit der Richtliniengeneration 2014 eine Richtlinie zur Vergabe **von Dienstleistungskonzessionen**. Die Vorschriften dieser Richtlinie zur elektronischen Kommunikation gehen nicht wesentlich über den Regelungsgehalt der beiden Vergabereichlinien des Jahres 2004 hinaus: Demnach müssen nur die

100 Stellungnahme der Kommunalen Spitzenverbände zum Entwurf der 2014er Richtlinien vom 01.02.2012.

Konzessionsunterlagen elektronisch bereitgestellt und die Bekanntmachung elektronisch veröffentlicht werden. Der Konzessionsgeber hat aber ansonsten bei der Kommunikation die Wahl, ob er elektronische oder papiergebundene Verfahren wählt.

C. Rechtliche Umsetzung der eVergabe auf Bundesebene

Mit der Bereinigung des Vergaberechtes in Folge der 2004er EU-Richtlinien wurden die 120
damaligen Bestimmungen über die elektronische Vergabe aus der Vergabeordnung gestrichen und in die Vergabe- und Vertragsordnungen eingearbeitet, die dabei grundlegend überarbeitet worden sind. Dabei wurden die Anforderungen der Europäischen Richtlinien umgesetzt. Die aktuellen Fassungen sind die VOB/A (2012), die VOL/A (2009) und die VOF (2009).

I. Umsetzung in der VOL/A 2009

1. Grundsätze der Informationsübermittlung (§ 11 VOL/A, § 13 EG VOL/A)

In der aktuellen Form der VOL/A, die sich noch auf die 2004er Richtliniengeneration 121
bezieht, wird den Auftraggebern die **Wahlfreiheit** zwischen den verschiedenen Übermittlungswegen gegeben. Sie haben die Möglichkeit, ausschließlich den elektronischen Kommunikationsweg zuzulassen. Damit ist die Verfahrensform einer durchgängigen elektronischen Vergabe zwar **möglich,** aber für die öffentlichen Auftraggeber **noch nicht zur Pflicht** geworden:

> (1) Die Auftraggeber geben in der Bekanntmachung oder den Vergabeunterlagen an, ob Informationen auf dem Postweg, mittels Telekopie, direkt, elektronisch oder durch eine Kombination dieser Kommunikationsmittel übermittelt werden.

Wird ein elektronischer Übermittlungsweg gewählt, muss der Auftraggeber sicher- 122
stellen, das alle Interessenten **ungehinderten Zugang** zu den Vergabeunterlagen bekommen können. Eine allgemeine Zugänglichkeit der verwendeten Programme ist vor allem bei der Wahl der Vergabeplattform zu beachten.

Fettnapf !

Plattformen, die unangemessene Hürden für Bieter aufbauen (z.B. das Erfordernis, dass der Interessent zuvor einen langlaufenden Nutzungsvertrag mit dem Portalbetreiber abschließen muss), dürften der Forderung nach unbeschränktem Zugang und allgemeiner Zugänglichkeit der Unterlagen wohl entgegenstehen.

Noch

123 Die Forderung nach der Kompatibilität mit allgemein verbreiteten Erzeugnissen der Informations- und Kommunikationstechnologie wirkt sich auf die Dateiformate aus, in denen die Vergabeunterlagen zur Verfügung gestellt werden. Dateiformate, die nicht mit allen gängigen Computersystemen gelesen werden können, sind nicht verwendbar.

! **Fettnapf**
Dabei muss der Auftraggeber jedenfalls bei Aufträgen mit Binnenmarktrelevanz immer auch beachten, dass er nicht von deutschen IT-Standards ausgehen darf. Es ist nicht auszuschließen, dass in weniger wirtschaftsstarken EU-Regionen mit deutlich älterer IT-Ausstattung bei den Interessenten gearbeitet wird als hierzulande.

> (2) Das für die elektronische Übermittlung gewählte Netz muss allgemein verfügbar sein und darf den Zugang der Bewerber oder Bieter zu den Vergabeverfahren nicht beschränken. Die dafür zu verwendenden Programme und ihre technischen Merkmale müssen
> - allgemein zugänglich,
> - kompatibel mit allgemein verbreiteten Erzeugnissen der Informations- und Kommunikationstechnologie und
> - nichtdiskriminierend
>
> sein.

124 An die vorgenannten Überlegungen schließt sich logisch auch der letzte Absatz der Vorschrift an. Wenn bestimmte IT-Ausstattung erforderlich ist, um am Verfahren teilnehmen zu können, müssen Teilnehmer in die Lage versetzt werden, diese Ausstattung anzuschaffen. Deswegen darf solch eine spezielle Ausstattung nicht schon erforderlich sein, um die Bekanntmachung zur Kenntnis zu erhalten. Vor allem **zielt diese Regel auf die Signatur** der Angebote ab. Hierfür können unterschiedliche Signatureinheiten zum Einsatz kommen. Will der Auftraggeber spezielle Anforderungen an die Signatur stellen, so muss dies bereits in den Vergabeunterlagen mitgeteilt werden.

> (3) Die Auftraggeber haben dafür Sorge zu tragen, dass den interessierten Unternehmen die Informationen über die Anforderungen an die Geräte, die für die elektronische Übermittlung der Anträge auf Teilnahme und der Angebote erforderlich sind, einschließlich Verschlüsselung zugänglich sind.

2. Bekanntmachung (§ 12 VOL/A, § 15 EG VOL/A)

Die Bekanntmachungspflichten sind für Aufträge mit und ohne Binnenmarktrelevanz **höchst unterschiedlich geregelt**. Während für rein nationale Ausschreibungen neben der elektronischen Bekanntmachung im Internet auch die Veröffentlichung in einschlägigen Periodika der Fach- oder Publikumspresse genügt, werden für binnenmarktrelevante Aufträge wesentlich strengere Anforderungen gestellt. 125

a) Nationale Bekanntmachungen nach § 12 VOL/A

Unterhalb der europarechtlichen Schwelle kann der Auftraggeber Internet-Portale zur Bekanntmachung seiner Ausschreibung nutzen, er muss es aber (noch) nicht. Will er jedoch die Bekanntmachung ausschließlich im Internet veröffentlichen, so muss er dafür Sorge tragen, dass das **Internetportal**, das seine Bekanntmachung enthält, von der Internetseite des Bundesverwaltungsamtes **www.bund.de** aus erreichbar ist. 126

Diese Transparenzvorschrift trägt der Tatschache Rechnung, dass es bislang **keine einheitliche Veröffentlichungsplattform** für Ausschreibungen gibt, sondern Bund, Länder, Kommunen und andere öffentliche Auftraggeber ihre eigenen Ausschreibungsportale betreiben. Mit dem verpflichtenden Link auf der Seite www.bund.de soll es den Interessenten ermöglicht werden, durch Recherche in einem einzigen Portal geeignete Aufträge zu finden. 127

Eine weitere Transparenzpflicht besteht darin, dass die Veröffentlichungsplattform selbst keine unangemessenen Hürden für den Zugang zu den Ausschreibungsinformationen aufbauen darf. 128

Fettnapf **!**

Manche Plattformen stellen schon allein für die Einsichtnahme in die Bekanntmachung in ihren Allgemeinen Geschäftsbedingungen Hürden auf (wie die Überprüfung der Nutzerangaben) oder behalten sich den Ausschluss von Nutzern von der Plattform vor. Hier ist Vorsicht geboten: Jede Art von Verweigerung der Einsichtnahme in die Bekanntmachung könnte einen Verstoß gegen das Transparenzgebot darstellen. Anschaulich zeigt das der Vergleich mit der Tageszeitung: Derartige Randbedingungen existieren für deren Bezug am Kiosk nicht.

> (1) Öffentliche Ausschreibungen, Beschränkte Ausschreibungen mit Teilnahmewettbewerb und Freihändige Vergaben mit Teilnahmewettbewerb sind in Tageszeitungen, amtlichen Veröffentlichungsblättern, Fachzeitschriften oder Internetportalen bekannt zu machen. Bekanntmachungen in Internetportalen müssen zentral über die Suchfunktion des Internetportals www.bund.de ermittelt werden können.

Noch

b) Europaweite Bekanntmachungen nach § 15 EG VOL/A

129 Für die Bekanntmachung von Aufträgen, die den **europarechtlichen Schwellenwert überschreiten** oder aus anderem Grunde binnenmarktrelevant sind (z.B. weil sie in unmittelbarer Grenznähe zur Ausführung kommen sollen) greifen die Vorschriften des zweiten Teils der VOL/A. Sie unterscheiden sich grundlegend von denen des ersten Teils. Für europaweite Bekanntmachungen ist **grundsätzlich das Amtsblatt der Europäischen Union** zu verwenden, das aktuell nur noch in elektronischer Form zur Verfügung steht.

! **Praxistipp**
Die allgemein zugängliche elektronische Datenbank der EU http://ted.europa.eu ist leicht handhabbar und stellt keine besondere Hürde für die Nutzung (wie etwa eine Anmeldung) auf. Die gefestigte Rechtsprechung geht deswegen davon aus, dass mit der Veröffentlichung im Amtsblatt der EU der Transparenz prinzipiell genüge getan ist und zusätzliche nationale Veröffentlichungen entbehrlich sind.[101]

---

130 Die Veröffentlichungen im EU-Amtsblatt gehen nicht nur im Range den nationalen Bekanntmachungen vor, **sondern auch die dort getroffenen inhaltlichen Anforderungen** beispielsweise
- an die Eignung,
- den ausgeschriebenen Leistungsstandard
- oder auch die gesetzten sonstigen Bedingungen für die Auftragsausführung wie Sicherheitsleistungen / Kautionen respektive Anforderungen an die Deckungssummen von Haftpflichtversicherungen

131 gehen im Range denjenigen Festlegungen vor, die in den Vergabeunterlagen getroffen sind, vor. Das bedeutet: Etwaige weniger restriktive Anforderungen in den Vergabeunterlagen sind insoweit unbeachtlich.[102]

3. Form und Inhalt der Angebote (§ 13 VOL/A, § 16 EG VOL/A)

132 Ebenso wie in der Festlegung der Kommunikation mit dem Bieter ist der Auftraggeber auch in der **Wahl des Verfahrens für die Angebotsabgabe frei.** Allerdings unterscheiden sich die Anforderungen an die Angebote je nach dem, auf welchem Wege sie eingereicht werden. Papiergebundene Angebote erfordern die Unterschrift des Bieters. Elektronisch übermittelte Angebote benötigen eine Signatur.

133 Dabei erlaubt die VOL/A im Gegensatz zu den nunmehr aufgehobenen Vorschriften der VgV auch die **Verwendung der lediglich fortgeschrittenen Signatur** an

---

101 BayObLG, Beschl. v. 04.02.2003, Az.: Verg 31/02.
102 Vgl.: VK Bund, Beschl. v. 17.12.2008, VK 3-167/08.

Stelle der qualifizierten. Bei der fortgeschrittenen Signatur muss allerdings der Auftraggeber angeben, welche Anforderungen er selbst stellt, um die Integrität der Daten sicherzustellen. Ist eine qualifizierte Signatur gefordert, ergeben sich alle Anforderungen daran aus dem Signaturgesetz.

Auf die technische Zwitterstellung eines **Angebotes per Fax** (papierhaftes Origi- 134
nal, elektronische Übertragung) braucht dabei an dieser Stelle nicht weiter eingegangen zu werden. Der Kommunikationsweg Fax darf vom Auftraggeber zwar theoretisch zugelassen werden.

Fettnapf !

Allerdings ist kaum vorstellbar, wie die **Vertraulichkeit** eines eingehenden Faxes sichergestellt werden kann, sodass dieser Weg in der Praxis keine Anwendung finden dürfte und tatsächlich auch nicht findet.

> (1) Die Auftraggeber legen fest, in welcher Form die Angebote einzureichen sind. Auf dem Postweg oder direkt eingereichte Angebote müssen unterschrieben sein; elektronisch übermittelte Angebote sind mit einer „fortgeschrittenen elektronischen Signatur“ nach dem Signaturgesetz und den Anforderungen der Auftraggeber oder mit einer „qualifizierten elektronischen Signatur“ nach dem Signaturgesetz zu versehen; [...]

In der Praxis relevant ist auch die **vertrauliche Behandlung** der Angebote bis zum 135
Eröffnungstermin. Im Grunde genommen muss in elektronischer Weise das Verfahren eines papierhaften Angebotes nachgebildet werden. Demnach muss sichergestellt werden, dass das Angebot **nicht vorzeitig geöffnet** werden kann.

> (2) [...] Bei elektronisch zu übermittelnden Angeboten ist die Unversehrtheit durch entsprechende organisatorische und technische Lösungen nach den Anforderungen des Auftraggebers und die Vertraulichkeit durch Verschlüsselung sicherzustellen. Die Verschlüsselung muss bis zum Ablauf der Angebotsfrist aufrechterhalten bleiben.

4. Öffnung der Angebote (§ 14 VOL/A, § 17 EG VOL/A)

Die Vorschriften zur Öffnung der Angebote schließen hieran unmittelbar an. Ein elek- 136
tronisch erhaltenes Angebot muss demnach mit **einem elektronischen Zeitstempel** versehen werden, aus dem hervorgeht, wann es von der Verfügungsgewalt des Bieters in die Verfügungsgewalt der Vergabestelle übergegangen ist. Ist es einmal im Datenverarbeitungssystem des Auftraggebers angekommen, so ist zu gewährleisten, dass es nicht vorzeitig geöffnet werden kann und dass auch der **Zeitpunkt der Öffnung unveränderlich festgehalten** wird.

Noch

Hinweis
Nach Auffassung des OLG Naumburg[103] muss der Eingangsvermerk auf dem Umschlag eines papiergebundenen Angebotes die Paraphe oder die Unterschrift des entgegennehmenden Mitarbeiters tragen. Da sich der elektronische Eingang in den Machtbereich des Auftraggebers aber ohne unmittelbare menschliche Mitwirkung vollzieht, muss hier die automatische elektronische Dokumentation genügen.

> (1) Bei Ausschreibungen sind auf dem Postweg und direkt übermittelte Angebote ungeöffnet zu lassen, mit Eingangsvermerk zu versehen und bis zum Zeitpunkt der Öffnung unter Verschluss zu halten. Elektronische Angebote sind auf geeignete Weise zu kennzeichnen und verschlüsselt aufzubewahren.

137 Für alle diese Verfahrensschritte sind **standardisierte Softwarelösungen** am Markt erhältlich, die die Pflicht zur Unversehrtheit der Angebote und die Dokumentationspflichten erfüllen.

138 Der **Öffnungsvorgang** selbst besteht bei den elektronisch eingegangenen Angeboten aus der **Prüfung der Signatur** auf Gültigkeit und dem **Aufheben der Verschlüsselung** der eingereichten Dokumente. Auch für diesen Vorgang schreibt die VOL/A ein Vier-Augen-Prinzip vor. Da auch dieser Vorgang sich physisch im Innern eines Rechners abspielt, kann er nicht unmittelbar von den Beteiligten verfolgt werden. Im **Vier-Augen-Prinzip** kann also nur **die korrekte Bedienung der IT-Anlage** überwacht werden.

Praxistipp
Zu dokumentieren wäre also, dass beide beteiligten Mitarbeiter **sich unabhängig voneinander davon überzeugt** haben, dass die Prüfung der Signatur ihre Gültigkeit nachgewiesen hat und dass beide erkennen konnten, dass genau dasjenige Dokument schließlich als entschlüsselt weiterbearbeitet wird, das mit dieser Signatur eingegangen ist.

139 Die Öffnung eines Angebotes ist dann erfolgt, wenn zumindest theoretisch die Möglichkeit entstanden ist, dass der Inhalt eingesehen werden kann.[104]

> (2) Die Öffnung der Angebote wird von mindestens zwei Vertretern des Auftraggebers gemeinsam durchgeführt und dokumentiert.

140 Die Vertraulichkeitsanforderungen im Vergabeverfahren setzen sich sodann im Zeitraum nach der erfolgten Öffnung der Angebote in logischer Weise fort.[105] Dies

103 OLG Naumburg, Beschl. v. 31.03.2008, Az.: 1 Verg 8/01.
104 VK Lüneburg, B. v. 01.03.2000, Az.: 203-VgK-02/2000.
105 VK Sachsen, Beschl. v. 24.05.2007, Az.: 1/SVK/029-07.

Noch

betrifft ausdrücklich auch die Thematik **der Verwahrung und Auswertung der Angebote** nebst Unterlagen, die ggf. durch einen vom öffentlichen Auftraggeber beauftragten Dienstleister vorgenommen wird.[106] In gleichfalls überaus logischer Weise setzen sich die Vertraulichkeitsanforderungen in der Phase eines etwaigen Vergabenachprüfungs- und Beschwerdeverfahrens fort.[107]

5. Dynamische elektronische Verfahren (§ 5 VOL/A, § 5 EG VOL/A)

Die mit der EU-Richtliniengeneration 2004 eingeführten dynamischen Verfahren sind als optionale Möglichkeit für die Auftraggeber in der VOL/A vorgesehen. Sie definieren sich ausdrücklich als **Spezialfälle des offenen Verfahrens** und sind **ausschließlich als elektronische Verfahren** zulässig. 141

> Die Auftraggeber können für die Vergabe von Aufträgen ein dynamisches elektronisches Verfahren einrichten. Ein dynamisches elektronisches Verfahren ist ein zeitlich befristetes ausschließlich elektronisches offenes Vergabeverfahren zur Beschaffung marktüblicher Leistungen, bei denen die allgemein auf dem Markt verfügbaren Spezifikationen den Anforderungen des Auftraggebers genügen.

Praxistipp !

In der Praxis wird eine Vergabestelle zunächst die Absicht der Eröffnung eines solchen dynamischen elektronischen Vergabeverfahrens bekannt machen. In den Vergabeunterlagen werden die zu beschaffenden Produkte und ihre erforderlichen technischen Spezifikationen erläutert. Zusätzlich müssen – im Gegensatz zum einfachen offenen Verfahren – hier auch die vom Auftraggeber vorzugebenden technischen Rahmenbedingungen für die Teilnahme am dynamischen Verfahren erklärt werden. Dabei muss gewährleistet sein, dass alle erforderlichen Unterlagen ungehindert für alle Interessenten zugänglich sind.

Interessierte Unternehmen beteiligen sich durch Abgabe eines **ersten – noch unverbindlichen – Angebotes**, das vom Auftraggeber daraufhin überprüft werden muss, ob es die vorgegebenen **Mindestbedingungen** einhält. Ist dies der Fall, wird der Interessent zum dynamischen Verfahren zugelassen. Das dynamische Verfahren zielt dabei nicht auf die Deckung eines einzelnen, aktuellen Beschaffungsbedarfes ab, sondern auf sich über mehrere Jahre wiederholende Bedarfe. Die **Laufzeit** eines solchen dynamischen Systems ist auf **vier Jahre** begrenzt. 142

106 VK Sachsen, Beschl. v. 10.04.2014, Az.: 1/SVK/007-14.
107 EuGH, Urt. v. 14.02.2008, Rs. C-450/06.

Noch

143 Steht nun ein konkreter aktueller Beschaffungsbedarf an, wird er im Kreise der zum dynamischen Verfahren zugelassenen Interessenten ausgeschrieben. Der **Wettbewerb** findet nunmehr also **nicht mehr am ganzen Markt** statt, sondern nur noch **zwischen den bereits zugelassenen Unternehmen**. Um diese Wettbewerbseinschränkung auszugleichen, ist es aber bislang nicht zugelassenen Interessenten während der ganzen Laufzeit des dynamischen Verfahrens erlaubt, indikative Angebote einzureichen und sich so um eine **Zulassung zu bewerben**.

144 Die Erteilung des Zuschlages erfolgt analog dem normalen offenen Verfahren: Derjenige Teilnehmer, der das anhand der bekannt gemachten Zuschlagskriterien beste Angebot abgegeben hat, wird bezuschlagt.

6. Elektronische Auktionen

145 Mit den Richtlinien des Jahres 2004 wurde auch die elektronische Auktion als spezielle Abwicklungsmethode für offene und nichtoffene Verfahren eingeführt. Die elektronische Auktion hat auch ihren Niederschlag in § 101 GWB gefunden. Allerdings haben sowohl der Vergabe- und Vertragsausschuss für Lieferungen und Dienstleistungen – ein Gremium der Wirtschaft – als auch die Bundesregierung als **Verordnungsgeber darauf verzichtet**, in der VOL/A **detaillierte Regelungen** zur Anwendung der elektronischen Auktion zu treffen. Die Bundesregierung hatte aus Gründen des Schutzes der Interessen der mittelständischen Wirtschaft **davon absehen wollen, dieses Verfahren in Deutschland einzuführen**.

! **Hinweis**
Da es aber nun einmal im Gesetz verankert ist, und die Bestimmungen **der EU-Richtlinien** über die Durchführung einer elektronischen Auktion so detailliert sind, dass sie **als Anwendungsvorschrift ausreichen**, kann der Verordnungsgeber eine gesetzliche Ermächtigung nicht dadurch aushebeln, dass er die Aufstellung einer Durchführungsvorschrift verweigert. Damit ist die elektronische Auktion eine zulässige Durchführungsoption.[108]

---

146 Auch in der elektronischen Auktion dient das initiale Angebot nur dem Zweck, die **Einhaltung der Mindestbedingungen** zu überprüfen. Ist das Angebot zulässig, wird der Bieter zur elektronischen Auktion zugelassen. In mehrerer weiteren Annäherungsschritten erhalten die Bieter die Möglichkeit, ihre Angebote zu verbessern – sei es durch **Verminderung des Preises**, sei es durch eine **bessere Anpassung an die technischen Bewertungskriterien**. Im Zuge dieses Verfahrens erhalten alle Bieter immer die Information, auf **welchem Platz der Wertungsreihenfolge** sie

108 VK Lüneburg, Beschluss vom 10.05.2012, Az.: VgK-11/2011.

stehen. Die Auktion wird entweder zu einem zuvor festgelegten Zeitpunkt oder nach einer zuvor festgelegten Zahl von Absteigerungsrunden beendet. Sie kann aber auch so ausgestaltet werden, dass sie dann endet, wenn innerhalb einer festgelegten Frist keine veränderten Angebote mehr eingehen.

Der Zuschlag wird schließlich auf das wirtschaftlichste (oder preisgünstigste) 147
Angebot erteilt. Auch in einer elektronischen Auktion muss der Auftraggeber die Angebote **auf Auskömmlichkeit untersuchen** und unangemessen niedrige Angebote nachträglich ausschließen. Auch ist bei der Auswertung der Angebote darauf zu achten, dass die Bieter nicht zur Preisreduktion im Laufe der Auktion die Mindestanforderungen unterschreiten.

7. Zuschlag (§ 18 VOL/A, § 21 EG VOL/A)

Für ein durchgängig elektronisch geführtes Verfahren ist es erforderlich, dass auch 148
der **Zuschlag elektronisch erteilt** wird. Die VOL/A hat diese Voraussetzungen geschaffen.

Für den Zuschlag reicht dabei prinzipiell eine fortschrittliche Signatur aus. Es 149
mag auf den ersten Blick verblüffend sein, dass die Sicherheitsanforderungen für Abgabe und Annahme eines Angebotes unterschiedlich hoch definiert sind. Schließlich fordert die VOL/A für die Abgabe des Angebotes mindestens eine fortgeschrittene Signatur nach den Anforderungen des Auftraggebers oder eine qualifizierte Signatur als Ersatz für die Unterschrift. Allerdings dient **die Einschränkung der Zulässigkeit** der fortgeschrittenen Signatur für das Angebot ja nur der Sicherstellung, dass diese Signatur auch vom Auftraggeber verarbeitet werden kann. Wer also solch eine Signatur erzeugen konnte, sollte auch in der Lage sein, die auf gleichem Wege durch den Auftraggeber erzeugte Signatur zu entschlüsseln. Allerdings erfordert diese Vorschrift, dass der Auftraggeber bei der Signatur seines Zuschlags sich an die gleichen Spezifikationen hält, die er von den Bietern verlangt hatte. Es ist dem Auftraggeber aber nicht verwehrt, die stärkere qualifizierte Signatur zu verwenden.

> (3) Bei einer Zuschlagserteilung in elektronischer Form genügt eine „fortgeschrittene elektronische Signatur".

8. Dokumentation (§ 20 VOL/A, § 24 EG VOL/A)

Schließlich ist für alle Vergabeverfahren eine fortlaufende Dokumentation gefordert, 150
die alle einzelnen Stufen des Verfahrens erkennen lässt. Gerade hier stellen elektronische Vergabesysteme einen **erheblichen Vorteil** dar. Denn alle Kommunikation mit den Bietern, die über eine elektronische Vergabeplattform läuft, wird **fortlaufend protokolliert**. So ist es im elektronischen Verfahren jederzeit möglich, festzustellen, wer welchem Bieter welche Mitteilung wann gegeben hat – angefangen über den Abruf der Vergabeunterlagen über die Bieterfragen bis hin zur Vorabinformation über

den Zuschlag in europaweiten Verfahren. Damit wird die **Führung der Vergabeakte merklich erleichtert**.

> Das Vergabeverfahren ist von Anbeginn fortlaufend zu dokumentieren, so dass die einzelnen Stufen des Verfahrens, die einzelnen Maßnahmen sowie die Begründung der einzelnen Entscheidungen festgehalten werden.

151 Eine zeitnahe Erstellung von Vergabevermerken, die in ihren Einzelschritten zu wesentlichen verfahrenssteuernden Entscheidungen, die Dokumentation als Ganzes ausmachen, wurde verschiedentlich von den Spruchkörpern der Vergabenachprüfungsinstanzen eingefordert.[109] Speziell geht es darum, **Manipulationsmöglichkeiten vorzubeugen.**[110]

Hinweis
Erscheinungen in Vergabeverfahren wie beispielsweise diejenige, dass erst im bereits laufenden Nachprüfungsverfahren vor der Vergabekammer nachgereichte Vergabevermerke (im entschiedenen Fall mehrere Wochen nach der Übersendung der Vergabeakten an die Vergabekammer) dem vom öffentlichen Auftraggeber schlichtweg nicht mehr ausräumbaren Verdacht unterliegen, nachgefertigt worden und damit nicht mehr authentisch zu sein, sind mit der elektronischen Vergabe praktisch nicht mehr denkbar.[111]

---

152 Diese vorgenannten, über etliche Jahre entwickelten Anforderungen insbesondere der Oberlandesgerichte wurden durch den Bundesgerichtshof Anfang 2011 bestätigt und bekräftigt.[112]

153 Nicht zu unterschätzen ist insbesondere der reduzierte (Dokumentations-) Aufwand im Vergabeverfahren alleine bei der Prüfung und Wertung einer Vielzahl von Angeboten im Verfahren nach der VOL/A (z.B. im Gebäudemanangement).[113]

Beispiel
Aus einer Entscheidung des OLG Düsseldorf, die sich mit einer Vergabe im Bereich Gebäudemanangement befasst, geht hervor, dass jede Angebotsauswertung, die durch einen externen Dienstleister vorgenommen wird bzw. wurde, Kosten in Höhe von 900,00 € ausgelöst hat, was bei 30 Angeboten nicht weniger als eine Summe von 27.000,00 € ausmacht.[114]

---

109 OLG Naumburg, Beschl. v. 20.09.2012, 2 Verg 4/12; OLG Celle, Beschl. v. 11.02.2010, 13 Verg 16/09; VK Bund, Beschl. v. 09.06.2005, VK 3-49/05; VK Saarland, Beschl. v. 23.01.2006, 1 VK 06/2005.
110 OLG Thüringen, Beschl. v. 09.09.2010, 9 Verg 4/10, unter Verweis auf: OLG Karlsruhe, Beschl. v. 21.07.2010, 15 Verg 6/10; OLG Düsseldorf, Beschl. v. 17.03.2004, VII-Verg 1/04.
111 OLG Karlsruhe, Beschl. v. 31.01.2014, 15 Verg 10/13.
112 BGH, Beschl. v. 08.02.2011, X ZB 4/10 – »S-Bahn Rhein/Ruhr«, VergabeR 2011, 452.
113 Adams, Service-Guide eVergabe Ausgabe 01/2014, S. 8.
114 OLG Düsseldorf, Beschl. v. 29.02.2012, VII-Verg 75/11.

Noch

Dass alleine aus Zeitgründen die Dokumentationsdichte oftmals zu wünschen übrig lässt, wird daraus mehr als deutlich. Prüfungsdichte und Dokumentation, Rechtsbeständigkeit des Vergabeverfahrens, sowie wirtschaftlicher Einkauf stehen in direkter Abhängigkeit zueinander. 154

II. Umsetzung in der VOB/A 2012

VOB/A und VOL/A sind in weiten Teilen inhaltlich identisch, oft sogar wortgleich. In diesem Abschnitt sollen daher nur die Abweichungen der VOB/A 2012 von der älteren VOL/A 2009 dokumentiert werden. 155

1. Grundsätze der Informationsübermittlung

Die einschlägigen Vorschriften des § 11 VOB/A finden sich inhaltsgleich in § 11 VOL/A. Die einschlägigen Vorschriften des § 11 EG VOB/A finden sich in den §§ 13 EG VOL/A und 16 EG VOL/A. 156

2. Bekanntmachung

Während § 12 VOL/A dem Auftraggeber die Pflicht zur Veröffentlichung von elektronischen Bekanntmachungen auf der Internetseite des Bundesverwaltungsamtes (www.bund.de) auferlegt, enthält § 12 VOB/A 2012 an dieser Stelle **nur eine Kann-Vorschrift**. 157

Für binnenmarktrelevante Ausschreibungen sind die Regelungsgehalte von § 15 EG VOL/A und § 12 EG VOB/A gleich. 158

3. Form und Inhalt der Angebote

Die Regelungen der § 13 und 13 EG VOB/A entsprechen mit einer Ausnahme denen der §§ 13 und 16 EG VOL/A. **Unterhalb der europarechtlichen Schwelle** verpflichtet die VOB/A den Auftraggeber, **schriftliche Angebote** zu akzeptieren. Ein rein elektronisches Verfahren ist deswegen im Bereich des ersten Abschnitts der VOB/A nach derzeitiger Rechtslage nicht möglich. § 13 Abs. 1 Nr. 1 Satz 2 VOB/A 2012 lautet: 159

> Schriftlich eingereichte Angebote sind immer zuzulassen.

4. Öffnung der Angebote

Der Eröffnungstermin bei Ausschreibungen nach VOB/A erfolgt in Anwesenheit der Bieter respektive deren bevollmächtigter Vertreter. Im Bereich der VOL/A sind Bieter zum Eröffnungstermin nicht zugelassen. In diesem Punkte unterschieden sich die 160

§§ 14 und 14 EG VOB/A von den ansonsten gleichen Regelungen der §§ 14 und 17 EG VOL/A.

161 § 14 VOB/A lässt alle Angebote zu, die bis zur Öffnung des ersten Angebotes vorliegen.

Zur Eröffnung zuzulassen sind nur Angebote, die dem Verhandlungsleiter bei Öffnung des ersten Angebots vorliegen.

162 Die VOL/A kennt statt dessen einen festen Schlusstermin für den Angebotseingang. Dementsprechend sind die Regelungen unterschiedlich. In der **VOL/A** ist der **Eingangsvermerk** maßgeblich für die Rechtzeitigkeit des Einganges, für die **VOB/A** ist die Festlegung des **Öffnungszeitpunktes** des ersten Angebotes wesentlich.

! **Hinweis**
Es gibt für elektronische Angebote noch keine Rechtsprechung dazu, in welchem Zeitpunkt ein Angebot geöffnet ist: Im Moment der Entschlüsselung oder erst in dem Moment, in dem das entschlüsselte Dokument erstmals auf einem Bildschirm für den Verhandlungsleiter sichtbar wird. Für papiergebundene Angebote ist diese Frage bereits geklärt: Nicht im Moment des Aufschneidens des Umschlages, sondern erst in dem Moment, in dem der erste Blick auf die Unterlagen möglich wird, ist das Angebot geöffnet.[115]

---

5. Dynamische elektronische Verfahren und elektronische Auktionen

163 Beide Sonderfälle der Verfahrensdurchführung sind in der VOB/A nicht erwähnt. Bedenkt man aber, dass elektronische Auktionen in der Rechtsprechung zur VOL/A trotz deren Nichterwähnung für zulässig gehalten werden[116], so sind die selben Überlegungen auch auf beide in der VOB/A unerwähnte Verfahren übertragbar, auch wenn sicherlich nur wenige Fälle vorstellbar sind, in denen diese Verfahren für Bauvorhaben sinnvoll erscheinen mögen.

6. Zuschlag

164 Während §§ 18 bzw. 21 EG VOL/A die verschiedenen zulässigen Kommunikationswege für die Zuschlagserteilung ausdrücklich benennen, verzichtet die VOB/A darauf vollständig. Insofern gelten für die Frage, welche Wege für den Zuschlag zulässig sind, in der VOB/A die Bestimmungen über die Grundsätze der Informationsübermittlung, die die elektronische Kommunikation zulassen.

---

115 VK Lüneburg, Beschl. v. 01.03.2000, Az.: 203-VgK-02/2000.
116 VK Lüneburg, Beschl. v. 10.05.2012, Az.: VgK-11/2011.

Noch

Ob und wie die Zuschlagsmitteilung **digital signiert** werden muss, **regelt die VOB/A nicht**. Damit greift auch die Erleichterung des § 18 bzw. 21 EG VOL/A nicht, der für den Zuschlag auf die qualifizierte Signatur zugunsten der nur fortschrittlichen verzichtet. Mangels spezieller Regelung muss für die Signatur des Zuschlages nach VOB/A auf die Bestimmung des § 126a BGB zurückgegriffen werden. Danach kann die Unterschrift **nur durch eine qualifizierte Signatur** ersetzt werden. 165

7. Dokumentation

Die VOL/A schreibt dem Auftraggeber vor, das Verfahren zu dokumentieren. Diese Verpflichtung schließt zweifelsfrei ein, dass auch elektronische Verfahren dokumentiert werden müssen. Die §§ 20 bzw. 20 EG VOB/A zeugen von der Sorge des Verordnungsgebers, dass in den Vergabestellen der Umgang mit elektronischen Medien so ungewohnt ist, dass man an **der Geeignetheit der Dokumentationsmittel** zweifelt. Anders lässt es sich kaum erklären, dass die VOB/A zusätzlich bestimmt: 166

> Der Auftraggeber trifft geeignete Maßnahmen, um den Ablauf der mit elektronischen Mitteln durchgeführten Vergabeverfahren zu dokumentieren.

Im Übrigen gelten die gleichen Anforderungen der Gerichte, was u.a. die zeitnahe Dokumentation und die Authentizität der Dokumentation anbelangt, wie im Falle der Verfahren nach der VOL/A.[117] Nicht zu unterschätzen ist insbesondere der reduzierte (Dokumentations-)Aufwand im Vergabeverfahren alleine bei der Prüfung und Wertung von Angeboten im Verfahren nach der VOB/A mit umfangreichen Leistungsverzeichnissen.[118] 167

D. Die elektronische Auftragsvergabe in Abgrenzung zu anderen Begriffen

Im Rahmen von Ausschreibungen bzw. der elektronischen Auftragsvergabe sind viele Begriffe in Umlauf, deren Bedeutung den Anwendern oft nicht ganz geläufig sind oder die sie **nicht formscharf voneinander abgrenzen** können. Als Oberbegriff dient die „elektronische Auftragsvergabe". Unter diesem kann die elektronische Bekanntmachung einer Ausschreibung wie auch ein gesamter Vergabeprozess sub- 168

117 Siehe Kapitel C.I.8.
118 Adams, Service-Guide eVergabe Ausgabe 01/2014, S. 8.

sumiert werden.[119] **Die Verwendung unterschiedlicher Begriffe** soll aber nicht darüber hinwegtäuschen, dass es das erklärte Ziel des EU-Gesetzgebers ist, künftig die Bekanntmachungs-, Angebots- und Kommunikationsprozesse komplett elektronisch abzuwickeln.[120]

169 Unbeschadet dieser finalen Zielsetzung im Sinne eines umfassenden, weitestmöglichen Verständnisses elektronischer Vergabeverfahren sollen im Interesse eines besseren Überblicks nachfolgend verschiedene Begrifflichkeiten aufbereitet und Verfahren erläutert werden:

I. Dynamisches elektronisches Verfahren

170 Das sog. dynamische elektronische Verfahren ist nicht mit der elektronischen Auftragsvergabe an sich gleichzusetzen. Geregelt in § 101 Abs. 6 Satz 2 GWB definiert es der Gesetzgeber als ein zeitlich befristetes, ausschließlich elektronisches offenes Vergabeverfahren zur Beschaffung marktüblicher Leistungen, bei denen die **allgemein auf dem Markt verfügbaren Spezifikationen** den Anforderungen des Auftraggebers genügen. Das Verfahren definiert sich also anhand von folgenden vier Merkmalen:
- zeitlich befristetes
- ausschließlich elektronisches
- offenes Vergabeverfahren
- zur Beschaffung marktüblicher Leistungen, (bei denen die allgemein auf dem Markt verfügbaren Spezifikationen den Anforderungen des Auftraggebers genügen).

171 Was bedeutet das für die ausschreibende Stelle? Beim dynamischen elektronischen Verfahren handelt es sich um **Durchführungsmodifikationen**, nicht um eine selbständige Vergabeart.[121] Da das dynamische elektronische Verfahren ein offenes Vergabeverfahren darstellt, ist der **Teilnehmer- und Bieterkreis nicht von vornherein begrenzbar.**

172 Seinen Ursprung findet dieses elektronische Verfahren in Artikel 33 und 54 VKR (Vergabekoordinierungsrichtline – 2004/18/EG), auf nationaler Ebene wurden Einzelheiten zum Verfahrensablauf in § 5 VOL/A bzw. § 5 VOL/A-EG und in § 10 SektVO

119 Vgl. Noch, in: Vergaberecht kompakt, 5. Aufl., Rn. 68.
120 Vgl. hierzu Wagner/Steger, Service-Guide eVergabe Ausgabe 01/2014, S. 21: *„Die neuen EU-Vergaberichtlinien schaffen zumindest insoweit Klarheit, als Art. 22 Abs. 1 VKR-neu nunmehr verpflichtend vorschreibt, dass die gesamte Kommunikation und der gesamte Informationsaustausch zwischen Vergabestelle und Bietern unter Anwendung elektronischer Kommunikationsmittel erfolgen muss.“*.
121 Vgl. Kulartz, in: Kulartz/Kus/Protz, § 101 GWB, Rn. 61.

umgesetzt. Die **VOB/A** und die **VOF** hingegen enthalten **keine Regelungen** zum dynamischen elektronischen Verfahren weshalb es z.B. nicht möglich ist, Bauleistungen im Rahmen eines dynamischen elektronischen Verfahrens zu vergeben.

Betrachten wir zwei der oben angesprochenen Regelungen, die VOL/A und die SektVO, etwas genauer: 173

1. § 5 VOL/A

Diese Regelung gilt **nur für Beschaffungen im sog. Unterschwellenbereich** (vgl. 174 § 2 VgV). Ergibt die Gesamtsumme des Auftragswertes, dass eine Ausschreibung im Überschwellenbereich, also EU-weit, stattzufinden habe, so findet § 5 VOL/A-EG Anwendung.

Praxistipp !

Wie berechnet sich der Auftragswert? Gemäß § 3 Abs. 6 VgV berechnet sich der Wert eines dynamisch elektronischen Verfahrens auf der Grundlage des geschätzten Gesamtwertes aller Einzelaufträge, die während der gesamten Laufzeit geplant sind. Zu beachten gilt, dass bei der Berechnung der Summe die Umsatzsteuer außer Betracht bleibt (vgl. § 1 Abs. 1 VgV).

---

a) Definition

Auch in § 5 Abs. 1 Satz 2 VOL/A definiert der Gesetzgeber das Verfahren anhand der- 175 selben vier Merkmale des § 101 Abs. 6 Satz 2 GWB (s.o.).

– Zeitlich befristetes Vergabeverfahren

Die **Laufzeit** eines dynamischen elektronischen Verfahrens darf grundsätzlich **vier** 176 **Jahre** nicht überschreiten. Eine Überschreitung ist nur in besonders zu begründenden Fällen zulässig (vgl. § 5 Abs. 2 lit. f VOL/A). Welche Fälle das sein können, lässt der Verordnungsgeber offen. Fest steht aber, dass im Falle des Anführens eines oder mehrerer begründeter Fälle der öffentliche Auftraggeber eine **belastbare Begründung** liefern und diese in der Vergabeakte dokumentieren muss (vgl. § 20 VOL/A).

Nach dem Ende der Laufzeit kann der öffentliche Auftraggeber im Übrigen erneut 177 ein dynamisches elektronisches Verfahren einrichten, das die Vergabe identischer Aufträge zum Inhalt hat.

– Ausschließlich elektronisches Vergabeverfahren

Die öffentlichen Auftraggeber verwenden bei der Einrichtung des dynamischen elek- 178 tronischen Verfahrens und bei der Vergabe der Aufträge ausschließlich elektronische Mittel (vgl. § 5 Abs. 1 Satz 3 VOL/A). Diese **elektronischen Mittel** sind in § 11 Abs. 2 und 3 sowie in § 13 Abs. 1 und 2 VOL/A näher bezeichnet. So muss das für die elektronische Übermittlung gewählte Netz allgemein verfügbar sein und darf den Zugang der Bewerber oder Bieter zu den Vergabeverfahren nicht beschränken. Die dafür zu verwendenden Programme und ihre technischen Merkmale müssen

- allgemein zugänglich,
- kompatibel mit allgemein verbreiteten Erzeugnissen der Informations- und Kommunikationstechnologie und
- nichtdiskriminierend

sein (vgl. § 11 Abs. 2 VOL/A).

! **Hinweis**
Ein Telefax (Telekopie) gilt nicht als elektronisches Kommunikationsmittel.

---

179 Gemäß § 11 Abs. 3 VOL/A haben die Auftraggeber dafür Sorge zu tragen, dass den interessierten Unternehmen die Informationen über die Anforderungen an die Geräte, die für die elektronische Übermittlung der Anträge auf Teilnahme und der Angebote erforderlich sind, einschließlich Verschlüsselung zugänglich sind. § 13 Abs. 1 Satz 2 HS 2 VOL/A legt fest, dass elektronisch übermittelte Angebote mit einer **„fortgeschrittenen elektronischen Signatur"** nach dem Signaturgesetz und den Anforderungen der Auftraggeber oder mit einer **„qualifizierten elektronischen Signatur"** nach dem Signaturgesetz zu versehen sind. Was verbirgt sich jeweils dahinter?

180 Als fortgeschrittene elektronische Signatur definiert § 2 Nr. 2 SigG eine elektronische Signatur, die

a) ausschließlich dem Signaturschlüssel-Inhaber zugeordnet ist,
b) die Identifizierung des Signaturschlüssel-Inhabers ermöglicht,
c) mit Mitteln erzeugt werden, die der Signaturschlüssel-Inhaber unter seiner alleinigen Kontrolle halten kann, und
d) mit den Daten, auf die sie sich beziehen, so verknüpft ist, dass eine nachträgliche Veränderung der Daten erkannt werden kann.

181 § 2 Nr. 3 SigG definiert eine qualifizierte elektronische Signatur als eine elektronische Signatur, die

a) auf einem zum Zeitpunkt ihrer Erzeugung gültigen qualifizierten Zertifikat beruht und
b) mit einer sicheren Signaturerstellungseinheit erzeugt wird.

182 Eine kurze Anmerkung zur „Unversehrtheit der Angebote": Diese ist bei elektronisch übermittelten Angeboten durch entsprechende organisatorische und technische Lösungen nach den Anforderungen des Auftraggebers und die Vertraulichkeit durch Verschlüsselung sicherzustellen. Die Verschlüsselung muss übrigens **bis zum Ablauf der Angebotsfrist** aufrechterhalten bleiben (vgl. § 13 Abs. 2 Sätze 3 und 4 VOL/A).

– Offenes Vergabeverfahren

§ 5 Abs. 1 Satz 4 VOL/A gibt vor, dass dieses Verfahren als offenes Vergabeverfahren 183 unter Einhaltung der Vorschriften der Öffentlichen Ausschreibung in allen Phasen von der Einrichtung bis zur Vergabe des zu vergebenden Auftrags durchzuführen ist. Das bedeutet gleichzeitig, dass es sich beim dynamischen elektronischen Verfahren nicht um ein Vergabeverfahren eigener Art handelt, sondern nur um eine besondere Form der Öffentlichen Ausschreibung[122].

– Beschaffung marktüblicher Leistungen, bei denen die allgemein auf dem Markt verfügbaren Spezifikationen den Anforderungen des Auftraggebers genügen

Gewiss ist es erforderlich, von Fall zu Fall zu entscheiden, ob die jeweils zu beschaf- 184 fende Leistung **allgemein auf dem Markt** verfügbar ist. Eine wertende **Einzelfallbetrachtung** ist deshalb unerlässlich. Daher fallen solche Leistungsspezifikationen nicht unter diese Betrachtung, die vor der Einrichtung des Verfahrens so am Markt noch nicht angeboten wurden[123]. Sicherlich liegt auch der Grund, warum der Verordnungsgeber in der VOF und der VOB/A das dynamische elektronische Verfahren **nicht eingeführt** hat, darin, dass bei der VOF der Gegenstand der Leistung eine Aufgabe ist, deren Lösung **nicht vorab eindeutig** und erschöpfend beschrieben werden kann (vgl. § 1 Abs. 1 VOF), und Bauleistungen wohl in der Regel **maßgeschneidert** den Bedürfnissen des öffentlichen Auftraggebers angepasst werden müssen.

Zu beachten ist, dass die Leistung allgemein auf dem Markt verfügbar sein muss. 185 Es ist also **nicht ausreichend**, wenn nur ein **einzelner** oder eine kleine Gruppe von **Marktteilnehmern** mit dieser Leistung aufwarten können[124]. Was bleibt also als Anwendungsbereich für das dynamische elektronische Verfahren nach § 5 VOL/A: Massenverbrauchsgüter und einfachere Dienstleistungen, die wiederkehrend beschafft werden sollen.

b) Allgemeines

Gemäß § 5 Abs. 1 Satz 5 VOL/A sind alle Unternehmen, welche **die Eignungskriterien** 186 **erfüllen** und ein erstes **vorläufiges Angebot** im Einklang mit den Vergabeunterlagen und den etwaigen zusätzlichen Dokumenten vorgelegt haben, zur Teilnahme zugelassen. Die erforderliche Bietereignung richtet sich dabei nach § 16 Abs. 5 VOL/A.

Es sei darauf hingewiesen, dass gemäß § 5 Abs. 1 Satz 6 VOL/A für die Unterneh- 187 men die Möglichkeit besteht, jederzeit ihre **vorläufigen Angebote nachzubessern.**

---

122 Vgl. hierzu Müller, NZBau 2011, S. 72 f.

123 Vgl. Tilse, in: Heuvels/Höß/Kuß/Wagner, § 5 VOL/A, Rn. 7.

124 Vgl. ebenda.

Dies allerdings nur in dem Umfang, in dem die Angebote mit den Vergabeunterlagen vereinbar bleiben. Außerdem ermöglicht es § 5 Abs. 2 lit d VOL/A den Unternehmen, während der gesamten Laufzeit des dynamischen elektronischen Verfahrens ein vorläufiges Angebot zu unterbreiten, um zur Teilnahme am Verfahren zugelassen zu werden.

188 Eine Frist zur Prüfung des Angebotes durch den öffentlichen Auftraggeber kennt § 5 VOL/A im Gegensatz zu § 5 VOL/A-EG nicht. Letztgenannter setzt in Abs. 2 lit. d fest, dass die Prüffrist höchstens 15 Kalendertage betragen darf.

2. § 10 SektVO

189 Auch die SektVO regelt selbst das dynamische elektronische Verfahren in § 10.

a) Definition

190 Vergabestellen können gemäß § 10 Abs. 1 SektVO für die Beschaffung marktüblicher Liefer- und Dienstleistungen ein dynamisches elektronisches Verfahren nach § 101 Abs. 6 GWB einrichten. Insoweit kann bzgl. der Definitionen auf die Ausführungen unter 1. verwiesen werden. Sinn und Zweck der Regelungen in § 10 SektVO ist, die Grundsätze, die die EU dem Vergaberecht seit jeher zugrunde legt, nämlich die der **Gleichbehandlung, der Nichtdiskriminierung und der Transparenz** weiter voranzubringen. Sowohl der nationale wie auch der europäische Gesetzgeber haben erkannt, dass durch den Einsatz elektronischer Kommunikationsmittel eine Ausweitung des Wettbewerbs erfolgen kann[125].

b) Allgemeines

191 § 10 Abs. 1 SektVO stellt im Gegensatz zu § 101 Abs. 6 GWB (marktübliche Leistungen) explizit auf marktübliche Liefer- und Dienstleistungen ab. Diese Formulierung ist konsequent; so soll auch der Sektorenauftraggeber keine Bauleistungen im Rahmen des dynamischen elektronischen Verfahrens beschaffen dürfen.

192 Hinsichtlich des Begriffs der **Marktüblichkeit** kann grundsätzlich ebenfalls auf die Ausführungen oben unter 1.a. verwiesen werden.

193 Das dynamische elektronische Verfahren lässt sich in **zwei Stufen** einteilen: in Stufe 1 erfolgt die Zulassung der Bieter zur Teilnahme, in Stufe 2 findet das eigentliche Angebotsverfahren statt, das mit dem Zuschlag endet. Auch hierbei gilt, dass der Zuschlag auf das wirtschaftlichste Angebot erteilt wird (vgl. § 10 Abs. 6 Satz 3 SektVO). Die Vergabestelle ist gemäß § 10 Abs. 2 Satz 1 SektVO verpflichtet, **alle sich bewerbenden Unternehmen zur Teilnahme zuzulassen**, wenn sie die Eignungskriterien

125 Vgl. Erwägungsgründe 21, 22 der RL 2004/17/EG.

erfüllen und ein erstes vorläufiges Angebot abgegeben haben, das den Inhalten der Vergabeunterlagen entspricht.

Auch hier ist es den Unternehmen erlaubt, ihre vorläufigen Angebote jederzeit nachzubessern; dies jedoch nur, sofern die Angebote mit den Inhalten der Vergabeunterlagen vereinbar bleiben, § 10 Abs. 2 Satz 2 SektVO. Durch die Nachbesserung können etwaige Fehler beseitigt und so noch die Zulassung zur Teilnahme erreicht werden. Wie auch bei § 5 VOL/A können hier Unternehmen während der gesamten Laufzeit vorläufige Angebote einreichen, um zur Teilnahme am dynamischen elektronischen Verfahren zugelassen zu werden (vgl. § 10 Abs. 4 Satz 1 SektVO). 194

c) Einrichtung und Betrieb eines dynamischen elektronischen Verfahrens

Wie das dynamische elektronische Verfahren im Bereich der Sektorenauftraggeber eingerichtet wird, gibt § 10 Abs. 3 SektVO vor. Der Auftraggeber hat zunächst **eine Bekanntmachung** zu veröffentlichen in der er angibt, dass es sich um ein dynamisches elektronisches Verfahren handelt (vgl. § 10 Abs. 3 Nr. 1 SektVO). In dieser Bekanntmachung ist gemäß § 10 Abs. 3 Nr. 3 SektVO auch die Internet-Adresse anzugeben, unter der die Vergabeunterlagen abgerufen werden können. 195

In den Vergabeunterlagen sind gemäß § 10 Abs. 3 Nr. 2 Sekt VO insbesondere präzise anzugeben: 196

- die Art der beabsichtigten Beschaffungen, die im Wege des dynamischen elektronischen Verfahrens vergeben werden sollen,
- alle erforderlichen Informationen zu diesem Verfahren,
- insbes. Informationen zur verwendeten elektronischen Ausrüstung des Auftraggebers, zu den Datenformaten und zu den technischen Vorkehrungen sowie den Merkmalen der elektronischen Verbindung.

Bereits ab dem Zeitpunkt der Veröffentlichung der Bekanntmachung bis zum Abschluss des dynamischen elektronischen Verfahrens ist auf elektronischem Weg ein **freier, uneingeschränkter und unmittelbarer Zugang zu den Dokumenten** zu gewähren (vgl. § 10 Abs. 3 Nr. 4 SektVO). Dies begründet sich maßgeblich damit, dass es sich bei diesem Verfahren um ein vollelektronisches handelt. Alle Kommunikation zwischen Auftraggeber und Unternehmen läuft auf elektronischem Wege ab. 197

Um zur Teilnahme am dynamischen elektronischen Verfahren zugelassen zu werden ermöglicht der Auftraggeber gemäß § 10 Abs. 4 SektVO während der gesamten Laufzeit jedem Unternehmen, ein vorläufiges Angebot abzugeben. Der Auftraggeber prüft das Angebot innerhalb der **vorgegebenen Prüffrist** von höchstens 15 Kalendertagen; maßgeblich für den Beginn der Frist ist der Zeitpunkt, in dem das Angebot vorgelegt wurde, vgl. § 10 Abs. 4 Satz 2 SektVO. Eine Verlängerung dieser Frist ist möglich, sofern nicht zwischenzeitlich eine gesonderte Bekanntmachung erfolgt. Nach Prüfung des Angebotes hat eine unverzügliche Unterrichtung des Unternehmens zu erfolgen, ob es zur Teilnahme zugelassen ist oder ob sein vorläufiges Angebot 198 abgelehnt worden ist. Im Rahmen der Prüfung des Angebotes ist zu beachten, dass innerhalb der Prüfungsfrist auch die Eignung des betreffenden Bieters anhand der Eignungskriterien zu ermitteln ist. Dies stellt eine weitere Voraussetzung zur Zulassung zum dynamischen elektronischen Verfahrens dar[126].

199 Gemäß § 10 Abs. 5 Satz 1 Sekt VO **hat für jeden Einzelauftrag eine gesonderte Bekanntmachung** zu erfolgen. Zu beachten ist, dass vor dieser Bekanntmachung eine vereinfachte Bekanntmachung nach Anhang IX der Verordnung (EG) Nr. 1564/2005 der Kommission vom 07.09.2005 zu erfolgen hat. Gemäß § 10 Abs. 5 Satz 3 SektVO werden in der vereinfachten Bekanntmachung alle interessierten Unternehmen aufgefordert, innerhalb einer Frist von 15 Kalendertagen ein vorläufiges Angebot abzugeben, gerechnet ab Versand der vereinfachten Bekanntmachung.

200 Alle zugelassenen Unternehmen werden vom Auftraggeber aufgefordert, **endgültige Angebote** für die zu vergebenden Aufträge einzureichen (vgl. § 10 Abs. 6 Satz 1 SektVO). „Endgültig" bedeutet im Vergleich zu „vorläufig", dass die abzugebenden Angebote nun **verbindlich** zu sein haben. Die Anforderungen inhaltlicher Art an die Aufforderung zur Angebotsabgabe sind § 25 SektVO zu entnehmen. Zudem ist erforderlich, dass der Auftraggeber **eine angemessene Frist** setzt, innerhalb derer die Angebote abzugeben sind.

201 Was kann in diesem Zusammenhang eine angemessene Frist sein? Denkbar wäre, die Frist § 17 Abs. 2 SektVO (52 Kalendertage) zu entnehmen. Dagegen spricht aber zum einen, dass „das dynamische elektronische Verfahren nur zur Beschaffung marktüblicher, also standardisierter Konfektionswaren und -dienstleistungen zugängig ist"[127]. Zum anderen passt die Angebotsfrist des § 17 Abs. 2 SektVO, obwohl es sich hier um ein offenes Verfahren handelt, nicht, da dieser die Frist ab dem Tag der Absendung der Bekanntmachung rechnet (vgl. § 17 Abs. 2 SektVO)[128]. Richtig erscheint daher, die **verkürzten Fristen** des § 18 Abs. 1 SektVO entsprechend heranzuziehen. Dieser sieht eine Verkürzung der Fristen bis auf 22 Kalendertage vor.

202 Nach Prüfung und Wertung der vorgelegten Angebote – wobei in diesem Schritt keine Eignungsprüfung mehr stattfinden darf – wird auch im Rahmen des § 10 SektVO der **Zuschlag** gemäß Abs. 6 Satz 3 **wiederum auf das wirtschaftlichste Angebot** erteilt. Die Ermittlung des wirtschaftlichsten Angebotes erfolgt durch die Prüfung derselben anhand der Zuschlagskriterien, die in der Bekanntmachung für die Einrichtung des dynamischen elektronischen Verfahrens aufgestellt wurden (vgl. § 10 Abs. 6 Satz 4 SektVO). Die aufgestellten Zuschlagskriterien können gegebenenfalls bei der Aufforderung zur Abgabe eines endgültigen Angebotes präzisiert werden, wodurch für den Auftraggeber ein Spielraum geschaffen wurde.

---

126 Vgl. Kolpatzik, in: Heuvels/Höß/Kuß/Wagner, § 10 SektVO,Rn. 17.
127 Kolpatzik, in: Heuvels/Höß/Kuß/Wagner, § 10 SektVO, Rn. 21.
128 Vgl. Kolpatzik, in: Heuvels/Höß/Kuß/Wagner, § 10 SektVO, Rn. 21.

Abschließend sei darauf hingewiesen, dass der Auftraggeber gemäß § 10 Abs. 8 SektVO von den Unternehmen, die am dynamischen elektronischen Verfahren teilnehmen, **keine Bearbeitungsgebühr** oder sonstige Verfahrenskosten fordern kann. 203

II. Die elektronische Auktion

Auch die **elektronische Auktion** ist nicht mit dem Oberbegriff der elektronischen Auftragsvergabe zu verwechseln. Sie stellt nur einen Aspekt des Vergabeverfahrens dar, nämlich die **Ermittlung des wirtschaftlichsten Angebotes**[129]. Diese erfolgt im Rahmen verschiedener Auktionsverfahren, wie z.B. des normalen Auktionsverfahrens oder des sog. Invers-Auktionsverfahrens („reverseauction"). Obwohl in der Literatur Einigkeit darüber besteht, dass die elektronische Auktion kein neues oder eigenständiges Verfahren zur Vergabe von Leistungen sei, gehen die Meinungen darüber auseinander, ob die elektronische Auktion überhaupt mangels Einführung von Durchführungsmodifikationen als Instrument zur Verfügung stehe. 204

Eine Seite argumentiert, dass die elektronische Auktion **trotz fehlender Umsetzung im nationalen Recht** als Verfahrensmodalität anwendbar sei, „weil das europäische Recht (Art. 54 VKRL 2004/18/EG) den Ablauf in hinreichendem Maße beschreibt"[130]. Allerdings finde die elektronische Auktion nur im Bereich offener und nichtoffener Verfahren, nur eingeschränkt im Verhandlungsverfahren mit Teilnahmewettbewerb, Anwendung[131]. 205

Diametral dazu steht eine andere Meinung. Der Verordnungsgeber habe weder im Bereich der VOL/A, der VOB/A noch im Bereich der SektVO die Modalitäten dafür umgesetzt, ob und wie Auftraggeber elektronische Auktionen durchzuführen haben, sondern in § 100 Abs. 6 GWB **lediglich eine Definition** dieses neuen Verfahrens manifestiert, die in den Vergabe- und Vertragsordnungen erst noch weitere Umsetzung finden müsste[132]. Damit habe er die Freigabe dieser Durchführungsmodifikationen über § 97 Abs. 6 GWB letztlich dem Verordnungsgeber überlassen; dieser verweist in der VgV auf die Vergabe- und Vertragsordnungen hinsichtlich der näheren Bestimmungen, die das bei der Vergabe einzuhaltende Verfahren regeln[133]. In den entsprechenden Bestimmungen wurde die elektronische Auktion aber gar nicht umgesetzt. In Konsequenz soll das bedeuten, dass für die im Rahmen der VOL/A, der VOB/A 206

129 Vgl. Noch, Vergaberecht kompakt, 5. Aufl., Rn. 71.

130 So Noch, in: Vergaberecht kompakt, 5. Aufl., Rn. 71, der sich darin auf eine Entscheidung der VK Lüneburg, Beschl. v. 10.05.2011 (VgK-11/2011), beruft.

131 Vgl. Noch, in Vergaberecht kompakt, 5. Aufl., Rn. 71.

132 Rechten/Junker, NZBau 2009, 490 f.; vgl. auch BT Drucks. 16/10 117, S. 20.

133 Höß, in Heuvels/Höß/Kus/Wagner, § 101 GWB, Rn. 39 ff.

und der SektVO zu beschaffenden Leistungen die Möglichkeit einer elektronischen **Auktion für den Auftraggeber schlicht nicht zur Verfügung steht**[134].

III. Die elektronische Bekanntmachung

207 Die elektronische Bekanntmachung unterscheidet sich begrifflich ebenfalls von (dem Oberbegriff) der elektronischen Auftragsvergabe.

208 Wie es die Bezeichnung schon deutlich macht, erfolgt hier nur die Bekanntmachung in elektronischer Weise. Sie kann im Rahmen **einer elektronischen Ausschreibung** zur Anwendung kommen, bei der die ausschreibende Stelle entscheidet, inwieweit sie den Verlauf des Vergabeverfahrens auf elektronischer Unterstützung aufbaut. Zum anderen kann sie Teil einer elektronischen Vergabe sein, die jedoch eine vollumfängliche digitale und elektronische Abwicklung des Vergabeverfahrens vorsieht[135].

209 Schon nach bisherigem Recht (VOL/A Fassung 2006, in Umsetzung der VKR 2004/18/EG) ist die Verkürzung der Angebotsfrist im Offenen Verfahren von normal 52 Tagen auf 40 Tage rechtens, wenn die Auftraggeberin alle Anforderungen der Bestimmung des § 18a Nr. 4 Abs. 1 VOL/A a.F. an die elektronische Bekanntmachung erfüllt hat[136].

IV. Der Download von Vergabeunterlagen

210 Eine Ausschreibung wurde in einem beliebigen Medium bekanntgemacht; nun geht es darum, wie die Interessenten und Bieter an die Unterlagen, also die **Leistungsbeschreibung und die Vergabeunterlagen** (Verdingungsunterlagen), gelangen können.

211 Was bislang landläufig noch geschieht ist, dass man als Bieter die Unterlagen bei der ausschreibenden Stelle mündlich oder schriftlich (auch per E-Mail) anfordert und der Auftraggeber diese dann – nach Erstattung des Preises (wobei umstritten ist, ob und wieweit dieser die Selbstkosten der Vervielfältigung übersteigen darf) – übersendet. Dies geschieht dann entweder in Papierform oder ggf. auch per E-Mail. Jedoch: Ein E-Mail-Versand ist nicht als eine Form der elektronischen Vergabe einzuordnen[137].

212 Der Download von Vergabeunterlagen beschreitet hier einen **deutlich einfacheren, schnelleren Weg**. Beim sog. Download von Vergabeunterlagen geht es um den

134 Höß, in Heuvels/Höß/Kus/Wagner, § 101 GWB, Rn. 41.
135 Vgl. dazu Noch, in Vergaberecht kompakt, 5. Aufl., Rn. 69 ff.
136 VK Bund, Beschl. v. 08.01.2010, VK 3-229/09, VS 2010, 23 [LS].
137 OLG Karlsruhe, Beschl. v. 02.10.2009, 15 Verg 4/09, VS 2010, 38f [LS].

Vorgang, dass sich Bieter die Vergabeunterlagen von einer Vergabeplattform im Internet auf ihr Endgerät, also ihren Computer, herunterladen können. Diese Download-Möglichkeit hat den Vorteil, dass die Vergabestelle sich die **Kosten für den Versand und die Zeit für die Bearbeitung sparen** können. Auch lässt sich so der potentielle Bieterkreis ermitteln.

Beim Angebot von Bieterunterlagen per Download sollte allerdings für eine Registrierung des anfordernden Bieters gesorgt werden, damit dieser erreichbar ist und informiert werden kann, falls Korrekturmitteilungen der Vergabestelle erforderlich wären. Zudem ist bei einer Registrierung nachvollziehbar, wer die Unterlagen abgefragt hat. 213

Als Beispiel für einen Download wird im Folgenden das Verfahren zum Download bei www.vergabe.bayern.de aufgezeigt, wie es der Betreiber dort beschreibt: 214

Beispiel

- „Registrieren Sie sich einmalig
- Recherchieren Sie nach der gewünschten Ausschreibung
- Fordern Sie die Vergabeunterlagen durch Mausklick beim Bauamt an (Sie erhalten eine Bestätigung, dass die elektronische Bewerbung beim Bauamt eingegangen ist)
- Das Bauamt schaltet den Zugang zu den Vergabeunterlagen für Sie frei; Sie erhalten eine Nachricht, dass Unterlagen für Sie vorliegen
- Loggen Sie sich mit Ihrem Benutzernamen und Passwort ein und laden Sie die Vergabeunterlagen auf Ihren Rechner
- Die Vergabeunterlagen sind über das mitgelieferte Programm AVA-Sign ausfüllbar; alternativ kann die Leistungsverzeichnisdatei (GAEB Datenart 83) in ein eigenes Kalkulationsprogramm exportiert und dort ausgefüllt werden. Die ausgefüllten Unterlagen können ausgedruckt als Angebot in Papierform beim Bauamt abgegeben werden.
- **Kosten**: einmalige Registrierung 25,– € zzgl. USt.; danach entstehen bei den einzelnen elektronischen Anforderungen von Vergabeunterlagen keine Kosten mehr.
- **Leistung**: Programm AVA-Sign zum Ausfüllen von Formularen und Leistungsverzeichnis; zeitlich unbegrenzter Zugang zur Vergabeplattform.“[138]

In diesem Zusammenhang ist allerdings hervorzuheben, dass sich Vergabenachprüfungsinstanzen dahingehend geäußert haben, dass **die Kostenpflichtigkeit des Downloads von Unterlagen Grenzen unterliegt**. Ist beispielsweise allein aus dem Formblatt 124 ersichtlich, welche Nachweise zu erbringen sind, und ist dieses Formblatt nur nach einer kostenpflichtigen Prozedur eines elektronischen Vergabeportals abrufbar, so sind die Nachweise nicht wirksam gefordert[139]. 215

138 http://www.vergabe.bayern.de/Download-von-Vergabeunterlagen.65.0.html, Abruf am 24.04.2014.
139 VK Sachsen-Anhalt, Beschl. v. 15.02.2013, 2 VK LSA 42/12.

V. Upload und Download von Bieterfragen bzw. -antworten

216 Im Rahmen von Ausschreibungen haben Bieter oftmals **Fragen zum Verständnis** im Hinblick auf die Leistungsbeschreibung oder andere Verdingungsunterlagen. Diese Fragen können sie natürlich gegenüber der ausschreibenden Stelle äußern. Die ausschreibende Stelle ist jedoch gezwungen, allen Bietern, die die Leistungsbeschreibung und andere Verdingungsunterlagen abgefordert haben, die Fragen und Antworten mitzuteilen.

217 Ein elektronisches System würde hier die Arbeit bei der ausschreibenden Stelle erleichtern. Die Bieter laden ihre **Fragen online z.B. auf die Vergabeplattform** der ausschreibenden Stelle im Internet hoch (der sog. Upload). Die Antworten zu den Bieterfragen sind dann ebenfalls auf der Vergabeplattform enthalten und können von den Bietern online heruntergeladen werden (der sog. Download).

VI. E-CERTIS

218 E-CERTIS ist eine **Datenbank der EU-Kommission**[140]. Sie beinhaltet Angaben aus allen EU-Mitgliedstaaten zu den Dokumenten, die für eine Teilnahme an öffentlichen Ausschreibungen erforderlich sind. Bei **den Dokumenten handelt es sich um Bescheinigungen** und sonstige Nachweise, die bei Ausschreibungsverfahren in den 28 Mitgliedsstaaten der EU, einem Kandidatenland (Türkei) sowie den drei EWR-Staaten (Island, Liechtenstein und Norwegen) häufig verlangt werden.

219 Die Zwecke von e-CERTIS sollen **Erleichterung und Förderung einer grenzüberschreitenden Teilnahme** an Beschaffungen sein. Wie soll das erreicht werden? Wenn europäische Unternehmen bei einer Ausschreibung im Ausland als Bieter auftreten, also ein Angebot einreichen möchten, können sie mit Hilfe von e-CERTIS einfacher nachvollziehen, welche Informationen vom Bieter im jeweiligen Mitgliedsstaat gefordert werden. Auch öffentliche Auftraggeber, die wiederum ein ausländisches Angebot prüfen müssen, können diese Informationen leichter beschaffen. Durch das Zusammentragen in e-CERTIS ist eine **leichtere Vergleichbarkeit von Bescheinigungen** und Nachweisen zwischen den Mitgliedstaaten möglich. Auch können dadurch Unterlagen auf ihre Gleichwertigkeit hin überprüft werden. Die Informationen der Datenbank stammen im Übrigen von den nationalen Behörden.

---

140 Vgl. http://ec.europa.eu/markt/ecertis/login.do?selectedLanguage=de., Abruf am 24.04.2014.

Kapitel 2
eGovernment in der Umsetzung

A. eVergabe

Als Oberbegriff hat sich die elektronische Auftragsvergabe herausgebildet, die jedoch 1
ihrem Inhalt nach recht unklar ist. Daher werden unter diese oftmals sowohl die reine Bekanntmachung einer Ausschreibung in einem dafür vorgesehenen **elektronischen Medium** wie auch der Vergabeprozess an sich gefasst[1]. Richtigerweise hat man unter dem Begriff der eVergabe- oder auch elektronischen Auftragsvergabe – hingegen die vollelektronische, digitale Abwicklung eines Vergabeverfahrens mittels Informations- und Kommunikationstechnik zu verstehen. Der **gesamte Vergabeprozess**, von der Erstellung der Bekanntmachung bis hin zur Zuschlagserteilung wird hierbei elektronisch abgewickelt. Letztlich findet auch die Dokumentation des Vergabeverfahrens elektronisch statt.[2]

B. Umsetzung europarechtlicher Vorgaben in nationales Recht

I. Bisheriger Umsetzungsstand

Die Richtlinien 2004/17/EG und 2004/18/EG brachten erstmals **die Gleichstellung** 2
der elektronischen Kommunikationsmittel mit den bislang üblichen. Damit einher ging eine Wahlfreiheit für öffentliche Auftraggeber, welche Mittel sie verwenden wollen. Bekanntlich wurde von dieser **Wahlfreiheit** bis heute überwiegend dergestalt Gebrauch gemacht, dass man von Auftraggeberseite weiter bei der Anwendung der herkömmlichen Kommunikationsmittel verblieb. Die Richtlinien gaben wesentliche Grundsätze für die elektronische Übermittlung von Informationen und Mitteilungen vor. Neu hinzu kam 2004 auch die Einführung einer elektronischen Auktion und eines dynamischen Beschaffungssystems. Diese beiden Instrumente waren aber als **Option für die Mitgliedsstaaten** ausgestaltet und insofern nicht bindend umzusetzen. Der nationale Gesetzgeber hat eine teilweise Umsetzung im Gesetz gegen Wettbewerbsbeschränkungen (GWB) und in der VOL/A verwirklicht. Hierzu wird auf die Ausführungen in Kapitel 1 D. verwiesen.

---

1 Vgl. Noch, in: Vergaberecht kompakt, 5. Aufl., Rn. 68.
2 Vgl. Noch, in: Vergaberecht kompakt, 5. Aufl., Rn. 69.

3 Neben dem in Kapitel 1 D 5. erwähnten Aktionsplan zur Umsetzung und Anwendung der Rechtsvorschriften über die elektronische Vergabe öffentlicher Aufträge schloss sich 2006 ein **E-Government-Aktionsplan** im Rahmen der „i2010-Initiative: Beschleunigte Einführung elektronischer Behördendienste in Europa zum Nutzen aller“ an[3]. Dieser hatte zum Ziel, Schlüsseldienste mit grenzüberschreitendem Charakter als Vorreiterdienste zu entwickeln.

4 Mit der Herausgabe des sog. **Grünbuchs zum Ausbau der e-Beschaffung** in der EU[4] sollten die analysierten Hindernisse aufgezeigt und weitere Maßnahmen auf EU-Ebene vorgeschlagen werden. Die EU-Kommission führte eine Untersuchung durch, indem sie den Mitgliedsstaaten verschiedene Fragen stellte, wie z.B., ob das elektronische Verfahren für Beschaffungen, die von der EU-Richtlinie erfasst sind, verbindlich vorgeschrieben werden sollte. Es schloss sich ein weiteres Grünbuch zur Modernisierung des bestehenden EU-Rechtsrahmens für öffentliche Beschaffungen an[5].

5 Unter der Bezeichnung „Strategie für die e-Vergabe“[6] erging 2012 eine Mitteilung der EU-Kommission. **15 Leitaktionen**, die jeweils mit Terminvorgaben versehen waren, sollten eine vollständige e-Vergabe bis zum Jahre 2016 ermöglichen.

II. Umsetzungsnotwendigkeiten

6 Mit Einführung der neuen EU-Richtlinien 2014/23/EU, 2014/24/EU und 2014/25/EU[7] geht nun die **Pflicht zur Einführung** der elektronischen Vergabe einher. Allerdings gelten differenzierte Umsetzungsfristen für die jeweiligen Abschnitte des Vergabeverfahrens und die jeweiligen Vergabestellen in Deutschland. Die Richtlinien traten am 18.04.2014 in Kraft und sind innerhalb von 24 Monaten nach ihrem Inkrafttreten in nationales Recht umzusetzen. Zu erwähnen ist, dass die Vorgängerrichtlinien 2004/17/EG und 2004/18/EG mit Wirkung vom 18.04.2016 aufgehoben werden.

7 Art. 22 der Richtlinie 2014/24/EU sieht als zentrale Norm eine umfassende **Pflicht für die Mitgliedsstaaten** vor, die gesamte Kommunikation und den Informationsaustausch gemäß dieser Richtlinie zu gewährleisten. **Die elektronische Kommunikation** soll demnach **alle Verfahrensstufen** der Vergabe umfassen. Interne Prozesse der Vergabestelle und auch die Kommunikation der Auftraggeber sind jedoch nicht

3 Vgl. KOM(2006) 173.
4 Vgl. KOM(2010) 571.
5 Vgl. KOM(2011) 15.
6 Vgl. KOM(2012) 179.
7 ABl EU L 94 v. 28.03.2014.

Schritte	Übrige Vergabestellen	Zentrale Beschaffungsstellen
Schritt 1	24 Monate nach Inkrafttreten (ab 18. April 2016)	24 Monate nach Inkrafttreten (ab 18. April 2016)
Elektronische Übermittlung der Bekanntmachung	Elektronische Übermittlung der Bekanntmachung (damit wohl keine Möglichkeit mehr die Bekanntmachung per Fax oder als PDF-Datei zu übermitteln. Nur noch Erfassung über SIMAP oder Übermittlung durch zertifizierte OJS-eSender)	Elektronische Übermittlung der Bekanntmachung (damit wohl keine Möglichkeit mehr die Bekanntmachung per Fax oder als PDF-Datei zu übermitteln. Nur noch Erfassung über SIMAP oder Übermittlung durch zertifizierte OJS-eSender)
Schritt 2	24 Monate nach Inkrafttreten (ab 18. April 2016)	24 Monate nach Inkrafttreten (ab 18. April 2016)
Elektronische Auftragsunterlagen	Auftragsunterlagen müssen nach Maßgabe des Art. 53 unentgeltlich uneingeschränkt und vollständig sowie direkt zugänglich sein. Registrierung?	Auftragsunterlagen müssen nach Maßgabe des Art. 53 unentgeltlich uneingeschränkt und vollständig sowie direkt zugänglich sein. Registrierung?
Schritt 3–5	54 Monate nach Inkrafttreten (18. Okt. 2018)	36 Monate nach Inkrafttreten (18. Okt. 2017)
Bewerberkommunikation Angebotsabgabe bis zur Bieterkommunikation		
Sonderfälle	24 Monate nach Inkrafttreten (ab 18. April 2016)	24 Monate nach Inkrafttreten (ab 18. April 2016)
Elektronische Aktion, dynamisches Beschaffungssystem, elektronischer Katalog		
Einheitliche elektronische Europäische Eigenerklärung	48 Monate nach Inkrafttreten (18. April 2018)	48 Monate nach Inkrafttreten (18. April 2018)
Zugriff öffentlicher Auftraggeber auf das Online-Dokumentenarchiv e-Certis	54 Monate nach Inkrafttreten (18. Okt. 2018)	54 Monate nach Inkrafttreten (18. Okt. 2018)
Nutzbarkeit einer evtl. nationalen Datenbank für die Hinterlegung von Eignungsnachweisen für Auftraggeber anderer Mitgliedstaaten	54 Monate nach Inkrafttreten (18. Okt. 2018)	54 Monate nach Inkrafttreten (18. Okt. 2018)

Quelle: blog.cosinex.de

von der Pflicht zur elektronischen Kommunikation erfasst.[8] Elektronische Kommunikationsmittel müssen **außerdem nicht diskriminierend, allgemein verfügbar** und mit den allgemein verbreiteten Erzeugnissen der IuK-kompatibel sein. Ein unbeschränkter Zugang zum Vergabeverfahren muss für alle Wirtschaftsteilnehmer sichergestellt sein.

8 Art. 90 der Richtlinie bestimmt eine Frist zur Umsetzung in nationales Recht **innerhalb von 24 Monaten** nach Inkrafttreten der Richtlinie. Im Hinblick auf Art. 22 Abs. 1 besteht jedoch die Möglichkeit, die Umsetzung weitere 30 Monate hinauszuschieben, für sog. Zentrale Beschaffungsstellen[9] jedoch nur um 12 Monate. **Ausnahmen** bestehen dabei für das dynamische Beschaffungssystem, die elektronische Auktion, elektronische Kataloge, für die elektronische Übermittlung der Bekanntmachungen an das Amt für Veröffentlichungen der EU und die elektronische Verfügbarkeit der Auftragsunterlagen.

9 Es bestehen weitere Aufschubmöglichkeiten in Art. 90 der Richtlinie: So kann z.B. die ausschließlich elektronische Ausstellung der Einheitlichen Europäischen Eigenerklärung um 24 Monate hinausgeschoben werden oder der Zugriff auf das Online-Dokumentenarchiv e-Certis durch die öffentlichen Auftraggeber um 30 Monate.

C. E-Government-Strategie des Bundes

10 Die Verwaltungen von Bund und Ländern sehen sich großen Herausforderungen gegenüber. Einerseits soll haushaltsrechtlich eine **sparsame Mittelverwendung** erfolgen, generell sollen die Personalausgaben so gering als möglich gehalten werden, Stellen sogar noch abgebaut werden. Zusätzlich öffnen sich aber immer wieder neue Bereiche, die mit zusätzlichem Aufwand und Mehrausgaben verbunden sind. Auf der anderen Seite ist der Bürger heute nicht mehr vergleichbar mit dem Bürger z.B. aus den 1950er Jahren, der aus Ehrfurcht vor dem Staat klaglos alles als gottgegeben hinnimmt und sich mit **einmal eingefahrenen Verwaltungsstrukturen** und -abläufen zufrieden gibt. Der Bürger ist heute nicht nur Bürger oder Antragsteller, er ist Kunde geworden. Verwaltungsabläufe sollen daher serviceorientierter ablaufen, Verwaltungen sollen flexibler erreichbar sein, ein Datenaustausch zwischen Verwaltung und Kunde soll nicht nur in der Amtsstube mittels Austausch von Papieranträgen, sondern auch online oder per E-Mail möglich sein. **Open Government, Open Data und e-Partizipation** sind die Forderungen der Zeit[10]. Möchte man diesen Zielen und

---

8 Vgl. Wankmüller, in: Neue EU-Vergaberichtlinien: Pflicht zur E-Vergabe früher als erwartet?, 28.03.2014, blog.cosinex.de, Abruf am 30.03.2014.

9 Dieser Begriff meint nicht zentrale Beschaffungsstellen innerhalb einer Verwaltungseinheit oder Behörde, sondern einen „öffentlichen Auftraggeber" der für „Dritte" beschafft.

10 Vgl. hierzu Klinger, in: Der Gemeinderat, Ausgabe 2/2014, S. 15.

Forderungen wirklich nachkommen so ist es unerlässlich, eine Reihe von Gesetzen auf den Weg zu bringen, damit eine voll- oder auch nur teilelektronische Verwaltung funktionsfähig und rechtssicher umgesetzt werden kann. Zu diesen Gesetzen zählen:
- das Personalausweisgesetz (Einführung des elektronischen Identitätsnachweises (eID) im Personalausweis),
- das De-Mail-Gesetz (absenderbestätigte E-Mail),
- das Gesetz zur Förderung der elektronischen Verwaltung sowie zur Änderung weiterer Vorschriften,
- das Gesetz zur Fortentwicklung des Meldewesens sowie
- das Gesetz zur Förderung des elektronischen Rechtsverkehrs mit den Gerichten.

Vielfach ist von E-Government beim Kontakt zwischen Bürgern und Behörden nichts 11
oder nicht viel zu bemerken. Ein Austausch per E-Mail ist oft schon das höchste (der technischen) Gefühle. Selbst falls Instrumente eines E-Government zum Einsatz kommen, so beschränken sich diese bestenfalls auf teilelektronische, **nicht medienbruchfreie Lösungen**: man kann beispielsweise einen Antrag online ausfüllen, muss ihn dann aber ausdrucken und unterschreiben, um ihn letztlich doch wieder persönlich bei der zuständigen Behörde einzureichen. Ausdruck und Versand an die Behörde auf dem Postweg oder persönlich durch Übergabe können unterbleiben, wenn die entsprechende Behördensoftware vorsieht, dass der online auszufüllende Antrag in ein pdf-Format umgewandelt werden und elektronisch eingereicht werden kann. Das ist aber nur in den Fällen möglich, in denen gesetzlich entweder **keine eigenhändige Unterschrift** auf dem Antrag gefordert wird, oder aber unter Zuhilfenahme einer elektronischen Signatur – welcher Stufe auch immer – operiert wird. Hinzu kommt, dass die sog. **qualifizierte elektronische Signatur** von Bürgen und Unternehmen im Prinzip nicht angenommen wird.[11]

Welchen Weg, welche Lösungen sehen also E-Government 2.0 und das neue 12
E-Government-Gesetz des Bundes vor, damit in den Verwaltungen wirklich ein „modernes Zeitalter“ anbricht?

I. E-Government 2.0

Im Jahre 2006 wurde das Programm E-Government 2.0 durch das Bundeskabinett 13
beschlossen. Damit einher ging das Programm „Zukunftsorientierte Verwaltung durch Innovationen“ als **Modernisierungsprogramm** der Bundesregierung. Was war der Beweggrund dafür? Der Bund wollte mit diesen Programmen technische und gesellschaftliche Entwicklungen aufgreifen. Er wollte eine effektivere, sichere effizi-

11 Vgl. hierzu Klinger, in: Der Gemeinderat, Ausgabe 2/2014, S. 15.

entere und damit **zukunftssichere Verwaltung** schaffen. Dabei sollten allerdings Kontinuität und Beständigkeit im Handeln gewährleistet werden.

14 Glücklicherweise war schon eine Basis an elektronischen Dienstleistungen vorhanden, auf denen aufgesetzt werden konnte. Die Qualität der Nutzung wie auch der Orientierung am Nutzerbedarf standen dabei von Anfang an im Vordergrund[12].

15 Die Rahmenbedingungen erfuhren während der Programmlaufzeit immer wieder Veränderungen– so durch den Beschluss des Konzepts „IT-Steuerung Bund“ im Jahre 2007. Ausfluss desselben war beispielsweise die Schaffung des sog. IT-Rates. Auch das Grundgesetz hat in diesem Zusammenhang mit Art. 91 c eine Neuerung erfahren. Zu dessen Ausführung wurde ein **IT-Staatsvertrag** geschlossen.

1. Ausgangslage

16 Nach Abschluss von BundOnline im Jahre 2005 hatte es die bis dahin größte europäische E-Government-Initiative geschafft, mehr als 440 Informations-, Kommunikations- und Transaktionsdienstleistungen des Bundes online zu stellen. Diese standen den Behörden der Bundesverwaltung zur Verfügung[13]. Auf diesem Wege konnten die **Dienstleistungen des Bundes nun einfacher**, kostengünstiger und schneller durch die jeweiligen Nutzer in Anspruch genommen werden.

17 Es ergab sich für die Bundesverwaltung ein **jährliches Einsparpotenzial in Höhe von 250 bis 350 Mio. Euro**, obwohl der Initiative Kosten in Höhe von 650 Mio. Euro gegenüberstanden. Deutschland-Online, die gemeinsame Initiative von Bund, Ländern und Kommunen, trug dem Umstand Rechnung, dass der Bürger immer nur eine „Verwaltung“ wahrnimmt, gleich, ob es sich dabei um eine Bundes-, Landes- oder Kommunalverwaltung handelt.

18 Der Einsatz von Informationstechnologien und die Nutzung des Internets durch die Verwaltungen sollten weiter vorangetrieben werden, einheitliche **und durchgängige Onlinedienstleitungen** waren das Ziel. Dabei sollte es keine Rolle spielen, welche Verwaltungsebene tangiert ist. Ein Ausbau der Angebote, die Steigerung der Qualität und eine Verbesserung der Nutzer- und Bedarfsorientierung standen im Hinblick auf die Bürger im Vordergrund. Für die Wirtschaft sollte eine **Erhöhung der Transaktionstiefe** erreicht werden. So wurde das Bundesministerium des Innern mit Kabinettsbeschluss vom 08.03.2006 aufgefordert, eine E-Government-Strategie zu entwickeln. Dies gipfelte im Beschluss der Bundesregierung am 13.09.2006, das Programm E-Government 2.0 aufzusetzen.

---

12 Vgl. hierzu Abschlussbericht E-Government 2.0, S. 12, Abruf am 15.05.2014.

13 Vgl. Abschlussbericht E-Government 2.0, S. 11, Abruf am 15.05.2014.

2. Ziele

Das Programm E-Government 2.0 verfolgte auf Basis der Vorgaben der Bundesregierung vier strategische Ziele: 19

- Den Ausbau und die Verbesserung des E-Government-Angebotes des Bundes
- Die elektronische Zusammenarbeit zwischen Wirtschaft und Verwaltung durch integrierte Prozessketten
- Die Einführung des neuen Personalausweises und die Erarbeitung von E-Identity-Konzepten
- Die sichere Kommunikationsinfrastruktur für Bürgerinnen und Bürger, Wirtschaft und Verwaltung.

Zu den Zielen im Einzelnen:

Unter dem Stichwort „Erreichbarkeit" sollte das E-Government-Angebot des Bundes bedarfsorientiert, qualitativ und quantitativ ausgebaut werden. Ziel sollte die Bereitstellung eines verbesserten Onlineservices sein. Für die Nutzer sollte so ein **Mehrwert** erreicht werden, indem deren Anforderungen in den Ausbau aufgenommen wurde. Über **Breitbandzugänge** o.ä. sollte die Erreichbarkeit für alle Nutzer verbessert werden. 20

Der „Nutzen" für Wirtschaft und Verwaltung stand im Vordergrund indem man versuchte, eine umfassendere elektronische Zusammenarbeit von Wirtschaft und 21

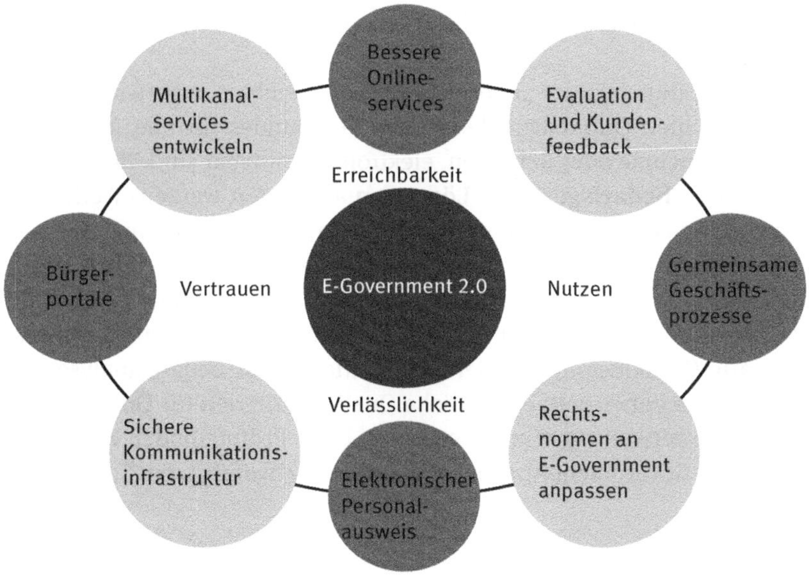

Quelle: Bundesministerium des Innern 2006

Verwaltung zu erreichen. Die **Stärkung des Wirtschaftsstandortes** Deutschland sowie die Reduzierung bürokratiebedingter Kosten waren hier Leitmotiv.

22 Es wurde unter dem Stichwort „Verlässlichkeit" geprüft, inwieweit **Rechtsnormen dafür angepasst** werden müssten, um im Netz eine sichere und verlässliche Identifikation des Nutzers prüfen und gewährleisten zu können. Voraussetzung dafür ist, dass der Staat eine Infrastruktur zur eindeutigen elektronischen Identifizierung bereitstellt. Im Zuge dessen mussten der neue Personalausweis und weitere **E-Identity-Konzepte** eingeführt werden.

23 „Vertrauen" war der Leitspruch, unter dem der Staat sichere elektronische Kommunikationsräume schaffen wollte. Vertrauliche Online-Kommunikation und elektronische Dokumentenablage sollten so für alle Nutzer, gleich ob Wirtschaft, Verwaltung oder Bürger geschaffen werden.

3. Ergebnisse

24 Die Ergebnisse des Programmes E-Government 2.0 lassen sich vielschichtig und differenziert darstellen. Als eines der Ergebnisse lässt sich zunächst feststellen, dass es als Instrument zur **Reduzierung der Bürokratiekosten** dient. Dies nicht nur auf Seiten der Verwaltungen, sondern auch auf Seiten der Wirtschaft und der Bürger.

25 Als handlungsübergreifende Ergebnisse konnten einzelne Vorhaben und Pilotprojekte mit gemeinsamer Zielausrichtung zusammengefasst und damit effizienter gefördert werden[14]. Eine ressortübergreifende Zusammenarbeit war dafür kennzeichnend. Begleitet wurde dies durch eine gezielte Öffentlichkeitsarbeit unter Federführung des BMI, die auch durch eine jährliche Beteiligung an relevanten Messen und Konferenzen erfolgte[15].

26 Innerhalb des Handlungsfeldes „Portfolio" wird als Ergebnis ausgewiesen, dass ab 2012 alle gewünschten Onlinedienstleistungen des Bundes für alle Anwender, seien es Bürger, Unternehme oder Behörden, elektronisch nutzbar sind. Bedürfnisse sollen identifiziert und **bedarfsgerechte Lösungen** angeboten werden. Werkzeuge und Methoden wurden geschaffen, um genau an dieser Aufgabenstellung ansetzen zu können[16]. Interaktive und partizipative Internetangebote wurden durch geeignete Maßnahmen ausgebaut (E-Partizipation), Zugangsbarrieren wurden abgebaut, E-Government-Dienstleistungen wurden geschaffen. Damit wurde die **Informationsgesellschaf für alle** (E-Inklusion) realisiert. Ein Leitfaden zur Bedarfsanalyse und Nutzerbefragung wurde entwickelt, einheitliche Qualitätskriterien für Onlinedienstleistungen der Bundesverwaltung wurden etabliert. Neue Prüfmethoden zur **Qualitätsbewertung** von E-Government-Angeboten wurden durchgeführt, ein Konzept zur

14 Vgl. Abschlussbericht E-Government 2.0, S. 17, Abruf am 14.05.2014.
15 Vgl. Abschlussbericht E-Government 2.0, S. 19, Abruf am 14.05.2014.
16 Vgl. Abschlussbericht E-Government 2.0, S. 20, Abruf am 14.05.2014.

Erfolgsmessung zur Verfügung gestellt. Nutzeroberflächen wurden in diesem Zuge genauso verbessert wie die Barrierefreiheit. Verwaltungsübergreifende Verfahren wurden durch die Schaffung der entsprechenden Voraussetzungen vereinfacht[17].

Beim Ausbau der E-Partizipation sollen Beteiligung und Teilhabe der Bürger an der politischen Gestaltung verbessert werden. 2008 wurden dahingehend zwei Studien veröffentlicht. Ein **Onlinekonsultationsverfahren** wurde sodann zur Bewertung der Top-5-Handlungsfelder dieser Studien durchgeführt. Mittels einer Konsultationsplattform gab es erstmals auf Bundesebene eine Onlinekonsultation. Diese fand zum Gesetzentwurf „DE-Mail/Bürgerportale" statt. Darüber hinaus wurden rund 100 Onlinebeteiligungsprojekte identifiziert. In der Folge wurde ein eigener Maßnahmenbereich eingerichtet. 2009 fand das erste deutsche BarCamp zum Thema Government und Web 2.0 statt, das Projekt „einfach teilhaben" wurde zur Fortentwicklung der E-Inklusion durchgeführt. 27

Beispiel
Als Praxisbeispiel ist hier die E-Government-Strategie-Teilhabe zu nennen, bei der ein Portal für **Menschen mit Behinderungen** geschaffen wurde, in dem Barrierefreiheit durch den Einsatz von Gebärdensprachvideos und leichter Sprache verwirklicht wurde.

Im Handlungsfeld Prozessketten wurde die Zusammenarbeit zwischen Bundesverwaltung, Wirtschaft und Verbänden gestärkt. Ziel war es, hier zu einer Prozessoptimierung und der Senkung von Bürokratiekosten zu kommen, gerade um den Wirtschaftsstandort Deutschland zu stärken. So wurden Geschäftsabläufe und IT-Verfahren der beteiligten Unternehmen und Verwaltungen in ausgewählte Verwaltungsverfahren integriert, Wissenschaft und Wirtschaft wurden einbezogen und begannen so neue Formen der interdisziplinären Zusammenarbeit. 28

Bei der elektronischen **Integration von Geschäftsabläufen** wurden neue Formen der Zusammenarbeit zwischen Wirtschaft, Wissenschaft und Verwaltung geschaffen. In diesem Zusammenhang wurde 2007 auch eine wissenschaftliche Konferenz durchgeführt. 29

Beispiel
Als Praxisbeispiele können hier das
- Elektronische Schadstoffeingrenzungs- und verbringungsregister (ePRTR),
- das Elektronische Abfallnachweisverfahren (eANV) oder
- der eAntrag Pflanzenschutzmittel (ePSM)

genannt werden[18].

---

17 Vgl. Abschlussbericht E-Government 2.0, S. 21, Abruf am 14.05. 2014.
18 Vgl. Abschlussbericht E-Government 2.0, S. 32, Abruf am 14.05.2014.

30 Im Zuge von drei **Studien im Bereich Prozessketten** wurden übergreifende Ansätze zur Entwicklung ebendieser auf den Gebieten Umwelt, Finanzdienstleistungen sowie Informations- und Meldepflichten für Arbeitgeber erarbeitet. Auch eine Methode zur Identifizierung und **Priorisierung von E-Government-Potenzialen** anhand des Datenbestandes der Messung von bürokratiebedingten Kosten nach dem Standard-Kosten-Modell kann als Entwicklungsergebnis genannt werden.

31 Beim Handlungsfeld Identifikation sind Dreh- und Angelpunkt die eindeutige Identifizierung und die Abgabe rechtsverbindlicher Willenserklärungen. Onlinedienstleistungen des Staates sollen sicher genutzt werden können, nun erfüllt der neue Personalausweis dieses hochgesteckte Ziel als **Hochsicherheitsdokument.** Dieser wurde als erster sicherer Standard-Identitätsnachweis im Onlinebereich entwickelt, eine Multifunktionskarte im Scheckkartenformat, die für Personenkontrollen, Reiseverkehr und im Onlinebereich gilt. Gerade **die eID-Funktionalität** schützt vor diversen Gefahren im Bereich Cyberkriminalität, wie z.B. dem sog. „Phishing" oder dem Identitätsdiebstahl. Staatlich vergebene Berechtigungszertifikate ermöglichen eine sichere Online-Authentifizierung, die qualifizierte elektronische Signatur sichert die Rechtswirksamkeit bei Onlinetransaktionen, weil sie die Schriftform ersetzt. Die qualifizierte elektronische Signatur stellt dabei eine aktivierbare Funktion dar. Auch die Themen Datenschutz und Datensicherheit wurden nicht aus den Augen verloren: so sichern Verschlüsselungsverfahren die Informationen und Übertragungen. Keinesfalls werden biometrisch nutzbare Daten an Diensteanbieter übertragen.

32 Im Bereich des Handlungsfeldes Kommunikation sticht besonders das DE-Mail hervor (siehe unten). Die Schaffung einer sicheren Kommunikationsinfrastruktur wurde mit dem Ausbau der **„Deutschland-Online-Infrastruktur"** über die Netze von Bund, Ländern und Kommunen erreicht. Die Breitbandversorgung für den ländlichen Raum wurde gefördert, ein Pilotbetrieb für die einheitliche Behördenrufnummer 115 gestartet. Eine sehr praktische Einrichtung ist die eines sog. Einheitlichen Behördenansprechpartners, eine technische Umsetzung der EG-Dienstleistungsrichtlinie. Jeder Dienstleister kann sich damit an einen „Behördenlotsen für Dienstleister" wenden (www.dienstleisten-leicht-gemacht.de).

4. De-Mail

33 Wirtschaft, Wissenschaft und Verwaltung haben gemeinsam eine Lösung entwickelt, um das Versenden und Empfangen von Nachrichten und Dokumenten so einfach zu halten, wie man es beim E-Mail gewohnt ist, es aber gleichzeitig so sicher zu machen wie die klassische Papierpost. Das Ergebnis davon ist das De-Mail. Der herkömmlichen E-Mail mangelt es **an Vertraulichkeit, Verbindlichkeit und Verlässlichkeit.** Dieser Zustand soll durch Verschlüsselungen, gesicherte Identitäten der Kommunikationspartner und einen Versand- und Zustellnachweis beseitigt werden. Grundlegende Sicherheitsfunktionen sollen nun über De-Mail einfach nutzbar angeboten werden, ohne zusätzliche Software auf dem Rechner installieren zu müssen. Die

Bedienung erfolgt durch Webanwendungen, Behörden und Unternehmen können ihre E-Mail-Infrastrukturen auch über ein Gateway an De-Mail anschließen.

Ergänzung erfährt das De-Mail durch eine sichere Dokumentenablage und einen Identitätsnachweis. Betrieben wird De-Mail aber von der Privatwirtschaft, ein **staatliches Zertifizierungsverfahren** muss nachgewiesen werden können. Allerdings erreicht das De-Mail nicht das Rechtssicherheitsniveau der qualifizierten elektronischen Signatur. 34

5. eID-Funktion

Die eID-Funktion ist eine Funktion des neuen Personalausweises. Sie bietet die Möglichkeit des elektronischen Ausweisens und gewährleistet eine sichere Authentifizierung in einer digitalen Welt. Sie dient z.B. beim Onlinebanking oder auch Internetauktionen. **Staatlich vergebene Berechtigungszertifikate** regeln, wer überhaupt Zugriff auf personenbezogene Ausweisdaten erhalten darf. Diese Zertifikate können bei der Vergabestelle für Berechtigungszertifikate (VfB) beantragt werden. 35

II. E-Government-Gesetz des Bundes

Ein Meilenstein – obgleich noch nicht der buchstäbliche „Stein der Weisen" – auf dem weiten und scheinbar schwierig zu bestellenden Feld des E-Government wurde 2013 verwirklicht: Der Bundestagbeschloss am 18. April 2013 das erste nationale E-Government-Gesetz (Gesetz zur Förderung der elektronischen Verwaltung sowie zur Änderung weiterer Vorschriften), der Bundesrat stimmte dem Gesetz am 07. Juni 2013 zu. Am 01. August 2013 trat das neue Gesetz in Kraft. Ist dieses Gesetz in der Lage, den **Gordischen Knoten** zu durchbrechen, welcher daran Schuld ist, dass elektronische Dienste von Seiten der öffentlichen Verwaltungen für Bürger wie auch Unternehmen nur recht schleppend entwickelt werden? Was kann das Gesetz, was sind Ziele und Vorteile des neuen Gesetzes? 36

1. Inhalt des EGovG

§ 1

Das E-Government-Gesetz gilt im Wesentlichen für **die Behörden des Bundes**, bundesunmittelbaren Körperschaften sowie Anstalten und Stiftungen des öffentlichen Rechts. Daneben gilt es auch für die Behörden der Länder, Gemeinden und Gemeindeverbände sowie der sonstigen unter Landesaufsicht stehenden juristischen Personen des öffentlichen Rechts, soweit sie Bundesrecht ausführen. Für die Tätigkeit der Justizverwaltungen gilt es eingeschränkt, für z.B. die Strafverfolgung, die Verfolgung und Ahndung von Ordnungswidrigkeiten oder die Verwaltungstätigkeit nach SGB II gilt das Gesetz hingegen nicht. 37

§ 2

38 Nach Abs. 1 ist jede Behörde verpflichtet, einen Zugang für die Übermittlung elektronischer Dokumente zu eröffnen. Dieser Zugang muss auch für Dokumente geeignet sein, die mit einer qualifizierten elektronischen Signatur versehen sind. Abs. 2 gibt vor, dass jede Bundesbehörde einen **elektronischen Zugang** durch eine DE-Mail-Adresse im Sinne des De-Mail-Gesetzes zu eröffnen hat. Eine Ausnahme hiervon besteht nur, sofern die Behörde keinen Zugang zum zentral für die Bundesverwaltung angebotenen IT-Verfahren verfügt, über das die De-Mail-Dienste angeboten werden. Darüber hinaus wird jede Bundesbehörde verpflichtet, einen **elektronischen Identitätsnachweis** gemäß § 18 des Personalausweisgesetzes oder gemäß § 78 Abs. 5 des Aufenthaltsgesetzes anzubieten, sofern sie im Verwaltungsverfahren die Identität einer Person aufgrund Rechtsvorschrift feststellen muss oder sie aus anderen Gründen die Identifizierung für notwendig erachtet.

§ 3

39 Jeder Behörde wird nun aufgegeben, im Internet Informationen zu ihren Aufgaben, ihre Anschrift, ihre Geschäftszeiten sowie die postalische, telefonische und **elektronische Erreichbarkeit** zur Verfügung zu stellen. Ebenso sollen nun auch die Gebühren, die mit der Verwaltungstätigkeit verbunden sind, online veröffentlicht sowie über die jeweils beizubringenden Unterlagen, die zuständige Ansprechstelle und ihre Erreichbarkeit informiert und erforderliche Formulare online bereitgestellt werden. Eine Einschränkung erfahren die Gemeinden und Gemeindeverbände: diese sind zu oben genannten Angaben nur dann verpflichtet, sofern es ihnen der Landesgesetzgeber auferlegt.

§ 4

40 Neu im Verwaltungsverfahren ist, dass nun auch seitens der **Behörde elektronische Bezahlmöglichkeiten** vorzuhalten sind, sofern im Rahmen eines elektronisch durchgeführten Verwaltungsverfahrens Gebühren oder sonstige Forderungen erhoben werden.

§ 5

41 Sofern nicht durch Rechtsvorschrift etwas anderes bestimmt ist oder die zuständige Behörde es fordert, können nunmehr im Verwaltungsverfahren vorzulegende **Nachweise auch elektronisch** eingereicht werden. Die Art der elektronischen Einreichung entscheidet die jeweilige Behörde nach pflichtgemäßem Ermessen. Auch kann die zuständige Behörde nun erforderliche Nachweise mit der Einwilligung des Verfahrensbeteiligten direkt bei der ausstellenden öffentlichen Stelle elektronisch einholen.

§§ 6, 7

42 Verpflichtend ist nun für die jeweiligen Behörden **die elektronische Aktenführung.** Ausnahmen hiervon bestehen nur, falls das Führen elektronsicher Akten bei

einer Behörde bei langfristiger Betrachtung unwirtschaftlich wäre. Die Grundsätze ordnungsgemäßer Aktenführung sind durch elektronisch-organisatorische Maßnahmen sicherzustellen. Im Zuge dessen ist neu, dass anstelle der Papierdokumente nun deren elektronische Wiedergabe in der elektronischen Akte aufbewahrt werden soll. Vorgabe ist hierbei, dass die elektronischen Dokumente mit den Papierdokumenten bildlich und inhaltlich übereinstimmen, wenn sie lesbar gemacht werden. Dies **stellt hohe Anforderungen an das Scannen** der Dokumente. Sodann sollen die entsprechenden Dokumente nach der Übertragung in elektronische Dokumente vernichtet oder zurückgegeben werden. Fristen hierfür sind nicht vorgeschrieben.

§ 8

Vor eine besondere Herausforderung stellt das **Akteneinsichtsrecht** des Bürgers die 43
elektronische Verwaltung: Akteneinsicht kann nun dadurch gewährt werden, dass ein Aktenausdruck zur Verfügung gestellt wird, elektronische Dokumente auf einem Bildschirm wiedergegeben oder elektronisch übermittelt werden oder durch Gestattung eines elektronischen Zugriff auf den Inhalt der Akten.

§ 9

Verwaltungsabläufe, die erstmals zu wesentlichen Teilen elektronisch unterstützt 44
werden, sollen gemäß Abs. 1 vor Einführung der informationstechnischen Systeme unter Nutzung gängiger Methoden dokumentiert, analysiert und optimiert werden. Die Verfahrensabläufe sollen dabei so gestaltet werden, dass die Informationen zum Verfahrensstand, zum weiteren Verfahren und zur Kontaktaufnahme auf elektronischem Weg abgerufen werden können.

§ 12

Dieser stellt Anforderungen an das Bereitstellen von Daten. So sind **grundsätzlich** 45
maschinenlesbare Formate zu verwenden, wenn Behörden über öffentlich zugängliche Netze Daten zur Verfügung stellen, an denen ein Nutzungsinteresse im Sinne Informationsweiterverwendungsgesetzes besteht. Wenn in dem Format enthaltene Daten durch Software automatisiert ausgelesen und verarbeitet werden können, ist das Format auch maschinenlesbar.

§ 13

Erleichterungen gibt es beim Thema **elektronische Formulare:** Sieht ein Formular- 46
vordruck ein Unterschriftsfeld vor und ist die Verwendung dieses Formulars durch Rechtsvorschrift vorgeschrieben, so besteht nicht automatisch die Verpflichtung zur Einhaltung der Schriftform. Das Unterschriftsfeld entfällt nämlich bei der für die elektronischen Versendung des Formulars bestimmten Fassung.

§ 15

47 Falls dies über öffentlich zugängliche Netze geschieht, kann künftig eine durch Rechtsvorschrift des Bundesbestehende Pflicht zur Publikation in einem amtlichen Mitteilungs- und Verkündungsblatt des Bundes, eines Landes oder einer Gemeinde zusätzlich oder ausschließlich durch eine **elektronische Ausgabe** erfüllt werden.

§ 16

48 Eine **barrierefreie Ausgestaltung** der elektronischen Kommunikation und die Verwendung elektronischer Dokumente nach § 4 des Behindertengleichstellungsgesetzes soll in angemessener Form gewährleistet werden.

2. Ziele

49 Ziel des Gesetzes ist es, die Kommunikation von Unternehmen oder Bürgern mit der Verwaltung zu erleichtern, indem bundesrechtliche Hindernisse abgebaut werden. Als Folge des Abbaus soll es Bund, Ländern und Kommunen möglich sein, ihre Verwaltungsdienste auf elektronischem Wege einfacher, benutzerfreundlicher und effizienter anzubieten.

3. Vorteile

50 Die Vorteile des neuen E-Government-Gesetzes liegen auf der Hand: die notwendige **Verwaltungsmodernisierung** im öffentlichen Sektor wird vorangetrieben, insbesondere aufgrund der neuen Bestimmungen zur Prozessoptimierung und zur elektronischen Aktenführung. Die Aufgabenerledigung kann vor allem durch eine elektronische Akte und ein elektronisches Archiv flüssiger und schneller erfolgen. Schneller bedeutet Kosteneinsparung auf Seiten der öffentlichen Hand, da Vorgänge kürzere Bearbeitungszeiten haben. Schneller bedeutet auch, dass der Austausch zwischen einzelner Behörden zügiger von statten geht. Flüssiger bedeutet mehr Service für den Kunden, dem sich die Verwaltung nun im Gewand eines **modernen und serviceorientierten Dienstleisters** präsentieren kann, der mit der Zeit geht und sich den gewandelten Anforderungen an eine moderne Verwaltung und auch einem veränderten, da deutlich gestiegenen, Serviceanspruch des Bürgers Rechnung trägt.

51 **Unabhängig von Öffnungs- oder Sprechzeiten** können Bürger wie auch Unternehmen mit der Behörde online kommunizieren. Unnötiger Aufwand, verursacht durch mehrmaliges Vorsprechen bei einer Behörde, weil man z.B. Unterlagen vergessen hatte, entfällt für den Antragsteller. E-Government in der Verwaltung sorgt auch dafür, dass Formulare nicht mehr ausgedruckt, ausgefüllt und per Post an die zuständige Behörde geschickt werden müssen. Formulardaten müssen dann nicht mehr händisch von einem Verwaltungsmitarbeiter in ein elektronisches System eingegeben werden, der endgültige Bescheid muss ebenfalls nicht ausgedruckt und auf

dem Postwege an den Adressaten übermittelt werden. Zusätzliche Fehlerquellen wie der Postlauf werden dadurch eliminiert.

III. Projekt XVergabe

Regelmäßig wird das sog. Projekt XVergabe fälschlicherweise mit der eVergabe ver- 52
wechselt, als Vergabeplattform gedeutet, oder auch als eine Art elektronisches Auftragsvergabeverfahren verstanden. Tatsächlich handelt es sich bei der XVergabe aber um keine Plattform o.ä., sondern um eine **Kommunikationsschnittstelle.**

1. Hintergrund des Projekts

Die EU fordert 50 % elektronische Vergaben. Davon ist Deutschland mit einem Anteil 53
von ca. 4–7 % (je nach Erhebung bzw. Schätzung) weit entfernt. Der Grund dafür ist schnell ausgemacht: Bund, Länder und Kommunen **unterhalten unterschiedliche Vergabeplattformen**, die wiederum untereinander nicht interoperabel sind. Zudem besteht auch **kein einheitlicher Bieterzugang** zu den Plattformen. Finden Unternehmen also eine Vielzahl an Lösungen und Systemen vor, sind sie nicht unbedingt gewillt, sich in jede einzelne Vergabeplattform einzuarbeiten und eine Vielzahl von Bieterzugängen anzulegen, was die Vergabeplattformen – unabhängig von ihrem Können und ihrer Ausgestaltung – unattraktiv macht.

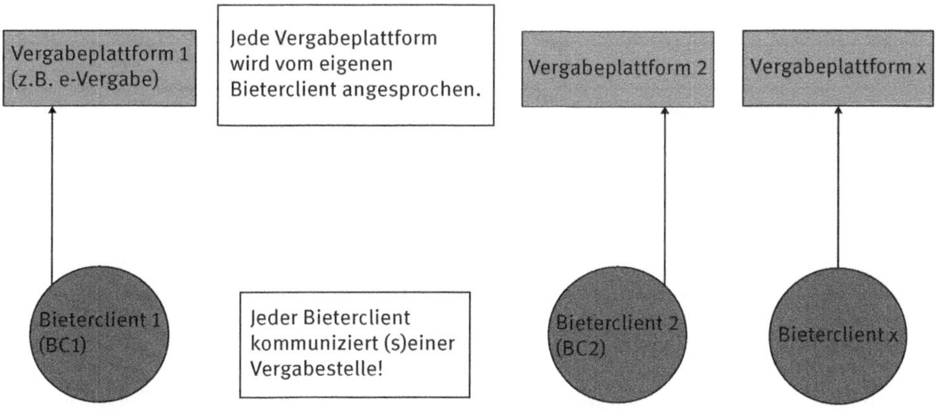

Quelle: Beschaffungsamt des Bundesministeriums des Innern[19]

19 http://www.bescha.bund.de/e-Vergabe/DE/Tiefenlinks/xvergabe/presentation/powerpoint-presentation-xvergabe.html?nn=5017660, Abruf am 25.04.2013.

54 Das Bundesministerium des Innern sowie das Beschaffungsamt des BMI initiierten Ende 2007 auf dieser Grundlage das Projekt XVergabe. Die Projektleitung übernahm das **Beschaffungsamt**; die Verantwortung liegt beim Beschaffungsamt, dem Land Nordrhein-Westfalen und dem BME e.V.

55 Das Projekt XVergabe kennt **viele unterstützende Teilnehmer**. Zu nennen sind beispielsweise von Seiten des Bundes das Bundesministerium der Verteidigung, das Bundesministerium für Wirtschaft und Technologie, das Bundesministerium für Verkehr, Bau und Stadtentwicklung, das Beschaffungsamt des Bundesministeriums der Innern, das Bundesamt für Wehrtechnik und Beschaffung sowie die Bundesagentur für Arbeit. Von Seiten der Länder beteiligen sich die Bayerische Staatsregierung, die Landesregierung Nordrhein-Westfalen und die Landesregierung Rheinland-Pfalz sowie die Hansestadt Bremen. Die Stadt Nürnberg und die Verbandsgemeinde Montabaur sind als kommunale Teilnehmer zu nennen, ebenso der Deutsche Städte- und Gemeindebund. Von privater Seite nehmen an dem Projekt teil: adesso, AdministrationIntelligence AG, ausschreibungs-abc-GmbH, der BDI e.V., bi Ausschreibungs-Dienste, BITKOM, der BME e.V., cosinex, CSC, GAEB, HealyHudson, RIB, der Submissions ANZEIGER, subreport und Vergabe24.

56 Wie das Bundesministerium für Wirtschaft und Technologie im Rahmen einer Studie aus dem Jahre 2008 festgestellt hat könnten in Unternehmen jährlich über **1,7 Mrd. Euro Prozesskosten gespart** werden, würden Bekanntmachungen zentral (elektronisch) veröffentlicht, das Ziel einer elektronischen Vergabe nachdrücklicher verfolgt und einheitliche Formulare in elektronischer Form geschaffen werden; im Gegenzug könnten die Vergabestellen über 1,1 Mrd. Euro einsparen, was folgende Übersicht verdeutlicht:

Vorschlag	Unternehmen	Vergabestellen	Gesamt
Ausbau der e-Vergabe mit dem Ziel der Abschaffung der Papierform	316,7	1019,0	1335,7
Verwendung elektronisch ausfüllbarer und einheitlicher Formulare	651,4	163,3	814,7
Summe	968,1	1182,3	2250,4

Quelle: Beschaffungsamt des Bundesministeriums des Innern[20]

57 Die Vielzahl vorhandener eVergabe-Lösungen bringt dabei verschiedene Technologien zur Anwendung, wie z.B. Java, Microsoft etc. Inkompatible Bieter-Werkzeuge wie Webbrowser sorgen für weitere Verwirrung bei den biet- und teilnahmewilligen Unterneh-

20 http://www.bescha.bund.de/e-Vergabe/DE/Tiefenlinks/xvergabe/presentation/powerpoint-presentation-xvergabe.html?nn=5017660, Abruf am 25.04.2014.

men. Zu guter Letzt arbeiten die unterschiedlichen Lösungen auch mit verschiedenen Geschäftsmodellen. Verlässt man den nationalen Schauplatz und blickt in Richtung EU stellt man fest, dass dort über **300 verschiedene eVergabe Plattformen** existieren.

2. Ziel und Funktionsweise

Ziel der XVergabe soll es nun sein, die nachhaltigen Voraussetzungen für einen einheitlichen, **standardisierten Bieterzugang** zu den unterschiedlichen Vergabeplattformen der öffentlichen Hand durch die Harmonisierung der Kommunikationsschnittstellen zu schaffen. Im Ergebnis soll das zu einer **höheren Akzeptanz** und stärkeren Beteiligung am elektronischen Verfahren bietwilliger Unternehmen führen. 58

Welche Schnittstellen sind davon betroffen? Das können zum einen die Kommunikationsschnittstellen für den Austausch von Bekanntmachungen sein, zum anderen Kommunikationsschnittstellen zwischen Bieter und Vergabelösungen, um **Multiplattform-Bieterclientanwendungen** (MPBC) zu ermöglichen. Es soll also einen Bieterclient geben, daneben aber viele Vergabelösungen. Letztlich kann sich dann der Bieter frei entscheiden, welche Anwendung er nutzen möchte. Somit ist der wichtigste Aspekt die Kommunikationsschnittstelle, nicht hingegen der Inhalt der jeweiligen Dokumente. 59

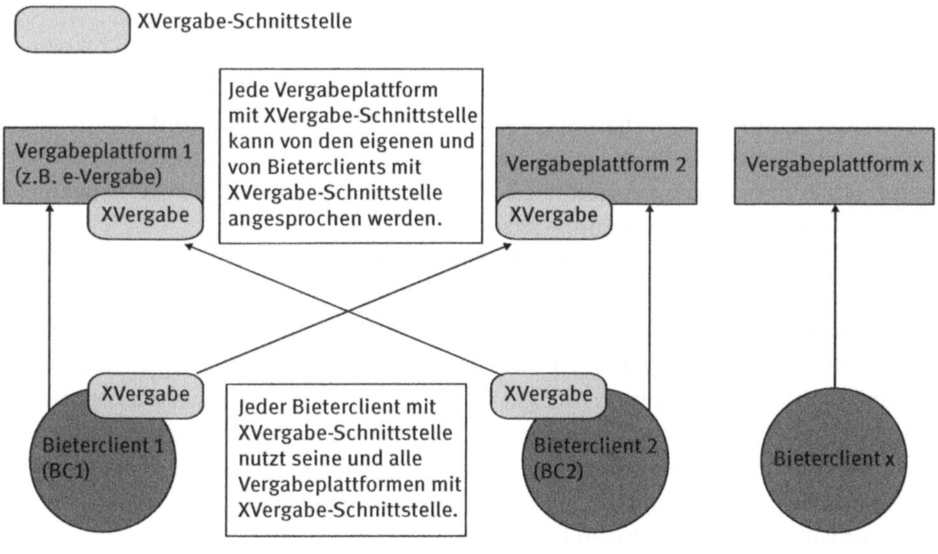

Quelle: Beschaffungsamt des Bundesministeriums des Innern[21]

21 http://www.bescha.bund.de/e-Vergabe/DE/Tiefenlinks/xvergabe/presentation/powerpoint-presentation-xvergabe.html?nn=5017660, Abruf am 25.04.2013.

60 Es sollen folgende Bereiche ermöglicht werden:
- Weitergabe von Bekanntmachungsinformationen
- Bereitstellung von Verdingungsunterlagen
- Bereitstellung der Teilnahmeanträge und Angebote
- Bieterrückfragen während der Angebotsphase
- Zuschlag
- Sichere Übermittlung der Daten
- Authentifizierung
- Signierung[22]

61 Sowohl das **Datenaustauschformat** zwischen Vergabeplattform und Bietersoftware als auch der Zugang zu vergaberelevanten Informationen **sollen vereinheitlicht** werden. Zudem stehen eine bessere Qualitätssicherung und Validierung der Daten als Ziele auf der Agenda des Projekts XVergabe. Ebenfalls vereinfacht werden sollen die Arbeitsprozesse, vor allem vor dem Hintergrund, dass so auch Bearbeitungsfehler reduziert werden können; dies wiederum würde zu **einer Zeit- und Kostenersparnis** auf Bieterseite wie auch auf Seite der ausschreibenden Stelle führen. Um erfolgreich einen XVergabe-Standard einführen zu können muss es keine Standardisierung von Softwareprodukten, hingegen aber ein Standardisierung von Daten- und Austauschprozessen geben. Eine Standard-Datenaustauschschnittstelle ist ebenfalls zu definieren wie ein Standard-Datenaustauschprozess.

62 Im Rahmen des Projektes wurden zunächst zwei Arbeitsgruppen gegründet: eine technische und eine fachliche. Die technische Arbeitsgruppe wird vor allem mit den Lösungsanbietern besetzt. Diese soll die **Kommunikationsschnittstelle** besprechen wie auch die Schemata der Bekanntmachung. In der fachlichen Arbeitsgruppe geht es inhaltlich darum, die Formulare zu vereinheitlichen und technische Aspekte zu betrachten. In dieser Arbeitsgruppe sitzen die Vergabestellen.

63 Zwischenzeitlich sind **drei Arbeitsgruppen** mit dem Projekt XVergabe befasst. Eine Arbeitsgruppe beschäftigt sich mit dem Schnittstellenproblem; hierbei geht es um die Schnittstelle für den Austausch von Verdingungsunterlagen und Angeboten zwischen den Vergabestellen und den Bietern. Eine weitere Arbeitsgruppe beschäftigt sich mit der Bekanntmachung. Hier gilt es die Datenformate und Austauschprozesse bei der Übermittlung von Bekanntmachungen zwischen verschiedenen Anbietern oder Veröffentlichungsplattformen zu spezifizieren. Die dritte Arbeitsgruppe ist mit den Vergabeunterlagen und deren Datenformaten befasst. Das Thema elektronische Signatur wird in diesem Rahmen behandelt.

22 Vgl. https://www.xvergabe.org/confluence/pages/viewpage.action?pageId=1703949, Abruf am 26.04.2014.

Das BMI unterstützte die XVergabe im Rahmen des IT-Investitionsprogramms mit rund 1,1 Mio. Euro. 64

3. Entwicklung

Das Projekt XVergabe hat zügige Arbeit geleistet, weshalb schon im Mai 2010 die Spezifikation für den **Austausch von Bekanntmachungen** abgenommen wurde. Wozu dient dieser Austausch? Mit ihm können Bekanntmachungsmetadaten auf www.bund.de veröffentlicht werden. Auch der XVergabe-Proxy kann seit mittlerweile 2011 genutzt werden. So können Bekanntmachungsdaten per Webservice von Lösungsanbietern im XVergabe-Format entgegengenommen und auf www.bund.de bereitgestellt werden. 65

Mit der Abnahme der Kommunikationsschnittstelle Ende 2011 wurde **ein wichtiger Meilenstein** erreicht. Mitte 2012 wurden erste Lösungen mit einer XVergabe-kompatiblen Schnittstelle auf den Markt gebracht. Dadurch erhielten Bieter erhalten erstmals den Zugang zu den unterschiedlichen eVergabeplattformen mit nur einem Bieterclient. 66

Nicht nur national, auch europaweit hat das Projekt XVergabe Aufsehen erregt. So fand es bei der EU großen Anklang, weil dort noch keine Lösung für das Problem der vielen unterschiedlichen Schnittstellen zu Bieterclients gefunden wurde. 2012 wurde die Schnittstelle dem EU-Parlament vorgestellt. Inzwischen findet sich die Xvergabe quasi im europaweiten **e-SENS-Projekt** wieder. 67

4. Ausblick

Die XVergabe ist mittlerweile eine etablierte Größe. Dass es sich hier um ein **erfolgreiches Projekt** handelt bestätigt auch die Tatsache, dass die EU mit dem Projekt e-SENS, das 2013 an den Start ging und eine Laufzeit von drei Jahren haben soll, u.a. die Ziele und Erkenntnisse des Projektes XVergabe auf europäischer Ebene weiterverfolgt. Dennoch muss auch national das Thema XVergabe **kontinuierlich weiterentwickelt** werden. Dies gilt im Hinblick auf die noch nicht wechselseitig gegebenen Interoperabilitäten zwischen den verschiedensten Plattform-Anbietern. Vor allem auch im Hinblick auf die neue EU-Vergaberichtlinie ist es nun entscheidend, Hürden für die elektronische Vergabe weiter abzubauen. So kann das Projekt XVergabe dazu beitragen, dass die eVergabe akzeptiert wird und sich etablieren kann. 68

Schon jetzt kann man festhalten, dass die XVergabe die in dieser **Form einzige eVergabe-Schnittstelle weltweit** ist. Dennoch: Europaweit kompatible Lösungen sind nicht nur anzustreben, sondern von Nöten. Nur dann kann der durch die Vergaberichtlinien angestrebte europaweite Beschaffungsmarkt auch in der elektronischen Abwicklung der Prozesse Wirklichkeit werden. Einzelne Länder wie z.B. Portugal vergeben öffentliche Aufträge seit dem Jahre 2009 ausschließlich elektronisch. 69

D. E-Government in den Ländern

70 Bislang zeigen sich die einzelnen Bundesländer recht **differenziert und bisweilen zögerlich** mit der Einführung oder Umsetzung von E-Government bzw. konkret mit Projekten oder rechtlichen Vorgaben zu elektronischen Vergabeverfahren oder auch nur Vergabemodalitäten. Vielfach wollte man wohl erst das Inkrafttreten des E-Government-Gesetzes des Bundes und der neuen EU-Vergaberichtlinie abwarten, um dann darauf basierend zu entscheiden, ob und wie eigene, weitere Entwicklungen voranzutreiben wären. Welche Ansätze im Bereich des E-Government gibt es also bislang auf Länderebene?

I. E-Government-Gesetze und Projekte einzelner Länder

71 Kein Bundesland verfügt derzeit über ein eigenes E-Government-Gesetz. Dafür existiert schon eine recht ansehnliche Zahl von E-Government-Projekten in den einzelnen Ländern, wobei die Initiatoren der Projekte nicht nur die Landesverwaltungen selbst, sondern zumeist Landkreise und Gemeinden sind. Auch die Ansätze seitens der Länder, wo und wie E-Government erfolgreich realisiert wird, sind naturgemäß recht unterschiedlich. Einen sehr **guten Überblick** über die Vielzahl an Projekten bietet die E-Government-Landkarte unter www.e-government-landkarte.de, die vom IT-Planungsrat herausgegeben wird. Sehen wir uns die Länder und ihre Projekte im Einzelnen an:

1. Baden-Württemberg

72 Seit 01.01.2005 sind in Baden-Württemberg die sog. E-Government-Richtlinien in Kraft.

73 Das Land fasst unter E-Government die **Interaktion von Bürgern und Unternehmen mit der Landesverwaltung** über Internet-Techniken. Dazu gehören auch die Kommunikationsabläufe zwischen den öffentlichen Verwaltungen. Seine Aufgabe sieht E-Government Baden-Württemberg darin, wirtschaftliche, ganzheitliche und – sofern möglich – medienbruchfreie Automationslösungen mit den Mitteln der Informations- und Kommunikationstechnik in möglichst kurzer Zeit zu realisieren[23].

74 Auch der IuK[24]-Organisation widmen sich die Richtlinien inhaltlich. So existiert in Baden-Württemberg ein sog. Landessystemausschuss (LSA), den der Landessystembeauftragte (LSB) leitet. Angesiedelt unterhalb des Ministerrates ist er das **fachli-**

23 Vgl. http://www.verwaltungsreform-bw.de/E-GOVERNMENT/Seiten/E-Government-Richtlinien.aspx, Abruf am 27.04.2013.
24 Internet und Kommunikation.

che Koordinierungsgremium, dem auch die Leiter der Abteilungen 1 der Ministerien sowie der Leiter der Abteilung 5 im Innenministerium angehören. Der LSA legt die Nutzung der IuK in der Landesverwaltung fest.

Es existiert ein Arbeitskreis Informationstechnik (AK-IT), der die fachlichen Entscheidungen des LSA vorbereitet. Für den LSA und den AK-IT ist die Abteilung 5 des Innenministeriums die Geschäftsstelle. 75

Inhaltlich besteht die Aufgabe darin, Maßnahmen zu initiieren, zu konzipieren und zu koordinieren. Auch erfolgt so eine **intensive Beratung** der verschiedenen Ressorts rund um das Thema IuK-Technik und sich anschließende Rechtsfragen. 76

IuK-Vorhaben werden von den jeweiligen Ressorts eigenverantwortlich geplant. Von der IuK-Leitstelle wird ein dreijähriger Ressortplan inklusive Planungsunterlagen und Wirtschaftlichkeitsuntersuchungen erstellt. Es erfolgt eine jährliche Fortschreibung der Planungen. Alle Ressortpläne sowie die Vorhabensplanung werden zu einem IuK-Gesamtplan der Landesverwaltung zusammengefasst. Als regelmäßige Projektträger realisieren die Fachabteilungen der Ministerien Vorhaben als Projekte nach dem Projektmanagement-Leitfaden. 77

Basis der IuK Baden-Württembergs ist eine **einheitliche Infrastruktur**. In dieser sind verschiedene Grundverfahren enthalten wie zum Beispiel die Bürokommunikation, das Rechnungswesen, das Personalwesen. Baden-Württemberg setzt darauf, durch gemeinsame Beschaffungen verschiedener Ressorts **mögliche wirtschaftliche Vorteile** unter Einsatz einer E-Vergabe-Plattform auszuschöpfen. Sofern es sich um Hard- und Software handelt, soll die Beschaffung möglichst einheitlich über die IuK-Zentren erfolgen. 78

Zum Einsatz kommt das E-Government in Baden-Württemberg auch im Bereich des Informationstechnischen Gesamtbudgets (IGB) sowie im Planungsvollzug des Haushalts. 79

Lobenswert bei all diesen Bemühungen ist anzuführen, dass sich die Landesverwaltung in Bezug auf IuK frühzeitig mit der **Kommunalverwaltung** abzustimmen hat, aber auch dass eine Abstimmung mit dem Bund, den anderen Bundesländern, Nachbarstaaten und der Europäischen Union vorgeschrieben ist. 80

Neben den E-Governmentrichtlinien beinhaltet das E-Governmentkonzept Baden-Württembergs Regelungen zu einheitlichen IuK-Verfahren wie zum Beispiel einem Umweltinformationssystem, einem polizeilichen Informationssystem oder auch Informationssysteme der Steuerverwaltung. 81

Besonderes Augenmerk wird dabei auf das **Verwaltungsdiensteportal** des Landes gelegt, das im Internet unter www.service-bw.de zur Verfügung steht. Hier erhält der Bürger Dienstleistungen der öffentlichen Verwaltung in Baden-Württemberg mit der Besonderheit, dass er die örtliche und fachliche Zuständigkeit der Behörden nicht kennen muss. Außerdem erhält er Zugang zu umfangreichen Informations- und Datensammlungen. 82

Um die Verwaltungsstrukturreform erfolgreich umsetzen und auch eine wirtschaftliche Zusammenarbeit mit Bund, Ländern und Gemeinden im Bereich des 83

E-Governments realisieren zu können, ist eine **jährliche Fortschreibung** und Veröffentlichung der organisatorischen und technischen Standards des E-Governmentkonzepts notwendig.

84 Auf kommunaler Seite hat Baden-Württemberg eine Vielzahl an E-Governmentprojekten vorzuweisen:

Beispiel
So hat z.B. die Stadt Ulm das ServiceCenter Neue Mitte (SCNM) initiiert. Dieses ServiceCenter ist vor allem für diejenigen Bürgerinnen und Bürger ein Gewinn, die in Ulm umgezogen sind oder ihren **Wohnort** nach Ulm verlegen. So umfasst das ServiceCenter alle Leistungen der Stadt und der Stadtwerke Ulm/Neu-Ulm GmbH, die mit dem Umzug in Verbindung stehen. Der Bürger bucht über die Website der Stadt Ulm einen Termin, in Vorbereitung auf diesen erfolgt eine ganzheitliche Information, sodass der Bürger entsprechend vorbereitet zu dem Termin erscheint.

---

85 Ein weiteres interessantes Projekt hat das Landratsamt des Rhein-Neckar-Kreises initiiert: Ein online-Verfahren für die **häufigsten KfZ-Zulassungsprozesse.** Kfz-Neuzulassungen, Umschreibungen, Um-und Abmeldungen sowie Halterdatenänderungen können seit 01.03.2012 von zu Hause aus erfolgen. Die anfallenden Gebühren können mittels E-Payment beglichen werden. Ebenfalls online erfolgt dann eine Terminvereinbarung zur Abholung der Unterlagen in einer der drei landkreiseigenen Zulassungsstellen. Gegen Gebühr kann sogar ein behördlicher Bringdienst in Anspruch genommen werden.

2. Bayern

86 Der Freistaat Bayern propagiert unter dem Motto eGovernment: **„Die Daten sollen laufen, nicht die Bürger“**. Damit ist gesagt, dass der kürzeste Weg in die Amtsstube über die Datenautobahn führt[25].

87 Dem technologisch versierten Bürgern stehen unter www.verwaltung.bayern.de im Internet **über 90 verschiedene Dienstleistungen** zur Verfügung. Online Services sind hier z.B. die Bereiche Recht, Geodaten, Publikationen, BAföG, Reise und Verkehr, Steuern oder auch freie bzw. offene Daten u.v.m. Ein besonderes Glanzstück ist dabei das Geoportal Bayern, wo den online befindlichen Bürgern Geodaten, Geodatendienste und Anwendungen von staatlichen, kommunalen und privaten Anbietern aus Bayern präsentiert werden. Daneben existieren der sog. BayernAtlas, die GeodatenOnline, Geofachinformationssysteme und die Geodateninfrastruktur Bayern.

88 Im Rahmen seiner eGovernment-Aktivitäten stellt der Freistaat Bayern auch unter der Bezeichnung BAYERN-RECHT in einem zentralen Rechtsprotal Rechtsinformationen zusammen.

---

25 Vgl. https://www.bayern.de/eGovernment-.4270/index.htm, Abruf am 27.04.2014.

- Zum einen können auf der Verkündungsplattform Bayern die elektronischen Fassungen des Bayerischen Gesetz- und Verordnungsblattes (GVBl) und aller Amtsblätter abgerufen werden.
- Zum anderen finden sich auf der Plattform in der jeweils aktuell geltenden Fassung alle Gesetze, Rechtsverordnungen und Verwaltungsvorschriften, soweit sie veröffentlicht wurden.

Auch hält der Freistaat Bayern unter www.verwaltungsservice.bayern.de einen Bay- 89
erischen Behördenwegweiser online parat, wo man die aktuellen Kontaktdaten aller bayerischen Behörden und Kommunen abrufen kann.

Ein besonderes „Schmankerl“ erwartet den Online-Besucher unter www.eap. 90
bayern.de. Hier wartet das Bundesland mit einem **einheitlichen Ansprechpartner** auf, der es Dienstleistern aus dem EU-Ausland und gleichgestellten Staaten ermöglicht, Verfahren und Formalitäten im Anwendungsbereich der Dienstleistungsrichtlinie, die für die Aufnahme und Ausübung der Dienstleistungstätigkeit erforderlich sind, über einen einheitlichen Ansprechpartner abzuwickeln. Neben dem Erhalt von Informationen durch den Ansprechpartner kann dieser auch die Funktion als Verfahrensmittler wahrnehmen.

Beispiel

Blicken wir noch kurz auf die kommunale Ebene in Bayern und deren Aktivitäten: Hier kann sicherlich die sog. Erlangen-App hervorstechen. Was kann man sich darunter vorstellen? Als Bestandteil der eGovernment-Strategie der Stadt Erlangen dient die App als Instrument der Kommunikation und Interaktion mit dem Bürger. Mit der App, die man sich z.B. auf das Mobiltelefon laden kann, hat man Zugang zur Online-Bücherei, kann Parkplätze per SMS bezahlen, kann Livebelegungszahlen für die Parkhäuser abrufen, erhält Informationen zum Öffentlichen Nahverkehr, Baustellen- und Schadensmeldungen, kann den Sperrmüll bestellen, den Abfallkalender mit Terminerinnerung einsehen, Hotels buchen, man erhält News aus dem Rathaus, der UNI-Ticker kann abgerufen werden, man kann die Mensaspeisepläne einsehen, georeferenzierte Adressen und Kontakte von Behörden, Einrichtungen und Spielplätzen abrufen.

---

3. Berlin

Berlin hat das Programm „ServiceStadtBerlin“ aufgelegt und möchte auf diesem Wege 91
zahlreiche Projekte anschieben. Ziel des Programmes soll sein, eine Verbesserung der Interaktion und Kommunikation zwischen Wirtschaft, Bürgern und Verwaltung herbeizuführen.

Obwohl das **Internet als Kommunikationskanal** immer weiter im Vordringen 92
ist, wird nach Ansicht des Landes Berlin dennoch das Telefon als am weitesten verbreitetes Kommunikationsmittel immer erhalten bleiben. Im Rahmen des Regelbetriebs der bundeseinheitlichen **Behördenrufnummer 115** will Berlin sein Angebot dahingehend ausbauen. Im Internet findet sich daher das Service-Portal Berlin unter

www.service.berlin.de, das dem Anwender zahlreiche Möglichkeiten auf Online-Basis bietet:

93 Unter „Gewerbeservice online" steht Gewerbetreibenden ein einheitlicher Ansprechpartner für Berlin zur Verfügung. Auch können auf dem Gewerbe-Portal des Landes Berlin Gewerbeangelegenheiten wie z.B. Verwaltungsfragen und Genehmigungsverfahren rund **um unternehmerische Angelegenheiten elektronisch abgewickelt** werden. Hierbei wird ein zentrales Online-Verfahren für die vollständige und richtige Einreichung von Anträgen oder Anzeigen zur Verfügung gestellt.

94 Daneben bietet das Service-Portal die Möglichkeit, mit Hilfe des Programmes ELSTER eine elektronische Steuererklärung abgeben zu können. Ein Behördenfinder weist dem User den richtigen Weg und bietet bundesweit Informationen und Leistungen der öffentlichen Verwaltung.

95 Unter der Überschrift „Dienstleistungen" finden sich Informationen zur Beantragung eines Personalausweises, der Anmeldung einer Wohnung, der Beantragung eines Reisepasses oder eines Schwerbehindertenausweises sowie zur Gewerbeanmeldung. Elektronisch gibt es die Möglichkeit, hier jeweils **online einen Termin zur Vorsprache** bei der zuständigen Behörde zu buchen. Das persönliche Erscheinen bzw. die Vorlage diverser Unterlagen kann das Service-Portal allerdings nicht ersetzen.

96 Unter der Rubrik „Onlineverfahren, Online-Dienstleistungen" findet sich nochmals eine Vielzahl von Dienstleistungen Berlins wieder. Dennoch sind auch hier nicht alle angebotenen Leistungen vollelektronisch über das Service-Portal abwicklungsfähig. Kann beispielsweise eine Gewerbe-Abmeldung noch vollelektronisch über das Service-Portal abgewickelt werden, gelingt das bei einem BaFöG-Antrag nicht. Hierfür kann zwar online das Formular ausgefüllt und in ein pdf-Format umgewandelt werden, dennoch muss das Formular danach ausgedruckt, unterschrieben und der Antrag im Original bei der zuständigen Stelle eingereicht werden.

97 Als interessantes Projekt Berlins lässt sich auch **das elektronische Bewerbungs- und Einstellungsmanagement** – E-Recruiting nennen. Dieses Verfahren kann bei externen Personaleinstellungs- und internen Personalauswahlvorgängen zur Anwendung kommen. Das zentrale IT-Verfahren soll eine medienbruchfreie, workfloworientierte und vollständig IT-basierte Abwicklung des Einstellungsvorganges darstellen. Das E-Recruiting soll sowohl Geschäftsprozesse im Bereich der Personalbeschaffung und Personalverwaltung vereinfachen als auch interessierten Bewerbern eine unkomplizierte Art der Bewerbung bieten, womit auch die Attraktivität Berlins als Arbeitgeber gesteigert werden soll.

4. Brandenburg

98 Die E-Government-Strategie des Landes Brandenburg umfasst die Schwerpunkte Ausbau der IT-Infrastruktur, die Bereitstellung landeseinheitlicher Basiskomponenten und Online-Dienste sowie die Verbesserung der organisatorischen, finanziellen

und rechtlichen Rahmenbedingungen diesbezüglich. Ziel dieser sog. Dachstrategie soll es sein, die **zahlreichen Initiativen und Vorhaben** des Landes zu steuern und so für Bürgernähe zu sorgen und den Bürokratieabbau voranzutreiben. Auch soll an der technischen Infrastruktur des Landes entsprechend gearbeitet werden.

Als Projekt auf Landesebene ist die landesweite Einführung **eines elektronischen** 99 **Baugenehmigungsverfahrens** zu nennen. Dieses soll die vollständige elektronische Abwicklung des Bauantragsverfahrens über eine zentrale Plattform ermöglichen. Auf dieser Internetplattform kann sich der Bauherr anmelden und die Bauvorlagen vorbereiten. Er kann zu diesen Vorbereitungen auch verschiedene Partner, beispielsweise die ausführende Hausbaufirma, einladen. Nach Fertigstellung der Unterlagen kann der Bauantrag elektronisch unterschrieben eingereicht werden. Der Antragsteller wird direkt zur zuständigen Baugenehmigungsbehörde geleitet aufgrund einer möglichen Zuordnung der Grundstücksdaten. Eine zügige Abwicklung des Baugenehmigungsverfahrens wird dadurch erreicht, dass der Vorbereitungsraum zum Genehmigungsraum wird, und dass die **Beteiligung der Fachbehörden zeitgleich** erfolgen kann, da alle gleichzeitig auf die digitalisierten Antragsunterlagen zugreifen können. Der Bauherr kann sich jederzeit online über den Stand des Genehmigungsverfahrens informieren. Nach Abschluss des Baugenehmigungsverfahrens wird die Baugenehmigung dem Bauherrn ebenfalls elektronisch unterschrieben übermittelt.

Einen interessanten Ansatz bietet auch das Projekt „Maerker Brandenburg". Über 100 dieses lässt sich der Stadt-, Gemeinde- oder Amtsverwaltung auf einfachen Weg mitteilen, wo es ein Infrastrukturproblem am jeweiligen Ort gibt. Dies kann neben Verkehrsproblemen oder defekten Ampelanlagen zum Beispiel auch abgelagerter Müll sein. Allen Nutzern dieser Plattform wird sodann mitgeteilt, wie der Missstand beseitigt wird, wobei Ampelsymbole über den Stand der Bearbeitung informieren.

Auf kommunaler Ebene sind keine Projekte bekannt. 101

5. Bremen

Bremen hat sich als Zielbild „Die Bremer Verwaltung 2020" vorgenommen. Die Ziele 102 der IT-Strategie werden vor allem mit einer Verbesserung der Qualität, einer Verringerung der Kosten, sichergestellten Innovationen, einer nachhaltigen Entwicklung und einer höheren Transparenz formuliert. Kern dieses Zielbildes ist das **elektronische Dokumentenmanagementsystem** der Bremer Verwaltung. Durch dieses soll Papier nur mehr für Notizzettel und Entwürfe verwendet werden, die Bürger können ihre Anträge online einreichen, am Bürgertelefon Bremen (BTB) oder diese vor Ort in der Verwaltung in der Software erfassen lassen. Sichere Kommunikationsinfrastruktur kommt zur verbindlichen Kommunikation mit Bürgern, Unternehmen oder auch anderen Verwaltungen zum Einsatz. Eine Besonderheit ist auch, dass nur mehr **die elektronische Entgegennahme von Rechnungen** möglich ist. Später soll ein entsprechendes System auf die Eingangspost übertragen werden.

103 Als interessantes Projekt sticht **eine Web-App für Ideen- und Beschwerdemanagement** hervor. Mittels mobiler Endgeräte kann sich jeder Bürger mit Ideen oder Beschwerden an eine so genannte Ideen-und Beschwerdestelle wenden. Die Übermittlung aufgenommener Fotos an diese Stelle mit einem Endgerät ist sogar möglich. Die Vorgänge werden in ein so genanntes Fachverfahren SOS übernommen, von wo aus sie bearbeitet werden.

104 Unter der Überschrift „Verwaltung online" will Bremen ein System zur Vergabe von Terminen für die Erbringung von Verwaltungsdienstleistungen einführen. Dies soll dazu führen, dass Bürger in der Regel über vereinbarte Termine den Kontakt zur Verwaltung pflegen. Ein **einheitliches Terminvergabesystem** soll durch die Auskunftserteilung per Telefon, per E-Mail oder via Internet die Servicequalität verbessern, Wartezeiten verringern und telefonische Terminanfragen reduzieren.

6. Hamburg

105 Auf dem **Datenportal** „OPEN DATA HAMBURG" bietet die Hansestadt zahlreiche Datensätze, Dienste und Anwendungen der Ämter und Behörden. Alle Datensätze werden dabei frei und nutzbar zur Verfügung gestellt. Mittlerweile wurde der tausendste Datensatz im Open Data Portal eingestellt. Themen im Bereich open Data können umfassen beispielsweise Bildung und Wissenschaft, Gesundheit, Geodaten, Politik und Wahlen, Verbraucherschutz oder auch Wirtschaft und Arbeit.

106 Weiterhin widmet sich die Hansestadt dem Bereich **Social Media**. Nachdem sie erkannt hat, wie wichtig dieser Bereich mittlerweile in der Bevölkerung geworden ist hat man überlegt, wie auch die Verwaltung davon profitieren kann. So wurde ein Leitfaden für den Einsatz von Social Media in der Hamburgischen Verwaltung entwickelt. Dieser Leitfaden ist auch öffentlich im Internet unter http://www.hamburg.de/contentblob/3320624/data/social-media-in-der-hamburgischen-verwaltung.pdf?dialogFeatures=protocol=https abrufbar. Er soll es als Orientierungshilfe den Verwaltungsmitarbeitern erleichtern, mit Social Media umzugehen.

107 Mit einem Projekt zur **Kfz-Ummeldung** widmet sich die Hansestadt der sicheren Umschreibung von Fahrzeugen über das Internet. Ziel ist es, den erforderlichen Austausch der Fahrzeugpapiere, nämlich der Zulassungsbescheinigungen und Kfz-Kennzeichen durch einen privaten Verwaltungshelfer außerhalb der Diensträume und auch **außerhalb der Dienstzeiten** der Verwaltung erfolgen zu lassen. Verwaltungsleistungen sollen so über kontrollierte Ausgabestellen erfolgen. Für den Bürger als Kunden ist es nicht mehr erforderlich ggf. weit entfernte Diensträume aufzusuchen, das zu oft für ihn unpassenden Öffnungszeiten. Durch die Nutzung dienstleistungsorientierter Unternehmen stehen ihm so Dienstleistungen auch außerhalb regulärer Öffnungszeiten der Verwaltung zur Verfügung. Zum Einsatz kommen herkömmliche SOA- und WebService-Architekturen; durch eine Integration in das System Hamburg-Gateway ist Sicherheit gewährleistet. Als Technologien liegen SOA, WSDL, XML, https und OSCI XMeld zugrunde. Insgesamt ist nur die Eingabe weniger personenbe-

zogener Daten erforderlich. Neben mehr **Kundenfreundlichkeit** und dem Angebot von Verwaltungsdienstleistungen über das Internet ist so auch eine gleichmäßigere Auslastung der Verwaltung zu erreichen.

7. Hessen

Das Land Hessen setzt im Bereich eGovernment auf einen sog. „eGovernment-Baukasten", der für die vollständige elektronische Bearbeitung von Antrags- und Anzeigeprozessen sorgen soll. 108

Dieser wurde im Zuge der Umsetzung der EU-Dienstleistungsrichtlinie entwickelt. 109 Auf der zentralen Plattform sollen alle Antrags- und Anzeigeverfahren abgewickelt werden können. Antragsdaten werden an die zuständigen Behörden weitergeleitet, eine **Ersetzung der Fachverfahrenssoftware** erfolgt jedoch nicht. Was in einem letzten Schritt zu erfolgen hat ist der Anschluss an das sich bereits im Einsatz befindliche Dokumentenmanagementsystem. Die Länder Niedersachsen, Hessen, Thüringen und Sachsen haben gemeinsam an der Schaffung einer interoperablen Schnittstelle gearbeitet. Diese elektronische Schnittstelle nennt sich „XFall" und ist in der Antragsplattform implementiert. Erwähnenswert ist, dass die Anwendung auf einer Open Source Basis erstellt wurde. Ein deutlicher Vorteil dieser **Antragsmanagementplattform** ist es, dass Bürger nunmehr **keine Kenntnis über die Zuständigkeiten** der verschiedenen Behörden besitzen müssen. Automatisch werden die für ein Vorhaben auszufüllenden Formulare und bereitzustellenden Dokumente wie auch die zuständigen Behörden ermittelt. Nachdem die entsprechenden Formulare online ausgefüllt wurden, werden diese an die zuständigen Behörden automatisch weitergeleitet. Anträge können über die Plattform abgegeben werden, wenn sie vollständig sind. Somit dürften sich Nachfragen von behördlicher Seite oder auch das Nachsenden vergessener Unterlagen zumeist erledigt haben.

Erwähnenswert ist auch ein **Online-Beteiligungsverfahren** in der hessischen 110 Landes- und Regionalplanung, das durch das hessische Ministerium für Wirtschaft Verkehr und Landesentwicklung entwickelt wurde. Durch dieses Verfahren ist es den Bürgern möglich, im Internet die vorgesehenen Planungen einzusehen. Zudem besteht die Möglichkeit, auf der Plattform unmittelbar eine Stellungnahme abzugeben. Von Vorteil ist die Tatsache, dass für die Bürger nur ein Online-Zugang benötigt wird, hingegen **keine zusätzliche Software**. Erforderlich ist lediglich eine Registrierung. Eine Textsuchmaschine erleichtert dem Anwender das Finden von Textstellen. Eine räumliche Zuordnung der Stellungnahme in der Plankarte ist ebenfalls möglich. Einsehbar ist neben den Planungsunterlagen auch der Umweltbericht. Der Nutzer kann seine abgegebene Stellungnahme zunächst speichern, um gegebenenfalls später diese nochmals zu ändern. Nach erfolgter Freigabe der Stellungnahme hat auch die zuständige Planungsbehörde Zugriff auf diese. Erst ab diesem Zeitpunkt kann die Stellungnahme in den Abwägungsprozess übernommen werden.

8. Mecklenburg-Vorpommern

111 **Relativ viele Projekte** setzt das Land Mecklenburg-Vorpommern im Bereich eGovernment um. Als Beispiel kann ein elektronisches Raumordnungsverfahren genannt werden. Vorhaben durch die Planungsträger oder die Gebietskörperschaften werden im Rahmen einer elektronischen Durchführung **des Raumordnungsverfahrens** beantragt. Die Beteiligten werden angehört, die Landesplanungsbehörden genehmigen raumbedeutsame Vorhaben und unterrichten sodann die Beteiligten. Ein digitales Raumordnungskataster erfasst dieses Vorhaben.

112 Zu nennen ist auch ein offenes **Interaktives Verwaltungsportal**. Dieses dient der Kommunikation zwischen Verwaltung, Wirtschaft, Tourismus, Politikern und Bürgern. Interaktivität und Transparenz stehen hier im Vordergrund. Ein aktiver Austausch von Informationen unter den regional beteiligten Akteuren ist eines der Ziele. Auch sollen durch das Projekt mehr Informationen und Aktionen von Seiten der Wirtschaft wie auch von Seiten der Bürger auf dem Verwaltungsportal erfolgen. Man erhofft sich dadurch eine Stärkung der regionalen Wirtschaft. Ziele sind: Transparenz, Partizipation, Koordination.

113 Im Hinblick auf kommunale Projekte ist die **Kita-Verwaltung-Online** vom Zweckverband elektronische Verwaltung in Mecklenburg-Vorpommern zu erwähnen. Die notwendigen Schritte zur Beschaffung eines Kita-Platzes können bequem über das Internet erledigt werden. Geboten werden alle Informationen über Vorgaben und Bestimmungen, über das Angebot an Kinderbetreuungseinrichtungen, die **Suche nach einem Betreuungsplatz**, die Reservierung, die Platzvermittlung, die Erledigung der Formalien wie auch der Vertragsschluss selbst. Auf unterstützende Angebote wird hingewiesen, auch hier kann die Antragstellung online geschehen. Das Projekt dient sowohl den Eltern, als auch den örtlichen Trägern der öffentlichen Jugendhilfe, den Trägern und der Leitung der Kindertageseinrichtungen und nicht zuletzt den Kindern selbst, die so schnell und unkompliziert einen Betreuungsplatz finden. Derzeit erfolgt die Umsetzung des Projektes durch das beauftragte Softwareunternehmen.

9. Niedersachsen

114 In Niedersachsen wurde 2008 ein **Pilotbetrieb zur elektronischen Aktenführung** in der Landesverwaltung (eAkte) gestartet. Ziel sollte sein, eine so genannte eAkte flächendeckend einzuführen. Das Ministerium für Inneres und Sport beschaffte daraufhin ein Dokumentenmanagementsystem, welches zentral bereitgestellt wurde. Gedacht ist dieses System zur elektronischen Aktenablage sowie zur Unterstützung der Vorgangsbearbeitung. Der weitere Ausbau der elektronischen Aktenführung wurde 2012 beschlossen, welcher mit dem neuen aufgesetzten Dokumentenmanagementsystem durchgeführt werden soll. Das neue System soll als Kollaborationslösung und Projektplattform dienen. Die bereits eingesetzten MS-Office-Produkte sowie soziale Medien sollen zum Einsatz kommen. Das System wird derzeit aufgebaut und

erprobt. Ein weiterer, schrittweiser Ausbau als Basis für das landesweite eGovernment soll folgen.

Ein sicherlich lobenswerter Ansatz ist auch das so **genannte Bürgerkonto Niedersachsen.** Es soll als **zentraler Registrierungsdienst** und EID-Service bei der elektronischen Antragstellung in Verbindung mit dem neuen Personalausweis dienen. Vorteil des neuen Dienstes ist die Möglichkeit der flexiblen Einbindung in unterschiedlichste Weboberflächen. Auch ist eine Nutzung als Registrierungsdienst für behördeninterne und externe Fachverfahren vorgesehen. Zunächst steht dieser Dienst für alle niedersächsischen Behörden zur Verfügung, es ist aber vorgesehen, eine **spätere Öffnung zur Nutzung durch andere Länder** bewerkstelligen zu können. Das zertifizierte Verfahren basiert auf dem zentralen Identitymanagement des Landes Niedersachsen. 115

Rege geben sich die Kommunen in Niedersachsen, hierbei vor allem die Gemeinde Weyhe, welche ein **Fundbüro Online** initiieren möchte. Informationen über Fundsachen sollen im Internet zum Abruf bereitgestellt werden. So können Nutzer feststellen, ob verloren gegangene Fundstücke bereits im Fundbüro registriert worden sind und abholbereit wären. Vorteilhaft ist dabei, dass die Informationen rund um die Uhr verfügbar sein sollen. 116

10. Nordrhein-Westfalen

Für Studenten sicherlich eine deutliche Bereicherung ist es mit **BaföG-Online** erstmals für Studierende in Nordrhein-Westfalen möglich, ihren Antrag auf Ausbildungsförderung für eine Ausbildung an einer nordrhein-westfälischen Hochschule und Schule sowie für ein Praktikum oder eine Ausbildung in den Niederlanden, Belgien und Luxemburg online zu stellen. Unter http://www.bafoeg-online.nrw/?dialog Features=protocol=https ist ein Formblatt online ausfüllbar, eine Vollständigkeits- und Plausibilitätsprüfung der ausgefüllten Anträge erfolgt durch die Software. Das Programm soll weiter ausgebaut werden, damit auch andere Antragstellungen, die im Rahmen des BaföG gestellt werden können, online erfolgen können. Wermutstropfen ist bislang noch, dass die Anträge **ausgedruckt und unterschrieben** eingereicht werden müssen. Jedoch ist auch eine Übersendung des Antrags als Fax oder eingescanntes Dokument per E-Mail möglich. 117

Bürgeranliegen online ist ein Projekt, dass die Bundesstadt Bonn in Angriff genommen hat. In diesem Projekt unterstützt Bonn als erste europäische Stadt den internationalen Open311-Standard. Bürger können hier **online Schäden oder Defekte melden** oder den Wunsch nach einer Grünpatenschaft äußern. Es existiert eine kartenbasierte Eingabe, die Meldungen gehen direkt an die jeweiligen Fachbereiche, Öffnungszeiten der Behörden sind irrelevant. Vorteilhaft ist, dass die Nutzer eine Information über den jeweiligen Bearbeitungsstand erhalten und so die Bearbeitung der Meldung verfolgen können. 118

119 Vor allem für Eltern interessant ist **Elterngeld online** – EGON. Mit diesem Verfahren kann Elterngeld – teilweise – online beantragt werden. Der Antrag kann zwar online ausgefüllt und der Elterngeldstelle elektronisch gesendet werden. Leider können hier nur ein Teil der Daten unmittelbar in das IT-Verfahren einfließen, es ist auch hier noch erforderlich, den Antrag auszudrucken und unterschrieben an die Elterngeldstelle zu übersenden.

11. Rheinland-Pfalz

120 Auch das Land Rheinland-Pfalz hat sich dem Thema elektronischer Plattform-Antrag gewidmet. Allerdings bestehen auch hier **dieselben Schwachpunkte wie in Nordrhein-Westfalen**: Nach Abschluss des Ausfüllens des Antrags im Internet muss dieser ausgedruckt und im Original unterschrieben werden, bevor dieser an die zuständige Behörde weitergeleitet wird. Erst in einem weiteren erforderlichen Umsetzungsschritt wird die elektronische Weiterleitung der Formulare per E-Mail, De-Mail, ein Portal oder mittels eines elektronischen Identitätsnachweises möglich sein.

121 Das Land Rheinland-Pfalz wünscht sich mehr Mitbeteiligung der Bürger und Mitarbeit bei der Verwaltungs- und Regierungsarbeit. Daher widmet es sich besonders dem **Thema Open Government**. Wenn sich aber Bürgerinnen und Bürger verstärkt an Verwaltungs- und Regierungsarbeit beteiligen sollen, ist es erforderlich, Ihnen auch vorliegende Daten und notwendige Informationen bereitzustellen. Dies ist bereits in größerem Umfang geschehen, allerdings verteilt auf eine Vielzahl von Internetseiten. Das neue Opern-Government-Data-Portal Rheinland-Pfalz soll nun den Zugriff auf diese Daten wesentlich erleichtern und sie somit auch den Bürgern nutzbar machen. Sukzessive soll eine Plattform mit Daten aus dem Bereich Verkehr, Statistik, Soziales und Geodaten entstehen.

122 Auf kommunaler Ebene hat die Region Rhein-Neckar das Projekt **Behördenrufnummer 115** realisiert. In Ludwigshafen existiert ein Service Center als Kernstück des Einführungsszenarios. Dieses beantwortet zwischenzeitlich nicht nur Anfragen aus den Städten Frankenthal, Ludwigshafen und Speyer, sondern auch den Kreis Bergstraße, Rhein-Neckar und Rhein-Pfalz. Positiver Effekt dieser **Kooperation** ist eine Kosteneinsparung, da die Kommunen keine eigene Infrastruktur oder Personal für den 115-Betrieb bereitstellen müssen.

12. Saarland

123 Einen interessanten Ansatz bietet das Saarland mit **der virtuellen Poststelle eGo-MAIL.** Diese schafft für alle saarländischen Kommunalverwaltungen die Möglichkeit zur elektronischen Kommunikation mit den Verwaltungen. Durch diese virtuelle Poststelle kann die Echtheit und der sichere Transport elektronischer Nachrichten im Internet bewerkstelligt werden. Es werden elektronische qualifizierte Signaturen in dem Verfahren verwendet, wodurch auch die Authentifizierung des Unterzeichners

bzw. Absenders möglich ist. **Sämtliche Kommunalverwaltungen** im Saarland verfügen über eine qualifizierte elektronische Signatur. Auch die Landesverwaltung des Saarlandes nutzt mittlerweile die virtuelle Poststelle. Somit ist dieses Projekt nicht nur auf die kommunale Ebene beschränkt. Von dem Verfahren erhofft man sich Zeitersparnis und Einsparungen für Porto und Aktentransporte.

Die saarländische Landesregierung wie auch die saarländischen Kommunen 124
haben mit **„Bürgerdienste Saar"** ein gemeinsames Projekt gestartet, dessen Ansatz u.a. die Vermeidung kostenintensiver Insellösungen sein soll. Land und Kommunen sollen so nahtlos kooperieren können. Den Bürgern schafft das Portal jederzeit einen Zugang **zu allen saarländischen Verwaltungen**. Sonstigen Dienststellen, Behörden und den kommunalen Gebietskörperschaften verschafft es Arbeitserleichterung. Den Nutzern bietet das Portal standardisierte Inhalte, Formulare und verschiedene Online-Services.

Mit dem Projekt **eBriefwahlantrag** möchte das Saarland die Beantragung von 125
Briefwahlunterlagen durch die Bürger ermöglichen. Sowohl den Bürgern, die nun nicht mehr die jeweilige Behörde zur Beantragung von Briefwahlunterlagen aufsuchen müssen, sondern auch den Verwaltungen erleichtert dieses Verfahren die Entgegennahme und Bearbeitung der Anträge. Nicht zu vergessen ist das Einsparpotenzial an Porto und Papier. Behördenintern können die Briefwahlanträge schneller bearbeitet werden.

13. Sachsen

Die **Geodaten** hat das Land Sachsen mit seinem Projekt GeoBAK 2.0 im Fokus. Das 126
Projekt stellt eine Basiskomponente zu den E-Government-Bemühungen des Landes dar. Geoinformationen der Staats- und Kommunalverwaltungen sollen mittels Internet Verwaltungen, der Wirtschaft und den Bürgern zugänglich gemacht werden. Über das Geoportal des Landes (www.geoportal.sachsen.de) sind die bereitgestellten Geodatendienste nutzbar. Das Portal bietet Recherche-, Visualisierungs- und Druckfunktionen. Zwischen der Verpflichtung zum Aufbau einer gesamteuropäischen Geodateninfrastruktur (INSPIRE) und dem Willen zur landesweiten Verwaltungsmodernisierung stellt GeoBAK das Bindeglied dar. GeoBAK 2.0 will nun die bereits vorhandenen Geodaten überarbeiten und erweitern.

Um zu verhindern, dass zentrale Softwarekomponenten in den eigenen Verwal- 127
tungen mehrfach aufgebaut werden, stellt der Freistaat den eigenen Verwaltungen zentrale Komponenten für E-Government bereit. Die vorhandene E-Government-Plattform, die mit den internen IT-Verfahren der Landes- und Kommunalverwaltungen verknüpft ist, soll nun zur E-Government-Plattform 2.0 ausgebaut werden. Dabei gilt es eine **zukunftsfähige Architektur** und neue Basiskomponenten zu entwickeln. Gestartet wurde ein Pilotverfahren, bei dem ein behördenübergreifender Online-Dienst für Gewerbeanzeigen implementiert werden soll. Von diesem **Massenverfahren** verspricht sich das Land hohe jährliche Einsparungen für Verwaltung und

Wirtschaft. Das Verfahren soll in zwei Stufen umgesetzt werden: Nach dem Aufbau der Antragsplattform soll die Verteilerplattform installiert werden. Als weitere Ausbaustufe denkbar ist eine Serviceplattform.

128 Auf kommunaler Ebene will die Stadt Dresden Unternehmen und Bürgern eine elektronische Antragstellung ermöglichen. Papierbezogene Antragsprozesse sollen damit der Vergangenheit angehören. Bislang sind eine elektronische Antragstellung und die Weiterverarbeitung noch nicht flächendeckend umgesetzt. Besonderes Augenmerk wird auf eine **benutzerfreundliche Lösung** zur Antragstellung und eine Optimierung des Antragsbearbeitungsablaufes gerichtet. Als eines der Hauptprobleme wurde die elektronische Abbildung von Schriftformerfordernissen erkannt. Eine **medienbruchfreie Integration** in Anwendungen und Verfahren ist genauso Ziel wie eine Vereinheitlichung des Formularwesens. Innerhalb des Projektes sollen die elektronische Signatur, eine Bezahlfunktion und auch der neue elektronische Personalausweis nach Möglichkeit zum Einsatz gebracht werden. Gerade durch den Einsatz des neuen **elektronischen Personalausweise**s würde der Aufwand seitens der Bürger, sich zur Behörde entsprechend deren Öffnungszeiten zu begeben und unter Umständen Wartezeiten in Kauf nehmen zu müssen, minimiert.

14. Sachsen-Anhalt

129 Dem Bereich Social Media widmet sich das Land Sachsen-Anhalt mit einer **Sachsen-Anhalt App.** Diese bietet neben wissenswerten Informationen über das Land Sachsen-Anhalt auch Veranstaltungshinweise, Verkehrsmeldungen und einen Zugriff auf den Bürger- und Unternehmensservice des Landes. Die App informiert beispielsweise über den Bürger Service, Ausschreibungen und über das aktuelle Vergabegeschehen von Seiten der öffentlichen Hand. Die kostenlose App erspart dem Nutzer diverse Behördengänge, bietet Öffnungszeiten und Adressen von Museen und Theatern an. Verfügbar ist die App für iOS, Android und als Web-App.

130 Mit LeiKa-plus erstellt das Land Sachsen-Anhalt als Projektleiter und Projektträger in Kooperation mit allen Ländern und dem Bund **einen Leistungskatalog der öffentlichen Verwaltung online.** Dieses deutschlandweit einmalige Verzeichnis umfasst Verwaltungsleistungen des Bundes, der Länder und der Kommunen. Als Stammtext-Management sollen alle Verwaltungsbereiche diese Plattform für die Informations- und Kommunikationskanäle nutzen. Die Stammtexte können von Ländern und Kommunen ergänzt werden.

Beispiel
Rechne mit Halle! – Bürgerdialog zum Haushalt der Stadt Halle (Saale). Unter diesem Motto bietet die Stadt Halle unter www.rechne-mit-halle.de den Bürgern die Möglichkeit, Vorschläge für die **Haushaltsberatungen** einzubringen. Nach Prüfung und Kommentierung der Vorschläge werden diese – falls umsetzbar – im Finanzausschuss den Stadträten vorgestellt. Zudem können Vorschläge für die einzelnen Budgets der Geschäftsbereiche unterbreitet werden.

---

15. Schleswig-Holstein

Im Vergleich zu manch anderen Bundesländern **ist Schleswig–Holstein recht zurückhaltend** im Bereich des E-Government. Bislang hat sich das Land der flächendeckenden Einführung der einheitlichen Behördenrufnummer 115 angenommen, um mehr Bürgerservice und eine effizientere Verwaltung zu erreichen. Den Bürger soll eine lange Suche nach Ansprechpartnern und den zuständigen Verwaltungseinheiten erspart werden. Völlig gleich welche Frage ansteht: Unter der Rufnummer 115 bekommt der Bürger Auskunft. Dabei können auftretende Fragen die Gewerbeanmeldung, die Ummeldung nach einem Umzug oder Fragen zum Elterngeldetc. sein. Es ist nicht einmal entscheidend, an welche Verwaltungsebene sich die jeweilige Frage richtet, da sowohl Kommunen, Land und Bund die Informationen in das **Wissensmanagementsystem** einstellen. 131

Hinweis !

Die bislang beteiligten zwölf Bundesländer und rund 90 Bundesbehörden setzen hohe Qualitätsstandards für die zu erteilenden Auskünfte. Im kommunalen Bereich können derzeit rund 26 Millionen Bürger in rund 300 Kommunen die Servicenummer anrufen. Die einheitliche Behördennummer 115 ist wochentags von Montag bis Freitag jeweils von 08:00 bis 18:00 Uhr zu erreichen. Besonders hervorzuheben ist, dass die Nummer aus dem Festnetz zum Ortstarif zu erreichen ist; Auch mehrere Mobilfunkanbieter berechnen für die Verbindung nur den Ortstarif.

Weiterhin widmet sich das Land gemeinsam mit dem Kommunalen Forum für Informationstechnik e.V. einer **Onlinebeteiligung bei der Bauleitplanung**. Zunächst war bei Projektstart vorgesehen, dass es mit der Software BOB-SH möglich sein soll, die im Rahmen der Bauleitplanung erforderlichen Stellungnahmen der zu beteiligenden Behörden oder auch der Träger öffentlicher Belange elektronisch, nämlich über das Internet, anzufordern. Weiter ist vorgesehen, diese Beteiligungsmöglichkeit auch auf die Bürger auszudehnen. Die jeweils erforderlichen Unterlagen können bequem online eingesehen werden. Ebenfalls online können die Stellungnahmen verfasst und an die zuständige Behörde weitergeleitet werden. Im Rahmen der **IT-Harmonisierung** wird die erforderliche Software mit den kommunalen Landesverbänden weiterentwickelt und betrieben. 132

16. Thüringen

Das Land Thüringen kann mit einem Antragssystem für Verwaltungsleistungen aufwarten. „ThAVEL“ genannt soll es eine Kommunikations- und Transaktionsplattform für Bürger und Verwaltung darstellen, über die der Nutzer **eine Antragstellung bei den verschiedensten Behörden** verwirklichen können soll. Das System soll die Vorgänge vollständig elektronisch abwickeln können, wobei natürlich teilweise die Verwendung einer elektronischen Signatur erforderlich ist. Sogar die Bereitstellung der Bescheide soll über die Plattform erfolgen. 133

134 Weiter wurde ein **Baustelleninformationssystem** eingeführt, das unter www.thueringen.de/th9/tlbv/service/baustelleninformationen/?dialogFeatures=protocol=https zu erreichen ist. Basierend auf der Darstellung in Landkarten werden vorhandene Informationen zu Baustellen so aufbereitet, dass Bürger, Unternehmen, Rettungsdienste oder Feuerwehr diese jederzeit online abrufen können. Die für das System benötigten Informationen stammen aus der Datenbank des Sperrinformationssystems. In diesem System wiederum speisen Verkehrsbehörden der Landesverwaltung sowie Kommunen aktuelle und geplante Straßensperrungen ein. Das System nutzen Genehmigungsbehörden beispielsweise auch bei der Erteilung von Genehmigungen für Schwerlasttransporte, einzelne Verwaltungsebenen können so auch ihre Vorhaben untereinander koordinieren.

II. Einzug des eGovernment in das Vergaberecht auf Landesebene

135 Betrachtet man nun genauer den Bereich des Vergaberechts im Hinblick auf elektronische „Entwicklungen" oder diesbezügliche Ländervorgaben so stellt man fest, dass zum Stand April 2014 folgende Länder überhaupt über eigene Vergabegesetze verfügen:

- Baden-Württemberg: Tariftreue- und Mindestlohngesetz für öffentliche Aufträge in Baden-Württemberg vom 10. April 2013
- Berlin: Berliner Ausschreibungs- und Vergabegesetz vom 8. Juli 2010
- Brandenburg: Brandenburgisches Gesetz über Mindestanforderungen für die Vergabe von öffentlichen Aufträgen vom 21. September 2001.
- Bremen: Bremisches Gesetz zur Sicherung von Tariftreue, Sozialstandards und Wettbewerb bei öffentlicher Auftragsvergabe vom 24. November 2009
- Hamburg: Hamburgisches Vergabegesetz vom 13. Februar 2006
- Hessen: Hessisches Vergabegesetz vom 25. März 2013
- Mecklenburg-Vorpommern: Gesetz über die Vergabe öffentlicher Aufträge in Mecklenburg-Vorpommern vom 7. Juli 2011
- Niedersachsen: Niedersächsisches Landesvergabegesetz vom 15. Dezember 2008
- Nordrhein-Westfalen: Gesetz über die Sicherung von Tariftreue und Sozialstandards sowie fairen Wettbewerb bei der Vergabe öffentlicher Aufträge vom 10. Januar 2012
- Rheinland-Pfalz: Landesgesetz zur Schaffung tariftreuerechtlicher Regelungen vom 1. Dezember 2010
- Saarland: Gesetz Nr. 1719 über die Vergabe öffentlicher Aufträge und zur Sicherung von Sozialstandards und Tariftreue im Saarland vom 15. September 2010
- Sachsen: Gesetz über die Vergabe öffentlicher Aufträge im Freistaat Sachsen vom 14. Februar 2013
- Sachsen-Anhalt: Gesetz über die Vergabe öffentlicher Aufträge in Sachsen-Anhalt vom 18. Oktober 2012

- Schleswig-Holstein: Gesetz über die Sicherung von Tariftreue und Sozialstandards sowie fairen Wettbewerb bei der Vergabe öffentlicher Aufträge (Tariftreue- und Vergabegesetz Schleswig-Holstein – TTG), vom 25. April 2013
- Thüringen: Thüringer Gesetz über die Vergabe öffentlicher Aufträge vom 18. April 2011.

Wie aus den meisten Titeln der Gesetze schon erkennbar ist, haben die Länder in 136 ihren **Vergabegesetzen**den inhaltlichen Fokus vor allem auf die Bereiche Tariftreue, Mindestlohn und die Sicherung von Sozialstandards gelegt. Das Thema elektronische Vergabe wurde recht konsequent **komplett außen vor** gelassen, immerhin fünf Landesgesetze nehmen wenigstens kurz Bezug auf elektronische Medien:

So erlegt das **Brandenburgische Vergabegesetz** (BbgVergG) in § 12 Abs. 1 den 137 Auftraggebern auf, vor Entscheidungen über die Vergabe von öffentlichen Aufträgen bei der Informationsstelle abzufragen, **inwieweit Eintragungen in der Sperrliste** zu Bietern mit einem für den Zuschlag in Betracht kommenden Angebot vorliegen und eine Eintragung bei der Beurteilung der Zuverlässigkeit des Bewerbers oder Bieters zu berücksichtigen. Zudem sollen Auftraggeber die Abfragen auch auf bereits benannte Nachunternehmer erstrecken. § 12 Abs. 4 BbgVergG modifiziert diese Regelung dahingehend, dass es einer Abfrage nicht bedarf, wenn die Informationsstelle in einem elektronischen Medium, das eine tägliche Erneuerung der Information zulässt, für die Leistung, die mit der Auftragsvergabe nachgefragt werden soll, allgemein bekannt macht, dass zurzeit keine Eintragungen vorliegen.

Die Einrichtung eines elektronischen Mediums hat das Land Brandenburg 138 dadurch verwirklicht, indem es **im Internet eine Sperrliste** veröffentlicht und darin anzeigt, ob und in welchem Bereich (Angabe des CPV-Codes, der Bezeichnung der zu vergebenden Leistung und der Anzahl der Eintragungen) es bereits Sperren gibt[26]. Sollte ein öffentlicher Auftraggeber eine Listenauskunft benötigen, so kann er sich an das Ministerium für Wirtschaft und Europaangelegenheiten des Landes Brandenburg, Referat 36 als Informationsstelle, **per E-Mail** (listenauskunft@mwe.brandenburg.de) wenden. Darin ist die vollständige Bezeichnung der Unternehmen, für die die Auskunft benötigt wird, mit Anschrift der Niederlassung und, wenn vorhanden, einer Registernummer mitzuteilen. Die Informationsstelle gibt jedoch keine telefonischen Auskünfte.

Das **Hessische Vergabegesetz** (HVgG) wählt einen anderen Einsatzort für die 139 Verwendung elektronischer Medien: So gibt § 5 Abs. 1 Satz 1 des Gesetzes der ausschreibenden Stelle auf, dass alle durchzuführenden Ausschreibungen und andere Bekanntmachungen im Rahmen öffentlicher Auftragsverfahren in der **hessischen Ausschreibungsdatenbank** (HAD) der Auftragsberatungsstelle Hessen e.V. (www.

26 Vgl. http://vergabe.brandenburg.de/cms/detail.php/bb1.c.265251.de, Abruf am 21.03.2014.

had.de) zu veröffentlichen sind (Pflichtbekanntmachung). Eine weitere Bekanntmachung in anderen Medien bleibt davon aber unberührt (vgl. § 5 Abs. 1 Satz 2 HVgG).

140 Die HAD soll nach eigenen Angaben auf der Homepage ständig praxisnah weiterentwickelt werden. Es wird betont, dass die HAD nicht nur Bekanntmachungsplattform, sondern auch kostenloser Ansprechpartner für alle technischen, inhaltlichen und rechtlichen Fragen zum Vergabeverfahren sei. Interessant am Rande ist, dass die HAD bereits Ende 1990er Jahre schon von der Auftragsberatungsstelle Hessen e.V. aus einer Beteiligung an dem EG-Projekt „Simap-Vergabeplattform" entwickelt wurde.

141 Die momentan existierende HAD ist seit 2007 eine kostenlose Serviceleistung für alle Beteiligten im Vergabeverfahren; auch sollen alle hessischen Bekanntmachungen vollständig auf der HAD zu finden sein, ebenso wichtige Vergaberegelungen (Richtlinien, Gesetze, Erlasse, Rundschreiben zum Vergaberecht).

142 **Nordrhein-Westfalen** hat in § 3 Abs. 3 Nr. 1 Satz 1 seines Vergabegesetzes (TVgG NRW) festgelegt, dass eine Veröffentlichung der Beschaffung in einem geeigneten Medium, insbesondere dem **Vergabeprotal des Landes** (www.vergabe.nrw.de) zu erfolgen hat[27]. Eine Ausnahme hiervon besteht nach § 3 Abs. 3 Nr. 1 Satz 2 TVgG NRW, sofern wegen der besonderen Umstände wie einer sehr geringfügigen wirtschaftlichen Bedeutung, der Art des Auftragsgegenstandes, der Besonderheit des betreffenden Sektors oder der geographischen Lage des Orts der Leistungserbringung der Auftrag für Wirtschaftsteilnehmer aus anderen Mitgliedsstaaten der Europäischen Union nicht von Interesse ist. Konkret soll (i.e.S.: muss) demnach im Regelfall eine z.B. Beschränkte Ausschreibung (ohne förmlichen Teilnahmewettbewerb) vorab bekanntgemacht werden. Jedoch ignoriert diese Anforderung eine breite Praxis – zumindest auf der kommunalen Ebene. Nur wenige Städte und Gemeinden in Nordrhein-Westfalen führen diese Bekanntmachungen tatsächlich durch.

143 Weiterhin sollen gemäß § 3 Abs. 8 TVgG NRW öffentliche Auftraggeber die Ausschreibung eines öffentlichen Auftrages **zusätzlich in elektronischer Form** auf der **zentralen Vergabeplattform** des Landes bekannt machen, um auch kleinen und mittleren Unternehmen eine verstärkte Teilhabe am Wettbewerb zu ermöglichen. Eine unbedingte Verpflichtung leitet sich daraus nicht ab.

144 § 3 Abs. 3 Satz 1 des Landesvergabegesetzes **Sachsen-Anhalt** (LVG LSA) verpflichtet die staatlichen Auftraggeber, die Ausschreibung eines öffentlichen Auftrages in

27 *„Die öffentlichen Auftraggeber haben das gesamte Vergabeverfahren nach dem Grundsatz der Transparenz auszugestalten. Soweit nicht eine öffentliche Aufforderung zur Abgabe von Angeboten oder zur Teilnahme erfolgt, bedeutet dies, dass (...) eine Veröffentlichung der Beschaffungsabsicht in deutscher Sprache unter Angabe der wesentlichen Punkte des Auftrages und des Vergabeverfahrens in einem geeigneten Medium, insbesondere dem Vergabeportal des Landes (www.vergabe.nrw.de), mit einer angemessenen Frist vor Absendung der Vergabeunterlagen zu erfolgen hat. Diese soll auch einem Bewerber aus einem anderen Mitgliedstaat der Europäischen Union ermöglichen, eine Entscheidung zu treffen, ob er Interesse an dem Auftrag bekunden möchte, und dieses dem öffentlichen Auftraggeber mitteilen möchte."*

elektronischer Form auf der zentralen **Veröffentlichungs-und Vergabeplattform des Landes** (www.vergabe-sachsen-anhalt.de) bekannt zu machen. Darüber hinaus wird das zuständige Ministerium ermächtigt, durch Verordnung Vorgaben für das elektronische Verfahren zur Bekanntmachung öffentlicher Aufträge sowie die elektronische Abwicklung der Vergabeverfahren festzulegen.

Denselben Weg geht auch **Thüringen** mit seinem Landesvergabegesetz. In § 3 145
Abs. 3 Satz 1 ThürVgG geben sie den staatlichen Auftraggebern auf, Ausschreibungen eines öffentlichen Auftrages in elektronischer Form auf **der zentralen Landesvergabeplattform** bekannt zu machen. Zudem können nach Satz 2 sonstige Körperschaften, Anstalten und Stiftungen des öffentlichen Rechts im Sinne des § 2 Abs. 2 und juristische Personen im Sinne des § 2 Abs. 3 ThürVgG die zentrale Landesvergabeplattform für ihre Bekanntmachungen von öffentlichen Aufträgen nutzen.

III. Vergabeplattformen auf Landesebene

1. Baden-Württemberg

In Baden-Württemberg existiert **bislang kein eigenes Vergabeportal** oder eine 146
Vergabeplattform, auf der vollelektronisch Ausschreibungen abgewickelt werden könnten. Unter www.service-bw.de enthält die Rubrik „Öffentliche Ausschreibungen“ leidglich Vergabebekanntmachungen zu aktuellen öffentlichen Ausschreibungen der Landesverwaltung Baden-Württemberg, der Staatlichen Vermögens- und Hochbauverwaltung, der Straßenbauverwaltung und des Logistikzentrums Baden-Württemberg.

2. Bayern

Der Freistaat Bayern unterhält ein Vergabeportal unter www.vergabe.bayern.de. Mit 147
dieser **Vergabeplattform** können die Wasserwirtschaft und die Bauverwaltung des Freistaates sowie andere öffentliche Auftraggeber Vergaben vollelektronisch nach VOL und VOB abwickeln.

3. Berlin

Das Land Berlin unterhält unter www.berlin.de/vergabeplattform/ eine vollelektro- 148
nische Vergabeplattform. Nach einer Registrierung als Vergabestelle oder als Firma ist es möglich, auf der Plattform Angebote abzugeben, Unterlagen herunter zu laden oder Bekanntmachungen zu abonnieren. Für die Abgabe elektronischer Angebote ist es allerdings erforderlich, dass eine Person im Unternehmen über eine **Signaturkarte für die qualifizierte elektronische Signatur** beziehungsweise über ein Softwarezertifikat für eine fortgeschrittene elektronische Signatur nach dem Signaturgesetz verfügt.

4. Brandenburg

149 Unter www.vergabe.brandenburg.de bietet das Land Brandenburg den Zugang zu Informationen zum öffentlichen Auftragswesen und zum **Vergabemarktplatz** Brandenburg, der sich direkt im Internet unter www.vergabemarktplatz.brandenburg.de findet. Mit dem Begriff des Vergabemarktplatzes erfasst Brandenburg die elektronische Plattform zur einheitlichen Abwicklung von Vergaben für alle öffentlichen Auftraggeber in Brandenburg. Interessierte Unternehmen erhalten nach einer kostenlosen Registrierung Zugriff auf die Veröffentlichungen. Vergabestellen des Landes können einen entsprechenden Zugang ebenfalls online beantragen. Der Vergabemarktplatz gilt als landesweiter Standard für die elektronische Vergabe. Auf dieser vollelektronischen Plattform werden Vergaben nach sämtlichen Vergabeordnungen abgewickelt.

5. Bremen

150 Die Hansestadt Bremen unterhält ebenfalls eine eigene Vergabeplattform unter www.vergabe.bremen.de. Auf dieser können **Vergaben nach sämtlichen Vergabeordnungen abgewickelt** werden. Interessierte Unternehmen können hier Bekanntmachungstexte des Landes und der Region Nordwest finden und einsehen. Nach einer kostenlosen Registrierung können für eine Vielzahl von öffentlichen Ausschreibungen und offenen Verfahren die Vergabeunterlagen heruntergeladen werden. Auch der Versand von Vergabeunterlagen erfolgt über die Plattform. Registrierten Nutzern wird eine eigene Software zur Verfügung gestellt, mittels derer Angebote für die veröffentlichten Ausschreibungen elektronisch erstellt werden können. Die elektronische Angebotsabgabe ist teilweise mit einer qualifizierten Signatur nach dem Signaturgesetz möglich.

6. Hamburg

151 Das **Vergabeportal** der Hansestadt Hamburg findet sich im Internet unter www.gateway.hamburg.de. Für den ersten Zugang müssen sich interessierte Unternehmen registrieren lassen; sodann steht ihnen der Online-Dienst Ausschreibungen zur Verfügung. Die Plattform enthält die aktuellen Ausschreibungen der Behörden der Hansestadt und stellt Antworten auf Fragen zur eVergabe bereit. Die **vollständigen Ausschreibungsdokumente** können online eingesehen und heruntergeladen werden. Eine spezielle Vergabesoftware muss hierbei nicht installiert werden, da das Verfahren in einem Rechenzentrum betrieben wird. Die Angebotsabgabe kann vollelektronisch, in konventioneller Papierform oder in einer Mischform erfolgen.

7. Hessen

Das Land Hessen hält unter www.vergabe.hessen.de im Internet eine eigene **Vergabeplattform** vor. Nach einer Registrierung können die Vergabeunterlagen auf elektronischem Weg über die Vergabeplattform kostenfrei bezogen werden. Die Plattform enthält ausgewählte Ausschreibungen und Teilnahmewettbewerbe des hessischen Competence Centers für Neue Verwaltungssteuerung/Zentrale Beschaffung, der Hessischen Zentrale für Datenverarbeitung, des Präsidiums für Technik, Logistik und Verwaltung, des hessischen Baumanagements sowie von Hessen Mobil – Straßen- und Verkehrsmanagement nach allen Vergabeordnungen. Somit werden **nicht alle Ausschreibungen** des Landes Hessen auf dieser Plattform veröffentlicht. Mittels einer kostenfrei zur Verfügung gestellten Software ist es möglich, Angebote elektronisch zu erstellen. Eine Angebotsabgabe und damit vollelektronische Abwicklung der Ausschreibung ist hingegen nicht möglich. 152

8. Mecklenburg-Vorpommern

Das **vollelektronische Vergabeportal** des Landes Mecklenburg-Vorpommern ist im Internet unter www.vergabe-mecklenburg-vorpommern.de zu finden. Auf dieser Plattform schreiben die Kommunen des Landes ihre Aufträge nach sämtlichen Vergabeordnungen aus. In technischer Hinsicht wird dabei auf die komplett webbasierte Ausschreibungs- und Vergabelösung der Deutschen eVergabe, einem privaten Anbieter, zurückgegriffen. 153

9. Niedersachsen

Unter www.niedersachsen-vergabe.de unterhält das Land Niedersachsen ebenfalls ein vollelektronisches Vergabeportal, das auf das System der Deutschen eVergabe zurückgreift. Auch hier können Vergaben nach sämtlichen Vergabeordnungen abgewickelt werden. 154

10. Nordrhein-Westfalen

Das Land Nordrhein-Westfalen unterhält eine **Vergabeplattform**, die im Internet unter www.vergabe.nrw.de zu finden ist. Die gesamte Landesverwaltung und einige andere öffentliche Auftraggeber, darunter auch Kommunen, veröffentlichen auf dieser Plattform ihre Ausschreibungen in einer Datenbank. Interessierten Bietern wird der kostenlose Zugang hierzu nach einer Registrierung ermöglicht; zudem werden Informationen um das Vergaberecht, den öffentlichen Einkauf in Nordrhein-Westfalen sowie ein **Newsletter** angeboten. Neben der Verpflichtung, alle Ausschreibungen und Vergaben mit Teilnahmewettbewerb auf dem sog. „Vergabemarktplatz" zu veröffentlichen besteht die Verpflichtung für alle Behörden des Landes, dort auch die Verdingungsunterlagen elektronisch zur Verfügung zu stellen. Bei einigen Verga- 155 beverfahren wird sogar nur mehr die Abgabe eines elektronischen Angebotes akzeptiert.

11. Rheinland-Pfalz

156 Unter der Bezeichnung „**Vergabemarktplatz Rheinland-Pfalz**" unterhält das Land eine Vergabeplattform (www.vergabe.rlp.de). Eine kostenlose Registrierung ist Voraussetzung dafür, dass Unternehmen nach Bekanntmachungen und Ausschreibungen der Landesverwaltung und von Hochschulen suchen können. Außerdem ist es möglich, auf der Plattform Vergabeunterlagen herunterzuladen, mit der Vergabestelle zu kommunizieren und ggf. **elektronische Angebote abzugeben.** Es ist auch möglich, einen individuellen „Benachrichtigungsdienst" einzurichten. Für die elektronische Abgabe von Angeboten ist jedoch eine qualifizierte elektronische Signatur erforderlich.

12. Saarland

157 Ausschreibungsbekanntmachungen und die dazugehörigen Vergabeunterlagen des LZD Amtes für Bau und Liegenschaften sowie anderer Auftraggeber stellt das Saarland unter www.saarland.de/ausschreibungen.htm zur Verfügung. Bieter können sich an Vergaben zu sämtlichen Vergabeordnungen beteiligen.

13. Sachsen

158 Seine **Vergabeplattform** stellt das Land Sachsen im Internet unter www.sachsen-vergabe.de zur Verfügung. Auf der Plattform finden sich europaweite und nationale Ausschreibungen (Bekanntmachungen und Vergabeunterlagen) nach der VOB. In digitaler Form bereitgestellte Vergabeunterlagen können kostenlos heruntergeladen werden. Auch können die Unterlagen anschließend in einem kostenlos zur Verfügung gestellten Bieterprogramm, einem sog. **Bietercockpit,** ausgefüllt werden. Teilweise können nach Verschlüsselung und mit einer Signatur versehene Angebote elektronisch abgegeben werden.

14. Sachsen-Anhalt

159 Der **Ausschreibungsdienst** des Landes Sachsen-Anhalt findet sich im Internet unter www.vergabe-sachsen-anhalt.de. Gemeinsam mit Vergabe24 als Partner veröffentlicht das Land Informationen zu öffentlichen Ausschreibungen, Offenen Verfahren, Teilnahmewettbewerben, beabsichtigten Beschränkten Ausschreibungen und vergebenen **Aufträgen nach sämtlichen Vergabeordnungen.** Bei den Auftraggebern kann es sich um staatliche Auftraggeber, kommunale Auftraggeber oder Sektorenauftraggeber handeln. Durch Herunterladen des Vergabe24 Bieterassistenten können

Ausschreibungen elektronisch bearbeitet und – sofern vorgesehen – elektronisch abgegeben werden. Die Inanspruchnahme der Dienste ist kostenpflichtig.

15. Schleswig-Holstein

Die Gebäudemanagement Schleswig-Holstein AöR (GMSH) ist der zentrale Dienst- 160
leister des Landes für Bauen, Bewirtschaften und Beschaffen. Unter www.gmsh.de/ ausschreibungen/ gelangt man auf das vollelektronische Vergabeportal, das Vergabeverfahren nach der VOB, der VOL und der VOF über das Internet abwickelt. Nach einer einmaligen **Registrierungsgebühr** in Höhe von 36,– Euro (netto) entfallen die Gebühren für Unterlagen. Die Recherche ist noch ohne Registrierung möglich. Nach erfolgter Registrierung erhalten die Bieter per E-Mail die Bietersoftware übersandt. Mithilfe der Software können Vergabeunterlagen elektronisch geöffnet, bearbeite, zwischengespeichert und mit der gesondert zu beschaffenden elektronischen Signatur abgegeben werden.

16. Thüringen

Das **Serviceportal** des Landes Thüringen und damit die Ausschreibungen findet 161
sich im Internet unter www.portal.thueringen.de. Die Plattform ist für Vergabestellen der Landesverwaltung kostenfrei, für Stellen außerhalb der Landesverwaltung, also z.B. Kommunen, hingegen kostenpflichtig. Die elektronischen Ausschreibungen der Vergabestellen erfolgen auf Grundlage der VOB, der VOL sowie der VOF. Die Bekanntmachungstexte sind für **Interessenten frei auf der Plattform abrufbar**. Zum Herunterladen der Vergabeunterlagen – sofern vorgesehen – ist eine kostenfreie Onlineregistrierung auf der Vergabeplattform des Bundes notwendig. Die Vergabeunterlagen sind dann unter www.evergabe-online.de abrufbar; allerdings sind für das Herunterladen eine elektronische Signatur und die **Installation einer spezifischen Software** erforderlich. Eine elektronische Angebotsabgabe ist nicht vorgesehen.

E. Projekt „Papierloses Büro“

I. Die Vision vom papierlosen Büro

Ist die Vision vom papierlosen Büro tatsächliche eine **greifbare Option** oder ist es der 162
Kampf des Sisyphos gegen eine nicht enden wollende Lawine aus Papier? Vor allem in den Jahren 2000–2008 ließ sich ein regelrechter „Hype“ um das Thema „Papierloses Büro“ feststellen. Es waren unzählige Konzepte zu Dokumenten-Cloud und Dokumentationsmanagement (inkl. Scansoftware und Kompatibilitätsprogrammen zur Rechtssicherheit) wie Knospen aus der Erde geschossen. Im Jahre 2014 haben bereits viele aufgegeben oder ihr Konzept schon wieder verändert.

163 Was sind die Ansätze, die eine Verwaltung oder auch Unternehmen dazu bewegen, der Vision vom papierlosen Büro zu folgen? Einerseits mag der Hauptbeweggrund – gerade primär bei Verwaltungen – darin liegen, einem Umweltschutzgedanken zu folgen. Man möchte von der Papierflut wegkommen, Ausgaben sparen, sich ein **modernes und vorbildliches Image** geben, nachdem man als Verwaltung generell eher den Makel des Althergebrachten und Verstaubten anheften hat. Man möchte den **„Rohstoff" Papier schonen** und zugleich Keller und Stauräume, in denen unzählige Tonnen bereits bearbeitetes Papier lagern, entlasten, auch unter dem Kostenaspekt der **aufwendigen Einlagerung**. Erste Ansätze zum Umweltschutz kamen in Verwaltungen dergestalt auf, als man zunehmend auf die **Verwendung von Altpapier** zurückgriff, vielleicht auch mangels Vorliegens besserer, geeigneter technischer Alternativen. Doch ist das zu kurz gesprungen. Eine weitere Stufe muss nun das zumindest teilweise papierlose Büro, in dem Anträge und Korrespondenzen soweit wie möglich auf elektronischem Wege, also online oder per E-Mail erledigt werden sollen, sein. Der **Ausdruck von E-Mails** oder Anträgen soll verpönt und überflüssig sein.

164 In Unternehmen ist der Ansatz oftmals viel weniger von einem Umweltschutzgedanken getragen, außer es würde dort ein sog. Öko-Audit durchgeführt werden und man bräuchte das papierlose Büro, um dem Unternehmen in der Öffentlichkeit ein **sauberes Image** zu verleihen und so diese Unternehmensphilosophie erfolgreich für das Marketing einzusetzen zu können. Ketzerisch sei daher an dieser Stelle die Frage erlaubt, ob ein papierloses Büro von der Ökobilanz aus gesehen tatsächlich umweltverträglicher oder umweltschonender ist, als die bislang praktizierte Papiervariante.

165 Unternehmen geht es vielmehr in diesem Bereich darum, eine **wirksame Möglichkeit zur Kostenreduzierung** zu entwickeln. Rechnungen und Belege aller Art müssen oft **über Jahre archiviert** werden, im Laufe der Jahre sammeln sich so ungeheure Papiermengen an. Die Bereitstellung von Lagerflächen wie auch das Zusammentragen derselben oder Auffinden des gerade gesuchten Dokuments sind mittlerweile veritable Kostenfaktoren geworden. Außerdem möchte man an einer **schnellen Informationsbereitstellung**, -übermittlung und -verbreitung partizipieren. Die Kosten für die **Lagerung schnell wachsender Aktenberge** sollen reduziert wenn nicht gar vorzugsweise eliminiert werden.

166 Woran liegt es aber dann vor allem, wenn ein papierloses Büro trotz eifrigster Bemühungen im operativen Betrieb nicht oder nur teilweise funktioniert? Oftmals schlicht an der alten Weisheit **„nur Gedrucktes ist Wahres"** oder frei nach Goethe: „Denn was man schwarz auf weiß besitzt, kann man getrost nach Hause tragen". Wenn man ehrlich ist neigt man trotz Vorhandenseins der schönsten und neuesten Technik doch immer wieder dazu, zum Lesen oder Bearbeiten **Dokumente auszudrucken**. Dadurch konterkariert man sein eigenes System, getrieben auch von der Angst, in Papierform existierende Dokumente zu vernichten. Erst dann, wenn man keinen anderen Ausweg aus der Papierflut mehr weiß, wagt man es und beschreitet neue Wege.

Daneben besteht eine hohe Unsicherheit, weil man oft nicht sicher weiß, wie lange man welche Unterlagen aufzubewahren hat. Welche Belege muss man dennoch **im Original vorhalten**, falls sie zur Vorlage beim Finanzamt benötigt werden? Da erscheint es am einfachsten, schlicht alles möglichst lange aufzubewahren. 167

Doch lassen wir uns davon nicht entmutigen und blicken lieber hoffnungsvoll nach vorne in die Zukunft, in der uns vielleicht doch noch das papierlose Büro beschert wird? 168

II. Umsetzungsmöglichkeiten

Auf dem Weg zum papierlosen Büro gibt es verschiedene Ansätze und Umsetzungsmöglichkeiten. Eine einzige, **rechtssichere Lösung** gibt es hier – zumindest für den privaten Sektor – bis dato nicht. Für Behörden besteht dahingehend der Vorteil, dass sie aufgrund des neuen E-Government-Gesetzes bereits Vorgaben erhalten, vgl. hierzu z.B. die neuen Vorgaben zum **„ersetzenden Scannen"**[28]. Für Unternehmen gibt es diese Vorgaben (noch) nicht. Existent ist jedoch eine Richtlinie für ersetzendes Scannen, die sog. Richtlinie TR-03138 (Resiscan), des Bundesamtes für Sicherheit in der Informationstechnik. Diese liefert Aussagen dazu, wie Papierdokumente rechtssicher und gerichtsverwertbar digitalisiert werden können[29]. Absolute Rechtssicherheit gewährt diese Richtlinie dem geplagten Unternehmer aber nicht. 169

Als erster Schritt auf dem Weg zum papierlosen Büro muss eine neue Form der Ablage erfolgen, die hier nur mehr digital vorhanden sein kann. Im Zuge einer digitalen Ablage müssen die Dokumente – sofern nicht von vorneherein digital vorhanden – eingescannt werden. Scan und anschließende Speicherung müssen revisionssicher sein und **nachträgliche Veränderungen am Dokument ausschließen** können. Das Original und der Scan müssen übereinstimmen. Die Richtlinie TR-03138 liefert hierzu nähere Angaben, so z.B., dass der Scanprozess protokolliert werden muss. Unternehmer stehen aufgrund dieser Vorgaben vor der Entscheidung, ob sie das **Scannen inhouse** erledigen, oder lieber den **Vorgang outsourcen**, indem sie es beispielsweise dem Steuerberater übertragen. Der beauftragte Dienstleister sollte jedoch über eine Zertifizierung in dem Bereich verfügen, der Unternehmer, der das Scannen selbst durchführen möchte, sollte sich dringend mit der zuständigen Finanzbehörde absprechen, um **Anerkennungsprobleme** im Nachhinein zu vermeiden. 170

Unabdingbare Ausstattung für die Archivierung ist ein **Dokumentenmanagementsystem**. Auch hier gilt es, verschiedene Anforderungen bei der Auswahl der richtigen Software zu beachten. Doch das Dokumentenmanagementsystem ist 171

---

28 Vgl. hierzu oben Rn. 42.

29 Vgl. hierzu https://www.bsi.bund.de/DE/Publikationen/TechnischeRichtlinien/tr03138/index_htm.html, Abruf am 12.05.2014.

nicht nur zur Archivierung gedacht. Gerade bei Behörden kann es innerbehördlich den **Aktentransport obsolet machen**, weil die Weitergabe der Vorgänge elektronisch und nicht mehr in Form einer ausgedruckten Papierakte vollzogen wird. Auch verschiedene innerbehördliche Abstimmungs- oder **Zustimmungserfordernisse** können elektronisch abgebildet werden, ohne den Vorgang ausdrucken und unterschreiben zu müssen.

172 Wie bereits in diesem Kapitel oben unter D. I. dargestellt, existieren bereits viele Projekte auf Bundes-, Landes- und vor allem auf kommunaler Ebene die versuchen, mithilfe elektronischer Systeme eine erleichterte Antragsabwicklung zu erreichen, nicht nur um der Bürger- oder Kundenfreundlichkeit wegen, sondern auch um Verwaltungsabläufe innerhalb einer Behörde oder aber auch im Verkehr zwischen den Behörden zu erleichtern und damit **Durchlaufzeiten zu verkürzen**. Probleme bereiten hier aber immer noch diverse gesetzliche Vorgaben hinsichtlich der Schriftform, die bestenfalls durch eine qualifizierte elektronische Signatur ersetzt werden könnte, die wiederum aber quasi in Deutschland nicht verbreitet ist, folglich also auch nicht genutzt wird. Medienbrüche sind also die Folge, deren Beseitigung nicht immer nur mit technischem Aufwand möglich ist.

173 Wozu dient ein Dokumentenmanagementsystem noch? Es kann dem Nutzer die **Suche nach Dokumenten** erheblich erleichtern. Oft ist es schon schwer genug, auf dem eigenen Rechner eine Datei erfolgreich wiederzufinden. Müssen Vorgänge oder Aktenstücke dann in Regalen und Ordnern gesucht werden, ist es bisweilen noch deutlich zeitraubender.

Beispiel

Als Praxisbeispiel kann hier der **steirische Landtag** angeführt werden, der seit dem 25.10.2005 ein komplett papierloses Büro betreibt, indem der Schriftverkehr ausschließlich in elektronischer Form abgewickelt wird[30]. **Der gesamte Prozess der Gesetzgebung** einschließlich der Protokollierung der Sitzungen wurde mithilfe einer elektronischen Signatur durchgängig elektronisch abgebildet. Das online zu bedienende System stellt den Abgeordneten sämtliche parlamentarischen Materialien mittels E-Mail zur Verfügung. Der Präsident/die Präsidentin des Landtages nimmt sämtliche einlaufenden Dokumente elektronisch entgegen, Anträge werden mittels elektronischer Signatur unterzeichnet, **Verkündungen erfolgen elektronisch** im Internet. Öffentliche Geschäftsstücke des Landtages sind auf der Homepage desselben einsehbar, Landtagssitzungen können live im Internet verfolgt werden. In einem Archiv stehen stenografische Berichte und Audio- sowie Videodokumente zur Verfügung.[31]

30 Vgl. hierzu www.landtag.steiermark.at/cms/beitrag/10256628/9151669/, Abruf am 14.05.2014.

31 Weitere Beispiele finden sich oben unter Kapitel 2 D.I.

III. Elektronische Rechnung

Mit der Richtlinie 2014/55/EU vom 16.04.2014[32] hat die EU Regelungen **zum elektronischen Rechnungsaustausch** erlassen. Damit wird sozusagen der letzte Schritt öffentlicher Vergaben auch digitalisiert. Die Richtlinie ist auf diejenigen Rechnungen anzuwenden, die Leistungen betreffen, die im Rahmen eines Vergabeverfahrens entsprechend einer der drei neuen Vergaberichtlinien zu beschaffen gewesen waren. 174

Bislang haben alle Mitgliedsstaaten teilweise sehr unterschiedliche **nationale Vorschriften** über die Ausgestaltung elektronischer Rechnungen. Erinnert sei dabei nur an die unglückliche (und inzwischen erfreulicherweise aufgehobene) Bestimmung des Umsatzsteuergesetzes, dass elektronische Rechnungen signiert werden mussten, obwohl Papier-Rechnungen keiner Unterschrift bedurft hatten. Die Vielzahl nationaler Vorschriften und **deren mangelnde Interoperabilität** erschweren, ja verunmöglichen derzeit noch einen elektronischen Rechnungsaustausch über die Ländergrenzen hinweg. 175

Die EU befürchtet, dass dieser **nationale Wildwuchs** an unterschiedlichen Normen weiter zunehmen könnte[33], wenn im Zuge der verpflichtenden Einführung der elektronischen Vergabeverfahren die Mitgliedsstaaten unkoordiniert dafür weitere nationale Voraussetzungen schaffen. Um dem entgegenzuwirken, werden mit der Richtlinie die **Grundlagen für eine Vereinheitlichung** geschaffen. 176

> *„Aus dem Nebeneinander einer Vielzahl nicht interoperabler Normen ergeben sich Handelshemmnisse für die Teilnahme an grenzüberschreitenden Ausschreibungen, da Wirtschaftsteilnehmer gezwungen sind, bei der Ausstellung einer elektronischen Rechnung die jeweils maßgebende nationale Norm einzuhalten. Die Richtlinie zielt auf den Abbau dieser Hemmnisse ab. Dabei soll nicht eine einheitliche Norm geschaffen werden, die die nationalen Normen vollständig ablöst. Vielmehr soll zur Förderung der Interoperabilität eine Norm entwickelt werden, welche die Kernelemente enthält, welche eine elektronische Rechnung stets enthalten muss, um auf diese Weise den Versand und den Empfang von Rechnungen zwischen Systemen zu ermöglichen, die auf unterschiedlichen technischen Normen beruhen."*[34]

Die Erarbeitung dieser Norm ist grundlegend dafür, auch im Anschluss an die Vergabe die Auftragsabwicklung papierlos durchführen zu können. Ihre Ausgestaltung wird durch eine **europäische Normungsorganisation** erfolgen – dazu gehören sowohl die Grundlagen der digitalen Datenstruktur („semantische Datenmodell") als auch 177

32 ABl. 2014 L 133, S. 1.

33 Erwägungsgrund 2 der RL 2014/55/EU.

34 Fischer: „Richtlinie über die elektronische Rechnungsstellung bei öffentlichen Aufträgen angenommen" in: VS 6/2014.

die wesentlichen Inhalte, die eine solche Rechnung aufweisen muss, damit sie allen nationalen rechtlichen Anforderungen gerecht wird. Die solchermaßen **genormte elektronische Rechnung** soll letzten Endes in den verschiedenen nationalen Datenbanksystemen und Abrechnungsprogrammen verarbeitet werden können.

178 Die wesentlichen Inhalte („Kernelemente") sind:[35]

a) Prozess- und Rechnungskennungen
b) Rechnungszeitraum,
c) Informationen über den Verkäufer,
d) Informationen über den Käufer,
e) Informationen über den Zahlungsempfänger,
f) Informationen über den Steuervertreter des Verkäufers,
g) Auftragsreferenz,
h) Lieferungsdetails,
i) Anweisungen zur Ausführung der Zahlung,
j) Informationen über Zu- oder Abschläge
k) Informationen zu den einzelnen Rechnungszeilenposten
l) Rechnungsgesamtbeträge,
m) MwSt.-Aufschlüsselung.

179 Das „semantische Datenmodell" ist eine strukturierte und logisch verknüpfte Reihe von Begriffen und ihren Bedeutungen, die die **Kernelemente einer elektronischen Rechnung** wiedergibt.

> *„Die zu erarbeitende europäische Norm muss als Mindestanforderung eine Reihe von Kriterien genügen wie der Anforderung, dass sie technologieneutral ist, den internationalen Normen für die elektronische Rechnungsstellung entspricht, den Standard des europäischen Datenschutzes einhält, benutzerfreundlich ist, die Bedürfnisse kleiner und mittlerer Unternehmen berücksichtigt und auch im Geschäftsverkehr zwischen Unternehmen verwendbar ist. Um die Anwendung der europäischen Norm zu erleichtern, beauftragt die Kommission die zuständige Normungsorganisation, eine Liste mit einer begrenzten Anzahl von Syntaxen vorzulegen. Unter einer „Syntax" ist die maschinenlesbare Sprache zu verstehen, die für die Darstellung der in einer elektronischen Rechnung enthaltenen Datenelemente verwendet wird. Es sollen die Syntaxen in die Liste aufgenommen werden, die von Unternehmen und Auftraggebern bereits erfolgreich und in großem Umfang verwendet wurden.*

35 Art. 6 der RL 2014/55/EU.

Die von der Normungsorganisation entwickelte europäische Norm wird unter Aufsicht der Kommission auf ihre praktische Anwendbarkeit für den Endnutzer getestet. Die Kommission hat das Europäische Parlament und den Rat über das Testergebnis zu informieren. Sie veröffentlicht den Wortlaut der Norm sowie die Liste der begrenzten Anzahl von Syntaxenspätestens bis zum 27. Mai 2017 im Amtsblatt der Europäischen Union. Gegen die veröffentliche Norm und die Liste der Syntaxen können jeder Mitgliedstaat und das Europäische Parlament Einwände erheben, die zu einer Überarbeitung dieser Unterlagen führen können. Die Kommission kann die Norm und die Liste jederzeit überarbeiten und aktualisieren."[36]

Die Richtlinie verpflichtet die öffentlichen Auftraggeber, elektronische Rechnungen, **180**
die der neu zu schaffenden Norm entsprechen, zu akzeptieren. Sie richtet sich nicht an die Unternehmen. Allerdings besteht die Möglichkeit, dass die Mitgliedsstaaten in nationalem Recht den Unternehmen die Pflicht auferlegen, die nur entsprechende genormte elektronische Rechnung auszustellen.

Inwieweit also das papierlose Büro Wirklichkeit wird, hängt also noch von der **181**
Umsetzung dieser Richtlinie in deutsches Recht ab. Diese Umsetzung muss bis zum 27. November 2018 abgeschlossen sein. Jedoch bereits 18 Monate nach Veröffentlichung der Norm müssen die Mitgliedsstaaten die Vorschriften anwenden, die erforderlich sind, um der Verpflichtung für die Rechnungsempfänger nachzukommen.

36 Fischer, a.a.O.

Noch

Kapitel 3
Ablauf des elektronischen Vergabeverfahrens

A. Prozesse aus dem Blickwinkel der ausschreibenden Stelle

I. eBekanntmachung

Der Prozess der elektronischen Bekanntmachung aus Sicht der ausschreibenden öffentlichen und Sektorenauftraggeber stellt sich wie folgt dar. 1

Im Grundsatz laufen die **Prozessschritte** bei einem elektronischen Verfahren gleich ab **wie auch bisher bei einem papiergebundenen Verfahren**. Diese Aussage mag zunächst verwundern. Jedoch gilt: Die – insbesondere rechtliche – Struktur des öffentlichen Vergabeverfahrens kann nicht und darf nicht verändert werden. Insbesondere die Bekanntmachung stellt dabei **einen sehr förmlichen Schritt** dar, der das Gelingen der Ausschreibung entscheidend prägt, weil die Bekanntmachungsinhalte mehr denn je **rechtliche Bindungswirkungen** für das gesamte Vergabeverfahren entfalten.[1] Hinzu kommt, dass die Angaben in den Bekanntmachungstexten immer ausführlicher werden müssen, um den **erhöhten Transparenzanforderungen** bei Ausschreibungen oberhalb wie unterhalb[2] der EU-Schwellenwerte zu genügen. 2

Die ausschreibenden Stellen haben dabei die Möglichkeit, auf die bereits bestehenden **Vergabeportale**, von denen einige in Kapital 7 dargestellt werden, zurückzugreifen. Hier kann davon ausgegangen werden, dass **die notwendigen Standardformulare** bereits hinterlegt bzw. verfügbar sind. Je nach Anbieter besteht auch die Möglichkeit, diese Formulare offline zu bearbeiten und dann später online zu stellen. 3

Während die Vergabestelle bisher händisch eine Vergabeakte anlegen musste, erfolgt das Anlegen der **Vergabeakte im elektronischen Verfahren automatisch**, dabei wird im Regelfall automatisch eine Vergabenummer erzeugt, sollte die ausschreibenden Stelle nicht selbst eine händisch bereits zugeordnet haben. Die laufende Aktualisierung der Akte (mit den Vermerken als Dateien in jeweils neuer, nicht überschriebener, sondern geändert bezeichneter Dateiversion) wird durch das System sichergestellt.[3] 4

---

1 Vgl. nur: OLG Düsseldorf, Beschl. v. 23.06.2010, VII-Verg18/10.

2 OLG Hamm, Urt. v. 12.09.2012 (I-12 U 50/12), LS IBR: *„Die Transparenz gebietet es auch im Falle von Unterschwellen-Vergaben, die erforderlichen Nachweise in der Bekanntmachung anzugeben“*.

3 Adams, Service-Guide eVergabe Ausgabe 01/2014, S. 9: *„Kein Dokument wird überschrieben oder gelöscht! Änderungen werden als neue Dokumentenversion gespeichert!“*.

5 Wie auch bei papiergebundenen Verfahren, muss zunächst auch bei elektronischen Verfahren **das passende Vergabeverfahren** ausgewählt werden. Während man im papiergebundenen Verfahren dann händisch die passenden Formulare zusammensuchen musste, werden im elektronischen Verfahren alle zu Verfügung stehenden Vergabeverfahren samt Vorinformation, falls gewünscht, angeboten und dann die passenden Formulare zur Verfügung gestellt.

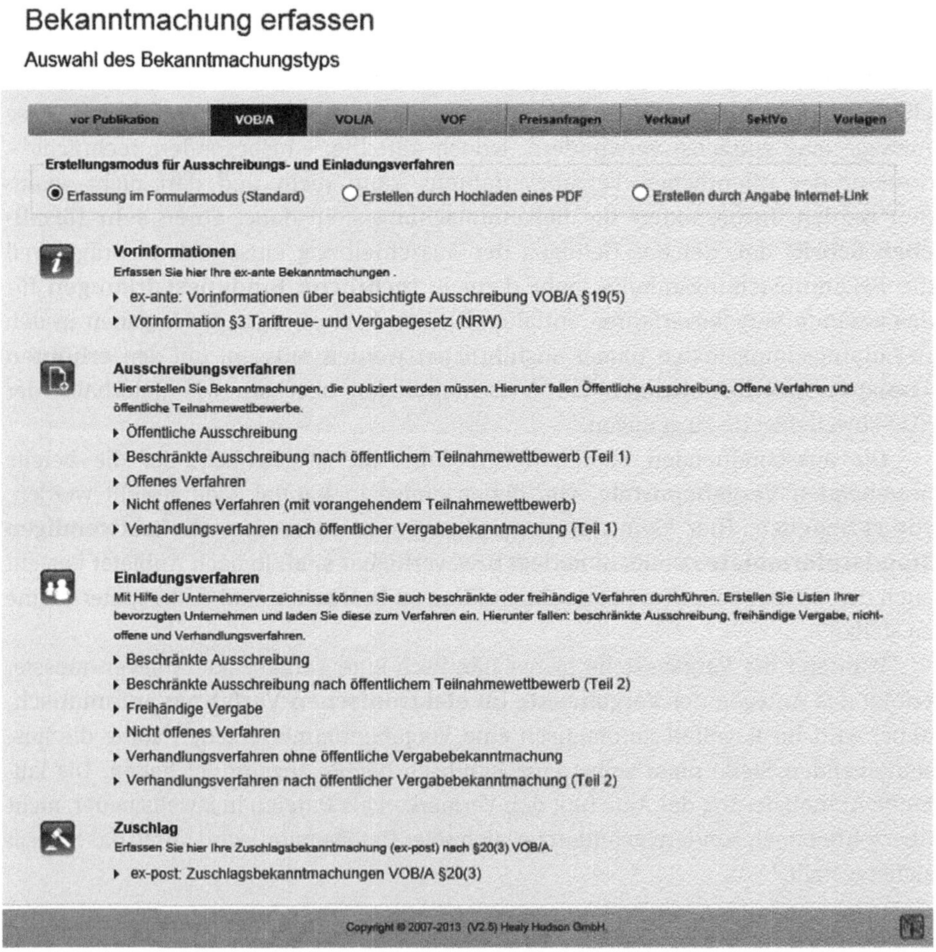

Screenshot: Deutsche eVergabe

6 Wie im Screenshot ersichtlich ist, ist auch das Hochladen des Verfahrens mittels einer Datei (hier PDF) bzw. durch Verweis auf einen Link, an dem das Verfahren veröffentlicht ist, möglich.

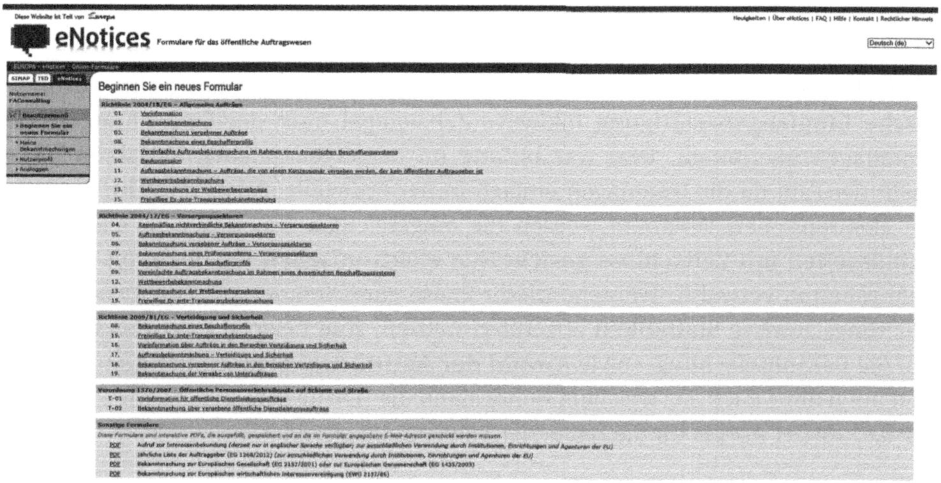

Screenshot: eNotice

Die **Wahl des jeweiligen Vergabeportals** ist natürlich auch immer davon abhängig, 7
ob man ober oder unterhalb des **Schwellenwertes** ausschreibt. Auch bei e-Vergabeverfahren kann man natürlich weiterhin freiwillig EU-weit ausschreiben, auch wenn man unterhalb des Schwellenwertes bleibt.

Während bisher im papiergebundenen Verfahren die gesamten **Vergabeunterla-** 8
gen manuell zusammengestellt werden mussten, d.h. erstellen und ausdrucken des Leistungsverzeichnisses sowie der Formularblätter, kann man sich im elektronischen Verfahren die Vergabeunterlagen durch die **elektronische Erstellung** bzw. Import des Leistungsverzeichnisses, sowie den Import sonstiger Daten automatisch erstellen lassen. Die dabei zum Teil automatisch erstellte Bekanntmachung wird direkt an das Vergabeportal übermittelt. Eine Einsendung der Bekanntmachung wie bisher per Fax oder gar Brief ist nicht mehr nötig. Das jeweilige Vergabeportal veröffentlicht diese Bekanntmachung innerhalb kürzester Zeit. Hier ist ein **Zeitgewinn für die Vergabestelle** gegeben.

Man kann aber grundsätzlich festhalten, dass **es keine Änderungen in der Vor-** 9
gehensweise bei der ausschreibenden Stelle gibt – allerdings wird dadurch, dass die Bekanntmachung nun elektronisch erstellt wird, Papier und Zeit eingespart. Des Weiteren ist durch das elektronische Erstellen der Bekanntmachung dafür gesorgt, dass zumindest mal **keine Angaben vergessen** werden können oder zu kurze Fristen eingetragen werden. Die Prüfung des Inhalts der Angaben müssen natürlich weiterhin von der ausschreibenden Stelle selbst vorgenommen werden. Hier wird nochmals auf das **Vier-Augen-Prinzip** hingewiesen.

II. eVergabe

10 Im Falle des elektronischen Verfahrens, wird dem Bieter regelmäßig **eine automatische Empfangsbestätigung** inklusive Zeitstempel nach der Einreichung seiner Unterlagen übermittelt. Dies war bislang im papiergebundenen Verfahren meist nicht der Fall, da die Unterlagen einfach in der Poststelle sicher verwahrt wurden. Im elektronischen Verfahren werden die eingereichten Unterlagen in einem **verschlüsselten mit Zeitschloss gesicherten elektronischen Postfach**, oft Produktsafe genannt, verwahrt. Während dieser Phase kann von der ausschreibende Stelle allerdings gewisse **Statistiken** abgerufen werden, zum Beispiel **Zugriffshäufigkeit** auf die Bekanntmachung, sowie **Anzahl der Abrufe** der Vergabeunterlagen und wie hier aufgeführt auch aus welchem Bundesland die Abrufe kommen. Sowie kumuliert die Anzahl der Abrufe für die Dauer der Bewerbungsphase.

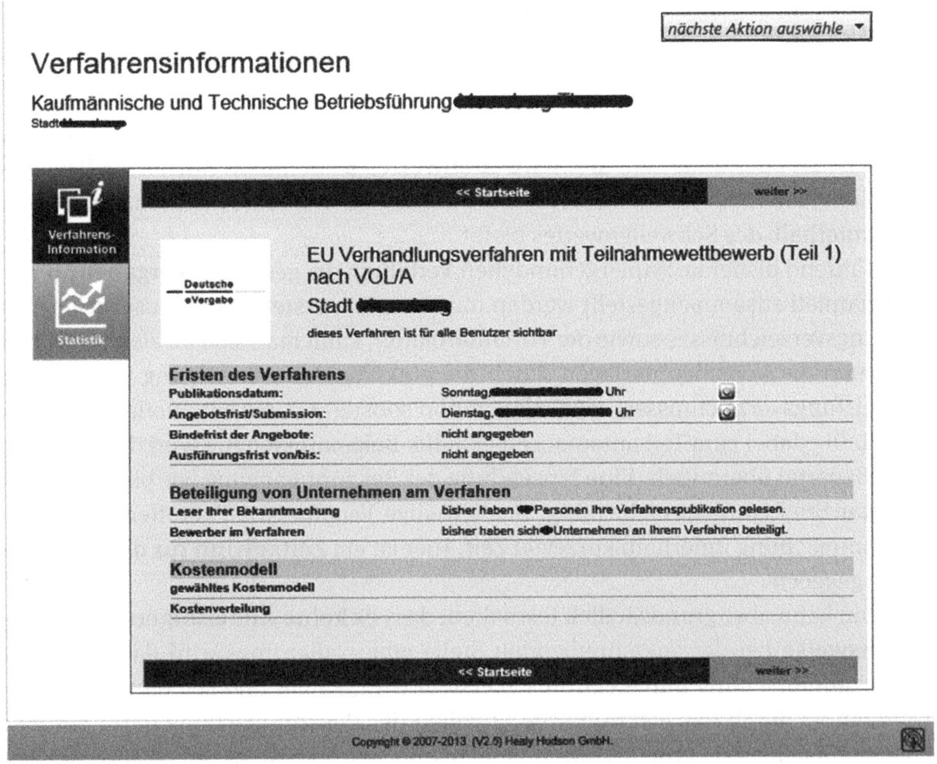

Screenshot: Deutsche eVergabe

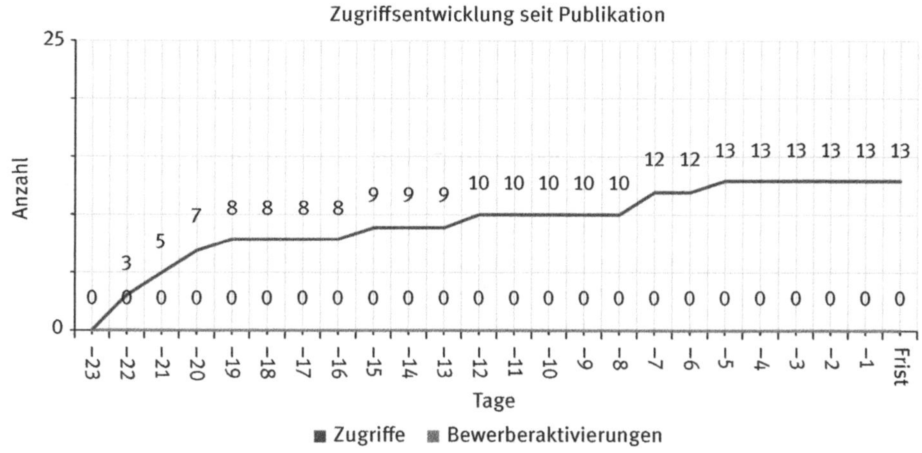

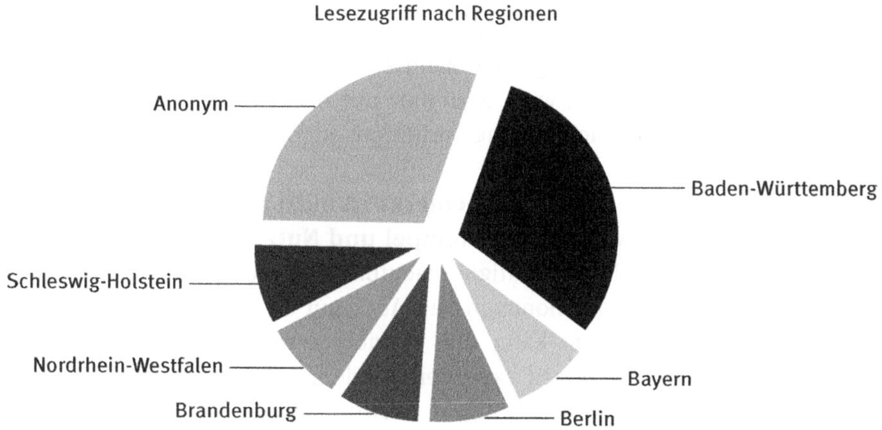

Screenshot: Deutsche eVergabe

Zum Zeitpunkt der **Submission**, müssen die Unterlagen nicht mehr händisch in der Poststelle abgeholt werden, sondern können **automatisch elektronisch abgerufen** werden. 11

Anschließend kann eine elektronische Submission am Bildschirm stattfinden. Während bisher bei einem papiergebundenen Verfahren, sowohl die formale als auch die inhaltliche Prüfung händisch vorgenommen wurde, ebenso wie die Angebotsbewertung, kann im elektronischen Verfahren **die formelle Prüfung automatisch** elektronisch stattfinden, die Software kann bereits auswerten, ob alle notwendigen Angaben gemacht wurden, bzw. alle Erklärungen beigefügt wurden. 12

Hinweis
Die **sachliche Richtigkeit** muss aber auch in dem Fall wieder von dem jeweiligen Bearbeiter geprüft werden, ob der Inhalt den geforderten Angaben entspricht.

13 Auch an eine **teilautomatisierte Erzeugung eines Preisspiegels** oder ähnlichem ist hier zu denken. Die Wertung von sog. „weichen Kriterien" (z.B.: Ästhetik, Funktionalität), müssen auch in diesem Fall vom jeweiligen Nutzer vorgenommen werden. Sobald diese ggf. aufgetretenen **weichen Kriterien** ausgewertet und die Punktzahl händisch dem elektronischen Verfahren hinzugefügt worden sind, kann ein **Vergabevorschlag automatisch** erstellt werden.

14 Dieser elektronische Vergabevorschlag kann sodann, wenn er von der ausschreibenden Stelle genehmigt wurde, dazu benutzt werden, dass sowohl der **Zuschlag**, als auch die **Absageschreiben vollautomatisch erzeugt** und verschickt werden können. Auch kann hier dafür gesorgt werden, dass die jeweiligen Fristen beachtet werden, sprich man kann dem e-Vergabeprogramm sagen, an welchem Tag es frühestens den Zuschlagsschreiben verschicken darf – eine manuelles Verschicken vor dem Stichtag wird dann vom System verhindert. Dies bietet neben dem Komfort, dass man selbst nicht mehr an die Zuschlagserteilung denken muss, auch die **Rechtssicherheit,** dass der Zuschlag nicht zu früh erteilt wird. Man darf nur im Falle einer Rüge bzw. der Initiierung eines förmlichen Nachprüfungsverfahrens nicht vergessen, den Versand händisch zu unterbrechen.

15 Eine händische Führung eines **Vergabemerks** ist nicht mehr nötig. Dieser wird voll automatisch mit dem jeweiligen **Zeitstempel und Nutzerkennung** erstellt. So ist zu jedem Zeitpunkt für alle Berechtigten sichtbar, wer welchen Vorgang innerhalb des Vergabeverfahrens vorgenommen hat. Auch auf die **Archivierungen** jedes einzelnen Schritts in Papierform kann hier verzichtet werden. Der automatisch erzeugte Vergabemerk kann jederzeit exportiert werden, sollte man ihn z.B. für ein **Vergabenachprüfungsverfahren** benötigen. Hierdurch wird ein hoher Grad an Transparenz im Vergabeverfahren erzeugt. Auch die häufig diskutierte Manipulation als etwaige Vorstufe von **Korruption kann hier eingedämmt werden**. Da alle Unterlagen digital (meist signiert) vorliegen, gewinnt dieses Procedere eine besondere Rechtsförmigkeit und rechtliche Bestandskräftigkeit.

B. Prozesse aus dem Blickwinkel des Bieters

I. Kenntniserlangung von Ausschreibungen

Der Bieter erhält Kenntnis über die ausgeschriebenen Verfahren, in dem er entweder selbst aktiv auf die Seiten der jeweiligen **Vergabeportale** schaut, auf denen die elektronischen Verfahren veröffentlicht werden. 16

Screenshot: Deutsche eVergabe

Deutsche
eVergabe

Lassen Sie sich informieren!

Sehr geehrter Herr

lassen Sie sich bequem von uns per E-Mail über neue Ausschreibungen informieren.
Sie haben Ihr Leistungsspektrum bereits per CPV-Code klassifiziert. Aktivieren Sie nun die Empfehlungen per E-Mail und das System sendet Ihnen tagesaktuell neue Ausschreibungen per E-Mail zu.
Dieser Service ist kostenfrei.

Einen 1-seitigen Leitfaden finden Sie hier:

Leitfaden Empfehlungseinstellungen öffnen

Ihr Team der Deutschen eVergabe

Deutsche eVergabe

Eine Marke der
Healy Hudson GmbH
Wilhelmstraße 20 - 22
D-65185 Wiesbaden
Telefon: +49 (0) 611 949 106 83
kundendienst@deutsche-evergabe.de

Deutsche eVergabe   Leitfäden öffnen   Jetzt anmelden

Healy Hudson GmbH - D-65185 Wiesbaden - Geschäftsführer Christian Konhäuser - Amtsgericht Wiesbaden HRB 12076 - Diese E-Mail ist vertraulich. Wenn Sie nicht der beabsichtigte Empfänger sind, dürfen Sie die Informationen nicht offen legen oder benutzen. Wenn Sie diese E-Mail durch einen Fehler bekommen haben, teilen Sie uns dies bitte umgehend mit, indem Sie diese E-Mail an den Absender zurückschicken. Bitte löschen Sie danach diese E-Mail. This e-mail is confidential. If you are not the intended recipient, you must not disclose or use this information contained in it. If you have received this e-mail in error please tell us immediately by return e-mail and delete the document.

Newsletter deaktivieren

Screenshot: Deutsche eVergabe

17 Bequemer ist es für ihn natürlich, wenn er den Dienst der Anbieter nutzt, bei dem er nach seiner Registrierung und den **Angabe seiner Präferenzen** (CPV-Klassifizierung[4] und ggf. NUTS-Klassifizierung[5]) jeweils eine **E-Mail erhält**, wenn eine in seine Präferenzen fallende Ausschreibung veröffentlicht wird.

4 Das CPV = Common Procurement Vocabulary (Gemeinsames Beschaffungsvokabular) beinhaltet eine europaweite, einheitliche Klassifizierung von Leistungen aller Art, mit dem Ziel einer eindeutigen Identifizierbarkeit, gerade auch über Sprachgrenzen hinweg.

5 NUTS bedeutet: Nomenclature des unités territoriales statistiques. Die Nomenklatur bezeichnet die im Jahre 1980 vom Europäischen Statistikamt entwickelte hierarchische Systematik zur eindeutigen Identifizierung und Klassifizierung der räumlichen Bezugseinheiten in den Mitgliedstaaten der Europäischen Union.

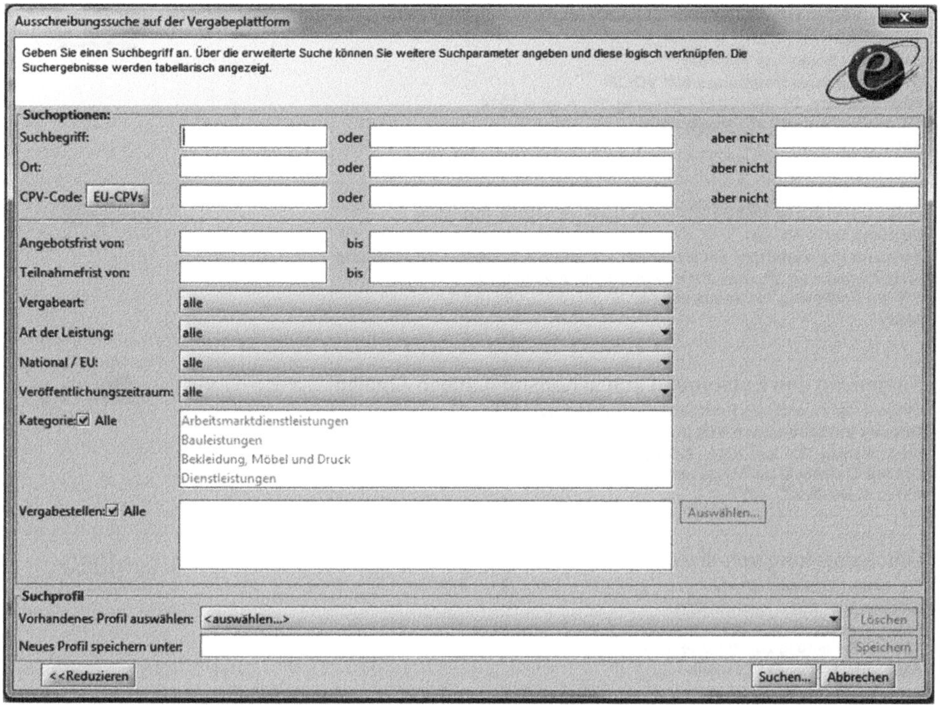

Screenshot: Deutsche eVergabe

Bezeichnet der CPV-Code demnach genau die vom Unternehmer angebotene **Leistung**, so ermöglicht der NUTS-Code die **räumliche Eingrenzung** auf die vom Bieter favorisierten Ausschreibungen entsprechend den jeweiligen Verwaltungsgliederungen der einzelnen Staaten. 18

In dieser e-Mail, aber auch auf den Seiten der Anbieter, sind **regelmäßig kurze Beschreibung** der ausgeschriebenen Sache angeben, sowie die ausschreibende Stelle benannt. 19

II. Prüfung des Ausschreibungsinhaltes

Daran kann der Bieter meist schon prüfen, ob die jeweilige Ausschreibung tatsächlich in sein Tätigkeitsfeld passt und diese **für ihn interessant** ist. 20

Natürlich sollte er weiterhin neben den e-Mails auch proaktiv tätig werden und auf den Seiten anhand von weiteren **CPV-Klassifizierungen oder Freitextsuchen** nach weiteren relevanten und interessanten Vergaben durchsuchen. 21

In einem ersten Schritt kann er bereits in den Suchergebissen bzw. im Text der E-mail in der prüfen, ob die Ausschreibung dem Inhalt nach wirklich in sein 22

Tieflader
Bayerische Staatsoper München
Öffentliche Ausschreibung nach VOL/A
Frist: Dienstag, 24. Juni 2014 - Samstag, 30. August 2014
121 km Entfernung zur Vergabestelle
Aktz.:

Ausschreibung Glasscheiben und Montageleistung
Deutsche Bahn AG
Verhandlungsverfahren mit Bekanntmachung nach Sektorenverordnung
Frist: Donnerstag, 26. Juni 2014 - Freitag, 29. August 2014
518 km Entfernung zur Vergabestelle
Aktz.:

Sammlung und Entsorgung von schadstoffhaltigen Abfällen
Vergabestelle Landkreis Breisgau-Hochschwarzwald ALB
Offenes Verfahren nach VOL/A
Frist: Montag, 30. Juni 2014 - Donnerstag, 28. August 2014
164 km Entfernung zur Vergabestelle
Aktz.: ALB-726.32

Druckerstellung von diversen Publikation
Fraunhofer Gesellschaft e.V.
Offenes Verfahren nach VOL/A
Frist: Dienstag, 1. Juli 2014 - Donnerstag, 28. August 2014
121 km Entfernung zur Vergabestelle
Aktz.: BM: 017/274716/But-bla

Lieferung von Weißfeinkalk und Kalkhydrat
Stadt Solingen, Servicestelle Beschaffung
Offenes Verfahren nach VOL/A
Frist: Montag, 23. Juni 2014 - Mittwoch, 27. August 2014
373 km Entfernung zur Vergabestelle
Aktz.:

Dorferneuerung in Schnackenwerth - Landschaftsbauarbeiten
Markt Werneck
Öffentliche Ausschreibung nach VOB/A
Frist: Freitag, 4. Juli 2014 - Dienstag, 26. August 2014
177 km Entfernung zur Vergabestelle
Aktz.: 631-08

Screenshot: Deutsche eVergabe

Geschäftsfeld passt. So kann es zum **Beispiel Überschneidungen bei den CPV-Nummern** geben oder die betreffende, favorisierte Tätigkeit, für die sich der Unternehmer interessiert, bildet nur einen **untergeordneten Teil des Auftrags** ab. Deswegen ist in den Bekanntmachungsformularen auch eine Unterteilung in Haupt- und Nebentätigkeiten bei den zugeordneten CPV-Nummern anzugeben. Nicht immer wird dies freilich gänzlich korrekt von den Vergabestellen gehandhabt.

Die ersten relevanten Daten sind regelmäßig in der Bekanntmachung bereits veröffentlicht. Er erhält hier, im Gegensatz zum bisherigen papiergebundenen Vergabeverfahren, je nach Anbieter bereits eine **kostenlose Vorschau** auf die Vergabeunterlagen. 23

III. Download von Unterlagen

Sollte sich der Bieter entscheiden, an dem Verfahren teilnehmen zu wollen, muss er selbst aktiv werden und der Vergabestelle gegenüber, meist per Buttondruck „Am Verfahren teilnehmen" bzw. „Anfordern" o.ä., kund tun, dass er **ernsthaftes Interesse** an der Ausschreibung bekundet und er die gesamten **Unterlagen erhalten** möchte. 24

Er muss in diesem Fall die Vergabeunterlagen von dem **jeweiligen Vergabeportal herunterladen**, um sie dann offline bearbeiten zu können bzw. das zur Verfügung gestellte Formular online auszufüllen. Im Falle, dass die Daten offline zu bearbeiten sind, handelt es sich regelmäßig um Dateien, die entweder Office und Open Office kompatibel sind bzw. ergänzbare PDF Dateien. 25

Gerade bei der elektronischen Verfahren sind die **Vergabeunterlagen sofort verfügbar**, der Bieter muss nicht wie im bisherigen papiergebundenen Verfahren darauf warten, dass ihm die Vergabeunterlage einige Tage später postalisch zukommen. Hierdurch wird dem Bieter **mehr Zeit** gegeben, sich faktisch mit den Vergabeunterlagen beschäftigen zu können. 26

Der Abruf der Vergabeunterlagen erfolgt je nach Vergabeportal für den Bieter **kostenfrei oder kostenpflichtig**. Die Vergabestelle legt den jeweiligen Kostenträger fest. Dies war ja beim papiergebunden Verfahren früher auch der Fall, dass einige ausschreibenden Stellen eine **Gebühr für den Abruf** der Unterlagen erhoben haben. 27

Grenzen der Belastung der Bieter mit Aufwand und Kosten werden zum Teil allerdings dann gesehen, wenn nur unter großen Umständen und vermittels eines **komplizierten Abrufverfahrens** Zugang zu den Dateien mit den Vergabeunterlagen gewährt wird[6]. 28

In jedem Fall ist allerdings eine **Registrierung** bei dem entsprechenden Vergabeportal nötig, um die jeweiligen Vergabeunterlagen erhalten zu können. 29

Wie hoch die Hürde liegt, um die Vergabeunterlagen herunterladen/bearbeiten zu dürfen, legt die jeweils ausschreibende Stelle fest. 30

Das bedeutet, es kann eine einfache Registrierung genügen, es kann aber sein, dass die Vergabestelle bereits hier den Abruf nur **unter Nachweis einer digitalen Signatur**, auch hier kann ja noch differenziert werden welcher, zulässt. Die Vergabestelle kann dann allerdings Bewerber/Bieter die über die jeweilige Legitimation (Registrierung/Signatur) verfügen, nicht mehr grundsätzlich von vorneherein von 31

6 VK Sachsen-Anhalt, Beschl. v. 15.02.2013, 2 VK LSA 42/12.

Deutsche eVergabe

14TEI09068 Erneuerung Fahrbahnwanne EÜ km 83,884 Strecke GD, Talbrücke Löwenkopf in Radeberg

Deutsche Bahn AG

Frist/Anzeige bis: Dienstag, 26. August 2014 10:00 Uhr

Am Verfahren teilnehmen | auf Merkliste setzen | bei Vergabestelle bewerben | zurück zur Suche

I. II. III. IV. VI.

BEKANNTMACHUNG - Sektorenauftraggeber
Offenes Verfahren (VOB/A)
Bauleistung
Vergabevorgang:
14TEI09068 Erneuerung Fahrbahnwanne EÜ km 83,884 Strecke GD, Talbrücke Löwenkopf in Radeberg

ABSCHNITT I: AUFTRAGGEBER

I.1) **NAME, ADRESSEN UND KONTAKTSTELLE(N):**
Auftraggeber:DB Netz AG (Bukr 16)
Theodor-Heuss-Allee 7
Kontakt:[redacted]
z.H.[redacted]
60486 Frankfurt Main
DE
Tel.[redacted]
E-Mail:[redacted]
Fax.[redacted]
Internet-Adresse(n)
Hauptadresse des Auftraggebers
Adresse des Beschafferprofils
Weitere Auskünfte erteilen:
DBAG Beschaffung Infrastruktur Region Südost TEI-SO-B
Ammonstraße 8
Kontakt:[redacted]
z.H.[redacted]
01069 Dresden

Screenshot: Deutsche eVergabe

der Teilnahme **am Verfahren ausschließen**, was bisher unter strengen Auflagen im papiergebundenen Verfahren ggf. möglich war, wenn von vorneherein die Erfüllung der Leistung verneint werden konnte. Hier konnte die Vergabestelle bereits vor dem Versand der Unterlagen ggf. eine **Vorprüfung** vornehmen. So konnten – und wurden

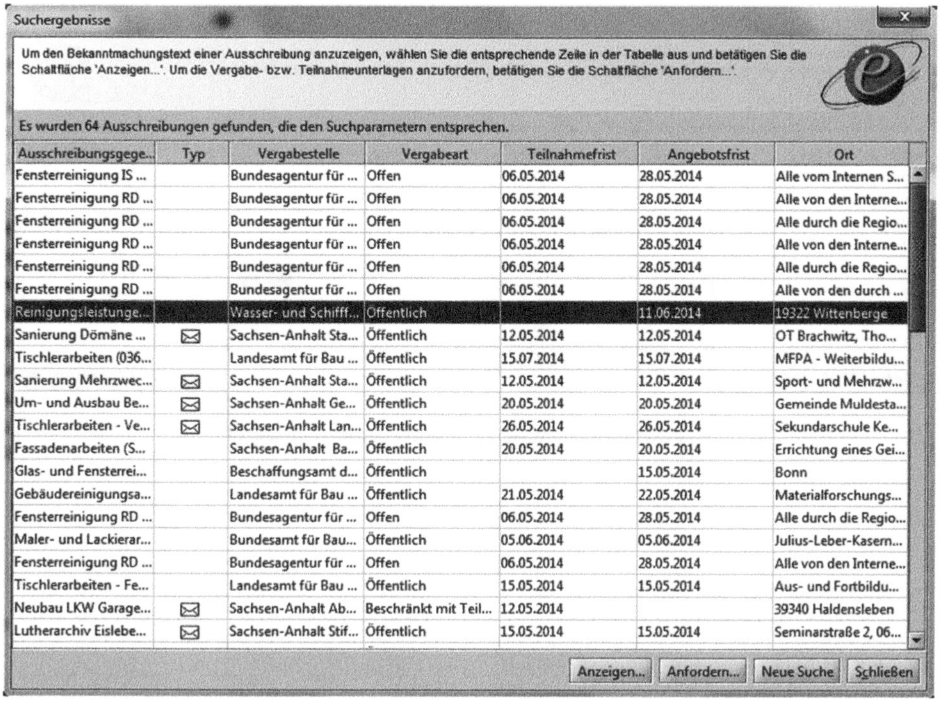

Ausschreibungsgege...	Typ	Vergabestelle	Vergabeart	Teilnahmefrist	Angebotsfrist	Ort
Fensterreinigung IS ...		Bundesagentur für ...	Offen	06.05.2014	28.05.2014	Alle vom Internen S...
Fensterreinigung RD ...		Bundesagentur für ...	Offen	06.05.2014	28.05.2014	Alle von den Interne...
Fensterreinigung RD ...		Bundesagentur für ...	Offen	06.05.2014	28.05.2014	Alle durch die Regio...
Fensterreinigung RD ...		Bundesagentur für ...	Offen	06.05.2014	28.05.2014	Alle von den Interne...
Fensterreinigung RD ...		Bundesagentur für ...	Offen	06.05.2014	28.05.2014	Alle durch die Regio...
Fensterreinigung RD ...		Bundesagentur für ...	Offen	06.05.2014	28.05.2014	Alle von den durch ...
Reinigungsleistunge...		Wasser- und Schifff...	Öffentlich		11.06.2014	19322 Wittenberge
Sanierung Dömäne ...	✉	Sachsen-Anhalt Sta...	Öffentlich	12.05.2014	12.05.2014	OT Brachwitz, Tho...
Tischlerarbeiten (036...		Landesamt für Bau ...	Öffentlich	15.07.2014	15.07.2014	MFPA - Weiterbildu...
Sanierung Mehrzwec...	✉	Sachsen-Anhalt Sta...	Öffentlich	12.05.2014	12.05.2014	Sport- und Mehrzw...
Um- und Ausbau Be...	✉	Sachsen-Anhalt Ge...	Öffentlich	20.05.2014	20.05.2014	Gemeinde Muldesta...
Tischlerarbeiten - Ve...	✉	Sachsen-Anhalt Lan...	Öffentlich	26.05.2014	26.05.2014	Sekundarschule Ke...
Fassadenarbeiten (S...		Sachsen-Anhalt Ba...	Öffentlich	20.05.2014	20.05.2014	Errichtung eines Gei...
Glas- und Fensterrei...		Beschaffungsamt d...	Öffentlich		15.05.2014	Bonn
Gebäudereinigungsa...		Landesamt für Bau ...	Öffentlich	21.05.2014	22.05.2014	Materialforschungs...
Fensterreinigung RD ...		Bundesagentur für ...	Offen	06.05.2014	28.05.2014	Alle durch die Regio...
Maler- und Lackierar...		Bundesamt für Bau...	Öffentlich	05.06.2014	05.06.2014	Julius-Leber-Kasern...
Fensterreinigung RD ...		Bundesagentur für ...	Offen	06.05.2014	28.05.2014	Alle von den Interne...
Tischlerarbeiten - Fe...		Landesamt für Bau ...	Öffentlich	15.05.2014	15.05.2014	Aus- und Fortbildu...
Neubau LKW Garage...	✉	Sachsen-Anhalt Ab...	Beschränkt mit Teil...	12.05.2014		39340 Haldensleben
Lutherarchiv Eislebe...	✉	Sachsen-Anhalt Stif...	Öffentlich	15.05.2014	15.05.2014	Seminarstraße 2, 06...

Screenshot: evergabe-online.de

auch – in der Praxis Nachfragen gestellt, ob die betreffende anfordernde Person oder Institution den Nachweis zu erbringen vermochte, dass er oder sie sich gewerbsmäßig mit der ausgeschriebenen Leistung befasst. Probleme und Auseinandersetzzungen gab es insbesondere auch dann, wenn ein Dienstleister als Vertreter angab, **die Unterlagen vertretungsweise** anzufordern. Hier wurden dann zum Beispiel entsprechende Vollmachten des dahinterstehenden anbietenden Wirtschaftsteilnehmers verlangt, bevor die Zusendung der Vergabeunterlagen erfolgte. Hinter dieser zum Teil **restriktiven Haltung** stand u.a. die Befürchtung, dass sich Ingenieurbüros know-how in Form von Vergabeunterlagen aneignen könnten. Deshalb finden sich auch heute noch – etwas verlegen wirkende – **Copyright-Bemerkungen** in manchen Vergabeunterlagen. Einschränkend muss man aber anmerken, dass es in der Tat einen Beschluss der VK Sachsen[7] gibt, die sogar dem als – aus eigenen negativen Erfahrungen heraus – für nicht geeignet befundenen Bieter ein Recht zusprach, die Unterlagen zu erhalten und getreu **dem Einzelfallprüfungsprinzip** im Vergaberecht

7 VK Sachsen, Beschl. v. 25.06.2003, 1 VK 51/03.

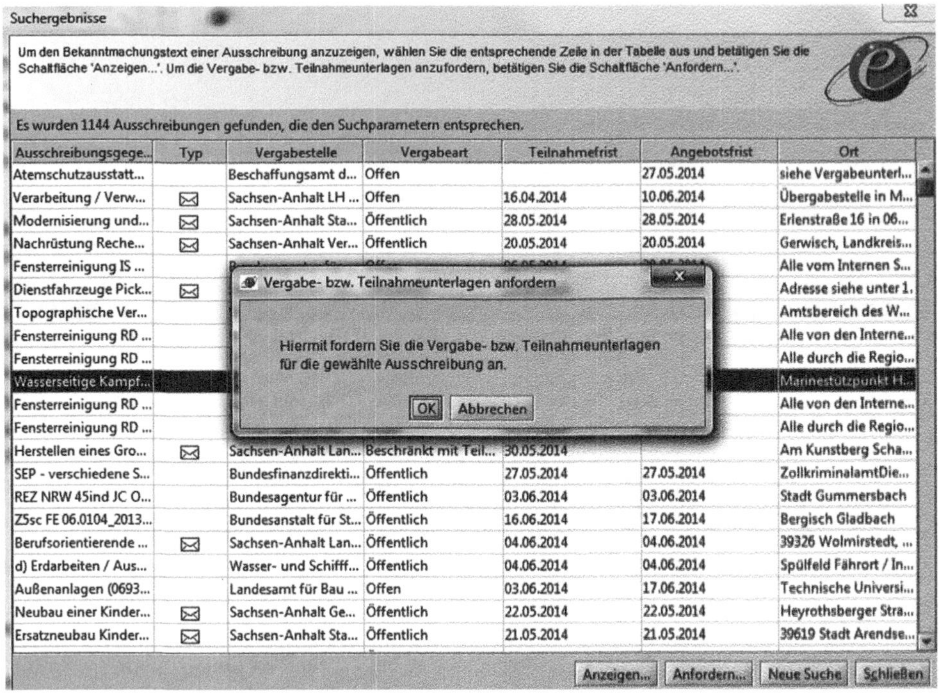

Screenshot: evergabe-online.de

immer wieder neu auf seine Eignung geprüft zu werden (es könnte sich ja theoretisch zwischenzeitlich und ganz aktuell etwas geändert haben)[8].

! **Praxistipp**

Diese theoretische Möglichkeit ist im e-Vergabeverfahren natürlich auch weiterhin möglich – die richtiggehende Handhabung in der Praxis hat allerdings aufgezeigt, dass sich die ausschreibenden Stellen meist nicht die Mühe machen, hier noch jemanden zu beschäftigen, der den Bieter/Bewerber vor die Unterlagenabforderung nochmals überprüft, sondern das im Regelfall die Vergabeunterlagen automatisch freigegeben werden und damit sofort zur Verfügung stehen.

---

32 Anders ist es z.B. der Fall bei einigen **spezifischen Portalen** (siehe e-Vergabe Telekom Kapitel 7), die die **Zulassung** als Bieter/Bewerber für ihr Vergabeportal bereits streng bei dessen Registrierung überprüfen und in dem Fall sogar die **Motivation** abfragen, warum man überhaupt Bieter werden will und zusätzlich durch die Bisnode D&B Deutschland GmbH **fernmündlich prüfen** lassen, ob sich hinter der bewerbenden Stellen auch tatsächlich ein Mensch befindet und dessen Leistungen nochmals

8 Aus neuerer Zeit zu dieser Diskussion: VK Lüneburg, Beschl. v. 07.03.2011, VgK 73-2010.

abfragt, sowie weitere Daten, die bei der Anforderung D-U-N-S® Nummer, noch nicht erfasst worden sind.

IV. Anfertigung der geforderten Unterlagen

Während bei konventionellen Verfahren bisher immer die Papierformulare händisch auszufüllen waren, ebenso das Leistungsverzeichnis und anschließend die Angebotsunterlagen zusammengestellt werden musste, kann man nun im elektronischen Verfahren die Angebotsunterlagen, gegebenenfalls auch mithilfe einer **Bietersoftware** (wird vereinzelt kostenlos zur Verfügung gestellt, wenn das Vergabeportal auf Dateiformate zurückgreifen will, die nicht standardmäßig verfügbar sind), elektronisch erstellen, auch **ein Export des Leistungsverzeichnisses** in ein Kalkulationsprogramm ist mittels standardisierter Rahmenbedingungen realisierbar, im Rückschluss muss dann aber auch ein späterer **Reimport der Kalkulationsdaten** in die Vergabeunterlagen/in das Online-Portal selbstverständlich sein. Dadurch kann eine teilautomatisierte Zusammenstellung Angebots erreicht werden. Gerade wenn alle Formulare von der Vergabestelle vorgegeben werden oder exakt angegeben wird, welche und wie viele Eigenerklärungen beizufügen sind, kann das System die Vergabeunterlagen **auf Bieterseite auf Vollständigkeit prüfen**. 33

Hinweis !

Der Inhalt der Eigenerklärungen kann selbstverständlich nicht geprüft werden, hier wird nur die Anzahl geprüft. Geprüft werden kann aber, ob die vorgegeben Vorlage vollständig ausgefüllt werden sind. Sollte dies nicht der Fall sein kann das System dem Bieter den jeweiligen Fehler/die **fehlenden Angaben anzeigen** und einen Abschluss der Bearbeitung verhindern.

V. Upload der Unterlagen

Die vom Bieter ausgefüllten und verschlüsselt hochgeladenen Daten/Unterlagen werden regelmäßig in einem nochmals verschlüsselten und mit einem für die ausschreibende Stelle geltenden Zeitschloss versehenen Postfach, oft auch als **Produktsafe** o.ä. bezeichnet, gelagert. 34

Der Zugriff auf diese eingereichten Daten darf, wie in Kapitel 3 A II erwähnt, von der Vergabestelle erst am Submissionstermin erfolgen. Die vom Bieter eingestellten Unterlagen können bis zum Zeitpunkt der **Submission vom Bieter selbst jederzeit eingesehen** und geändert werden. Es gilt hierbei regelmäßig das letzte hochgeladene Dokument. 35

Etwaige Selbsterklärungen (Eigenerklärungen) müssen in digitaler Form ebenfalls erstellt und gegebenenfalls digital signiert werden. Grundsätzlich sollte eine **Redundanz** von eingereichten Daten vermieden werden, d.h. man sollte darauf 36

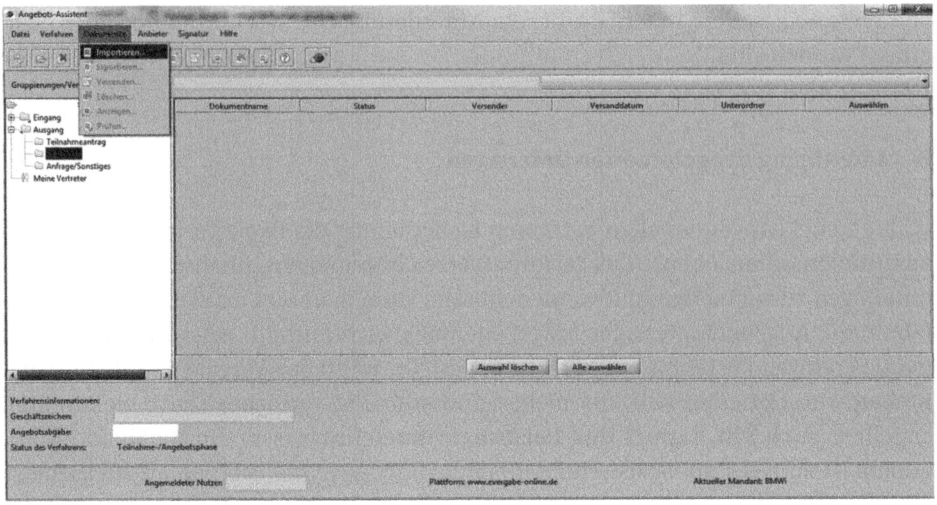

Screenshot: evergabe-online.de

achten, dass man jedes Dokument auch nur einmal hochlädt bzw. sorgfältig die alten Daten entfernen, die dann nicht mehr zu den Vergabeunterlagen gehören.

37 Der **Upload** läuft für den Bieter in der Weise, wie er es von jeder e-Mail o.ä. kennt. Die entsprechende Datei, die offline erstellt und digital signiert wurde, wird einfach auf das Vergabeportal bzw. unter Zuhilfenahme der AnA (Angebotsassistenz) hochgeladen bzw. importiert.

38 Sollte die ausschreibende Stelle auf eine **digitale Signatur**, egal ob nun elektronische Signatur, fortgeschrittene elektronische Signatur oder qualifizierte elektronische Signatur bestehen, so kann diese angeben, **welche Art** der digitalen Signatur als Mindeststandard gefordert ist. Eine höherwertige Signatur muss grundsätzlich möglich sein. Sollte man als Bieter die Anforderungen an digitale Signaturen unterschreiten oder vergessen, so führt dies zum **Ausschluss** aus dem Vergabeverfahren.

39 Ebenso führen falsch gemachte Angaben zum Ausschluss aus dem Verfahren. Dies gilt auch dann, wenn die **falschen Unterlagen** eingereicht werden.

! **Praxistipp**
Die digitale Signatur kann direkt im PDF-Programm oder unter zur Hilfenahme von weiterer Software (im Beispiel AnA) erzeugt werden.

---

40 In manchen Fällen wird noch auf das sogenannte **Mantelbogenverfahren** zurückgegriffen: Dabei werden die Daten unsigniert in ein solches verschlüsseltes Postfach hochgeladen und sodann der Mantelbogen mit dem vom Vergabeportal erstellten

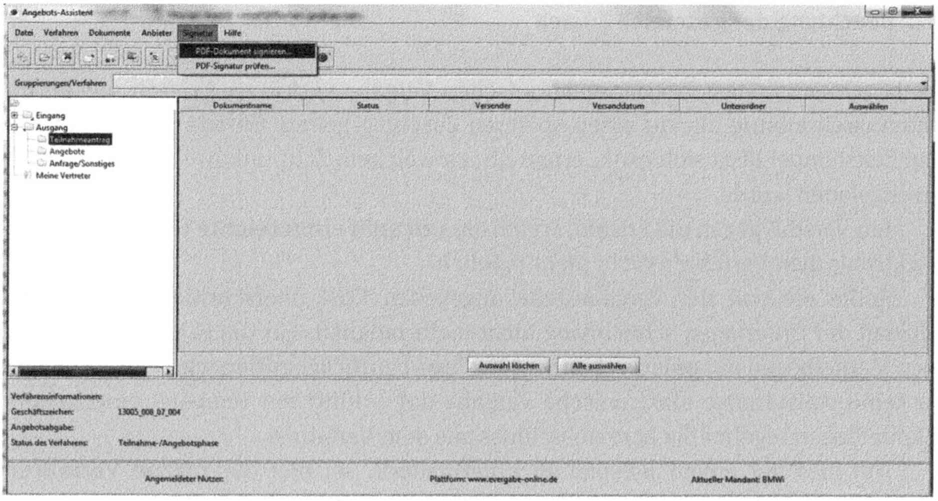

Screenshot: evergabe-online.de

Hashwert des Angebotes **ausgedruckt, unterschrieben** und schließlich an die Vergabestelle geschickt.

Da das elektronische Verfahren bereits **langfristig von Bund und Ländern angekündigt** wurde, kann sich der Bieter nicht darauf berufen, dass es ihm nicht möglich ist, innerhalb einer gegebenen Frist die digitale Signatur zu leisten. Solange der Bieter nicht über eine Möglichkeit zur digitalen Signatur verfügt, kann er nicht am Verfahren teilnehmen. 41

Praxistipp !

Der guten Ordnung halber sei hier darauf verwiesen, dass zum Zeitpunkt der Registratur bis zu endgültigen **Erteilung einer solchen digitalen Signatur**, die ab dann auch tatsächlich nutzbar ist, derzeit eine Zeitdauer von **3–4 Wochen** eingeplant werden muss.

Viele von privaten Firmen betriebene Vergabeportale, welche die Vergabe für ausschreibende Stellen anbieten, verzichten derzeit noch auf die verpflichtende digitale Signatur bei den einzureichenden Angeboten und bieten parallel häufig noch das Mantelbogenverfahren mit an. Es kann aber davon ausgegangen werden, dass diese Mantelbogenverfahren zahlenmäßig immer weniger werden und die **reine elektronische Signatur** Einzug halten wird. 42

VI. Beachtung der gesetzten Fristen

43 Zu beachten ist, dass bei der elektronischen Vergabe **verkürzte Fristen** sowohl für die Ausschreibung als auf einen späteren Zuschlag gelten. Gerade mit dem digitalen Zeitstempel lässt sich exakt ermitteln, zu welchem Zeitpunkt welches Dokument hochgeladen wurde.

44 Ein Verstoß gegen die Fristen, sprich eine **zu spät eingereichte Unterlage**, ist im elektronischen Verfahren nicht mehr möglich.

45 Sollte die von der Vergabestelle angegeben Frist überschritten sein, ist ein Upload der Unterlagen schlichtweg nicht mehr möglich. Für die Fälle, in denen auf den Mantelbogen mit entsprechendem Hashwert zurückgegriffen wird – diese stellen ja keine vollständige elektronische Vergabe dar – führt ein verspätet eingehender Mantelbogen regelmäßig zum Ausschluss aus dem Verfahren.

46 Um dies mit einem Beispiel zu untermauern, sei hier das **offene Verfahren** betrachtet. Für das klassische Verfahren gilt auf Grundlage der noch aktuell anwendbaren Vergabekoordinierungsrichtlinie 2004/18/EG eine Angebotsfrist von 52 Tagen. Für den Fall, dass die Bekanntmachung elektronisch erstellt und übermittelt wurde, kann die ausschreibende Stelle die **Frist um 7 Tage verkürzen** – auf 45 Tage. Gibt sie, wie im elektronischen Verfahren vorgesehen, dem Bieter die Möglichkeit, die Unterlagen vollständig elektronisch abzurufen und auch wieder einzureichen, so kann die Frist **um weitere 5 Tage** auf 40 Tage gekürzt werden. Im Falle, dass es eine Vorinformation zu dem offenen Verfahren gab, kann somit die Frist von 36 auf 22 Kalendertage verkürzt werden. Dies sind Kann-Vorschriften von denen die ausschreibende Stelle, sollten die etwaigen Voraussetzungen vorliegen, im Grundsatz **jederzeit Gebrauch machen** kann.

! **Fettnapf**
Allerdings: Es sollte mit realistischen Daten bzw. Annahmen kalkuliert werden, denn eine **effektive Bewerbungsmöglichkeit** muss gemäß der Rechtsfindung auch dann gegeben sein, wenn formal die Mindestfristen gewahrt werden[9].

---

47 Speziell darf gemäß der Rechtsprechung der bisherige Dienstleister infolge sehr kurzer Anbietungsfristen nicht bessergestellt werden, was grundsätzlich ein **Diskriminierungsproblem** aufwirft[10]. Daher gilt: Insbesondere im Falle von Ausschreibungen mit Leistungsanforderungen, die konzeptioneller Natur sind, und die **erhebliche geistige Arbeit** des Bieters abfordern, kann in Bezug auf die Ausschöpfung der Möglichkeiten zur Fristenverkürzung **Vorsicht geboten** sein. Das gilt auch im Zeit-

9 OLG Düsseldorf, Beschl. v. 19.06.2013, VII-Verg 4/13; VK Sachsen, Beschl. v. 09.12.2002, 1 VK 102/02; VK Sachsen, Beschl. v. 02.10.2001, 1 VK 88/01.

10 OLG Düsseldorf, Beschl. v. 19.06.2013, VII-Verg 4/13.

alter der elektronischen Vergabe, die besonders gut bei schematisch zu erstellenden Angeboten wirken kann, deren beschleunigende Wirkungsweise jedoch Grenzen **bei konzeptionell geprägten Ausschreibungen** finden kann, zumindest was die Anbietungsphase auf Seiten des Bieters und das inhaltliche Auswerten nachher auf Auftraggeberseite anbelangt.

Außerdem verkürzt sich die **Stillhaltepflicht** bis zur endgültigen Zuschlagserteilung an den erfolgreichen Bieter nach erfolgter (interner) Vergabeentscheidung, wenn die Information an die unterlegenen Bieter elektronisch (hier auch Fax möglich) versandt worden ist. 48

Gesondert ist in diesem Zusammenhang auf das Erfordernis **der Fristenberechnung in Kalendertagen** hinzuweisen, die eben beispielsweise im Vorfeld der Zuschlagserteilung in einer EU-weiten Ausschreibung gilt (Information nach § 101a GWB). Danach kann die Frist auch an einem Samstag, Sonntag oder an einem gesetzlichen Feiertag enden, weswegen der Zuschlag bereits **direkt am ersten Arbeitstag** nach zwei langen Wochenenden enden kann[11]. 49

Weitere Vorgaben zur Fristenberechnung in Kalendertagen finden sich in der VOB/A, bezogen auf die Nachreichung von fehlenden Unterlagen mit dem Ziel der formalen Vervollständigung der Angebote. 50

Praxistipp !

Es empfiehlt sich, die **Frist genau mit Datum** anzugeben, weil vielen Bietern dieser Fristenberechnungsmodus in Kalendertagen nicht bekannt oder bewusst ist, und es nicht selten zu (unnötigen) Nachfragen bzw. Rückfragen kommt.

Im Rahmen der § 101a-GWB-Information ist die Angabe des **frühesten Zuschlagstermins** ohnehin Pflicht. Es empfiehlt sich ferner, rechnerisch einen Tag zuzuschlagen, damit ein – ohnehin nicht sehr sinnfälliges – Fristende an einem Sonn- oder Feiertag vermieden wird. 51

11 Vgl. bereits: OLG Düsseldorf, Beschl. v. 14.05.2008, VII-Verg 11/08; VK Bund, Beschl. v. 28.01.2008, VK-2-162/07.

offenes Verfahren				
		VOB/A (2012)	VOL/A (2009)	RL 2014/24/EU
Angebotsfrist				
regulär	Quelle	§ 10 EG Abs. 1 Nr. 1	§ 12 EG Abs. 2	Art. 27 Abs. 1 Satz 2
	Fristlänge	mindestens 52 Kalendertage		mindestens 35 Tage
bei Dringlichkeit	Quelle	*nicht vorgesehen*		Art. 27 Abs. 3
	Fristlänge			mindestens 15 Tage
Im Falle erfolgter Vorab-information	Quelle	§ 10 EG Abs. 1 Nr. 2	§ 12 EG Abs. 3 lit. b)	Art. 27 Abs. 2 Satz 1
	Fristlänge	mindestens 36 Kalendertage (>22)		mindestens 15 Tage
	Fristbeginn	Tag nach der Absendung der Bekanntmachung		Tag der Absendung…
Frist für die Vorabinformation				
	Quelle	§ 10 EG Abs. 1 Nr. 2 Satz 2	§ 12 EG Abs- 3 lit. a)	Art. 27 Abs. 2 lit. b)
	Fristlänge	mind. 52 Kalendertage, max. 12 Monate		mind. 35 Tage, max. 12 Mon
	Fristberechnung	vor dem Tag der Absendung der Bekanntmachung		
Verkürzung der Angebotsfrist				
bei elektronischer Erstellung und Übermittlung der Bekannt-machung	Quelle	§ 10 EG Abs. 1 Nr. 3	§ 12 EG Abs. 6 Satz 1	*entfällt*
	Umfang	um 7 Kalendertage		
bei freiem, direkten und voll-ständigem Zugang zu allen Verdingungsunterlagen	Quelle	§ 10 EG Abs. 1 Nr. 3	§ 12 EG Abs. 6 Satz 2	
	Umfang	um 5 Kalendertage		

wenn die elektronische Übermittlung der Angebote akzeptiert wird	Quelle	*nicht vorgesehen*		Art. 27 Abs. 4
	Umfang			um 5 Tage
Verlängerung der Angebotsfrist				
Wenn die Vergabeunterlagen nicht elektronische bereit gestellt werden	Quelle	*nicht vorgesehen*		Art. 53 Abs. 1 Satz 3 ff
	Umfang			um 5 Tage
Frist zur Zusendung der Unterlagen				
	Quelle	§ 12 EG Abs. 4 Nr. 1	§ 12 EG Abs. 7	*nicht vorgesehen*
	Fristlänge	6 Kalendertage		
	Fristbeginn	Tag nach Eingang des Antrags auf Teilnahme		
Frist zur Auskunftserteilung				
	Quelle	§ 12 EG Abs. 7 S. 1	§ 12 EG Abs. 8, 1. Alt.	Art. 53 Abs. 2
	Fristlänge	6 Kalendertage		6 Tage, beschleunigt 4
	Fristberechnung	vor dem Ablauf der Angebotsfrist		

nicht-offenes Verfahren				
		VOB/A (2012)	VOL/A (2009)	RL 2014/24/EU
Bewerbungsfrist				
regulär	Quelle	§ 10 EG Abs. 2 Nr. 1	§ 12 EG Abs. 4 Satz 1	Art. 28 Abs. 1 Satz 2
	Fristlänge	mindestens 37 Kalendertage		mindestens 30 Tage
bei Dringlichkeit	Quelle	§ 10 EG Abs. 2 Nr. 6 lit a)	§ 12 EG Abs. 4 Satz 2	Art 28 Abs. 4 lit. a)
	Fristlänge	mindestens 15 Kalendertage	bei elektron. Bekanntmachung mind. 10 Kalendertage, sonst 15	mindestens 15 Tage
	Fristbeginn	Tag nach der Absendung der Bekanntmachung		Tag der Absendung...
Verkürzung der Bewerbungssfrist				
bei elektronischer Erstellung und Übermittlung der Bekanntmachung	Quelle	§ 10 EG Abs. 2 Nr. 2	§ 12 EG Abs. 6 Satz 1	*entfällt*
	Umfang	um 7 Kalendertage		
Angebotsfrist				
regulär	Quelle	§ 10 EG Abs. 2 Nr. 3	§ 12 EG Abs. 5 Satz 1	Art. 28 Abs. 2 Satz 2
	Fristlänge	mindestens 40 Kalendertage		mindestens 30 Tage
für subzentrale Auftraggeber	Quelle	*nicht vorgesehen*		Art. 28 Abs. 4
	Fristlänge			mindestens 10 Tage
bei Dringlichkeit	Quelle	§ 10 EG Abs. 2 Nr. 6 lit. b)	§ 12 EG Abs. 5 Satz 2	Art 28 Abs. 6 lit. b)
	Fristlänge	bei elektron. Bekanntmachung mind. 10 Kalendertage, sonst 15	mindestens 10 Kalendertage	mindestens 10 Tage

Im Falle erfolgter Vorab-information	Quelle	§ 10 EG Abs. 2 Nr. 4 Satz 1	§ 12 EG Abs. 5 Satz 3	*nicht vorgesehen*
	Fristlänge	mindestens 36 Kalendertage (>22)		
	Fristbeginn	Tag nach Absendung der Aufforderung zur Angebotsabgabe		Tag der Absendung ...
Frist für die Vorabinformation				
	Quelle	§ 10 EG Abs. 2 Nr. 4 Satz 2	§ 12 EG Abs. 3 lit. a)	Art. 28 Abs. 3 lit. b)
	Fristlänge	mind. 52 Kalendertage, max. 12 Monate		mind. 35 Tage, max. 12 Mon
	Fristberechnung	vor dem Tag der Absendung der Bekanntmachung		
Verkürzung der Angebotsfrist				
bei freiem, direkten und vollständigem Zugang zu allen Verdingungsunterlagen	Quelle	§ 10 EG Abs. 2 Nr. 5	§ 12 EG Abs. 6 Satz 2	*entfällt*
	Umfang	um 5 Kalendertage		
wenn die elektronische Übermittlung der Angebote akzeptiert wird	Quelle	*nicht vorgesehen*		Art. 28 Abs. 5
	Umfang			um 5 Tage
Verlängerung der Angebtosfrist				
Wenn die Vergabeunterlagen nicht elektronische bereit gestellt werden	Quelle	*nicht vorgesehen*		Art. 53 Abs. 1 Satz 3 ff
	Umfang			um 5 Tage
Frist zur Auskunftserteilung				
	Quelle	§ 12 EG Abs. 7 Satz 2	§ 12 EG Abs. 8, 2. Alt.	Art 53 Abs. 2
	Fristlänge	4 Kalendertage		6 Tage, beschleunigt 4
	Fristberechnung	vor dem Ablauf der Angebotsfrist		

Verhandlungsverfahren				
		VOB/A (2012)	VOL/A (2009)	RL 2014/24/EU
Bewerbungsfrist				
regulär	Quelle	§ 10 EG Abs. 2 Nr. 1	§ 12 EG Abs. 4 Satz 1	Art. 29 Abs. 1 Satz 5
	Fristlänge	mindestens 37 Kalendertage		mindestens 30 Tage
bei Dringlichkeit	Quelle	§ 10 EG Abs. 2 Nr. 6 lit a)	§ 12 EG Abs. 4 Satz 2	*nicht vorgesehen*
	Fristlänge	mindestens 15 Kalendertage	bei elektron. Bekanntmachung mind. 10 Kalendertage, sonst 15	
	Fristbeginn	Tag nach der Absendung der Bekanntmachung		Tag der Absendung ...
Verkürzung der Bewerbungssfrist				
bei elektronischer Erstellung und Übermittlung der Bekanntmachung	Quelle	§ 10 EG Abs. 2 Nr. 2	§ 12 EG Abs. 6 Satz 1	*entfällt*
	Umfang	um 7 Kalendertage		
Angebotsfrist				
regulär	Quelle	*nicht vorgesehen*		Art. 29 Abs. 1 Satz 6
	Fristlänge			mindestens 30 Tage
in Fällen des Verhandlungs-verfahrens ohne vorherige öffentliche Bekanntmachung	Quelle	§ 10 EG Abs. 3 Nr. 2 Satz 1	*nicht vorgesehen*	
	Fristlänge	mindestens 10 Kalendertage		
	Umfang			um 5 Tage
Frist zur Auskunftserteilung				
	Quelle	*nicht vorgesehen*	§ 12 EG Abs. 8	Art 53 Abs. 2
	Fristlänge		6 Kalendertage, beschleunigt 4	6 Tage, beschleunigt 4
	Fristberechnung	vor dem Ablauf der Angebotsfrist		

Wettbewerblicher Dialog				
		VOB/A (2012)	VOL/A (2009)	RL 2014/24/EU
Bewerbungsfrist				
	Quelle	§ 10 EG Abs. 2 Nr. 1	*nicht vorgesehen*	Art. 30 Abs. 1 Satz 2
	Fristlänge	mindestens 37 Kalendertage		mindestens 30 Tage
	Fristbeginn	Tag nach der Absendung der Bekanntmachung		Tag der Absendung ...
Verkürzung der Bewerbungssfrist				
bei elektronischer Erstellung und Übermittlung der Bekanntmachung	Quelle	§ 10 EG Abs. 2 Nr. 2	*nicht vorgesehen*	*entfällt*
	Umfang	um 7 Kalendertage		

Innovationspartnerschaft				
		VOB/A (2012)	VOL/A (2009)	RL 2014/24/EU
Bewerbungsfrist				
	Quelle	*nicht vorgesehen*		Art. 31 Abs. 1 Satz 6
	Fristlänge			mindestens 30 Tage
	Fristbeginn			Tag der Absendung ...

Kapitel 4
Einsparungspotentiale durch elektronische Vergabe

A. Überblick über die bisherigen Untersuchungen

I. Booz & Co
Studie „Zum Entwicklungstand des öffentlichen Einkaufs – eine empirische Analyse in 16 Entwicklungsfeldern"

1. Ausgangspunkt

Bezug nehmend auf die Studie aus dem Jahr 2011 werden jährlich für die Beschaffung von **Gütern und Dienstleistungen** Ausgaben in einer Höhe von über **200 Milliarden Euro** durch öffentliche Auftraggeber getätigt.[1] Die entspricht rund **10 % des deutschen Bruttoinlandprodukts.** In Frage gestellt wird hier regelmäßig die Wirtschaftlichkeit der Mittelverwendungen. Es werden regelmäßig Vorwürfe laut, dass bestehende Einsparpotenziale nicht genutzt werden.[2] Ursache könnten die dezentrale Beschaffung, mangelnde Einkaufssynergien, hohe einzelne Prozesskosten, hohe rechtliche Anforderungen an den (Vergabe-)Prozess und unstrukturierte Einkaufpraxis sein. 1

Die hier benannte Studie untersucht den Zustand der öffentlichen Auftraggeber aus einkaufstechnischer Sicht um **Empfehlungen** aufzeigen zu können, welche **Einsparpotentiale** vorhanden und welche konkreten Maßnahmen tatsächlich geeignet sind. 2

Als Grundlage wurden von Booz & co. eine 62 Fragen umfassende Erhebung entwickelt, mit der **687 öffentliche Organisationen** angesprochen wurden. Hier gilt es anzumerken, das lediglich 184 Rückläufer der Online- und Telefonumfrage zu verzeichnen waren. Auf dieser Basis wurden 16 Handlungsfelder ermittelt – diese Handlungsfelder als **Reformmodell für den öffentlichen Einkauf** stützen sich auf bereits vorhanden Analysen aus der Privatwirtschaft. 3

Besonders wurde hierbei darauf geachtet, wie der vielfach in der Privatwirtschaft bewährte **Best-Practice Ansatz**, auf die sektoralen und institutionellen Besonderheiten öffentliche Auftraggeber umgesetzt werden kann. Dabei wurde der in der Praxis und Literatur häufig erwähnte Zweifel zur Übertragbarkeit privatwirtschaftlicher Ansätze auf den öffentlichen Einkauf gewürdigt. Kernkonzepte strategischer Einkaufsmodelle, zum Beispiel Bedarfsmanagement, Personalentwicklung, IT und Steuerungen wurden hier genauso berücksichtigt und lassen sich überwiegend ohne tiefgreifendende Einschränkungen in den öffentlichen Sektor übertragen. Im Ergebnis erhält man ein Referenzmodell, in das sich alle wesentlichen **Elemente eines** 4

---

1 In der Literatur werden ja nach Zurechnung z.T. Summen bis zu 350 Milliarden Euro beziffert.
2 Vgl. z.B. Eßig/Jahns/Blome (2007).

strategischen Einkaufs, unter Berücksichtigung der speziellen vergaberechtlichen und sonstigen Notwendigkeiten öffentlicher Auftraggeber, einzufügen lassen.

2. Elemente eines modernen öffentlichen Einkaufs

a) Übertragbarkeit privatwirtschaftlicher Ansätze

5 Der Einkauf im öffentlichen Sektor weist eine Reihe von Unterschieden zur Privatwirtschaft auf. Zunächst muss hier beachtet werden, dass Auftragsvergaben durch besondere Rechtsmaterialen, wie das **Vergabe- und Preisrecht** reguliert werden. Ebenso muss beachtet werden, dass für eine Reihe der nachgefragten Güter und Dienstleistungen keinen (bzw. eine sehr geringen) privatwirtschaftlichen Markt gibt und daher **kein echter Markt** besteht. Hier sind vor allem Rüstungsgüter zu benennen. Des Weiteren ist zu beachten, dass der größte Teil von Produkten, die durch öffentliche Auftraggeber beschafft werden, keine Güter im gegenständlichen Sinn, sondern Dienstleistungen darstellen.

6 Obwohl diese grundlegenden Unterschiede existieren, gibt es eine Vielzahl von Gütern und Dienstleistungen, die sowohl von öffentlichen, als auch von privaten Stellen beschafft werden. Für diese Güter existiert ein Markt, hier sein u.a. Infrastruktur, IT und Logistik benannt. Die Frage die sich hier stellt ist, ob die **in der Privatwirtschaft angewandten Einkaufpraktiken** sich hier auch auf den öffentlichen Dienst übertragen lassen. Dies kann bejaht werden, solange es sich auf Themen bezieht, die

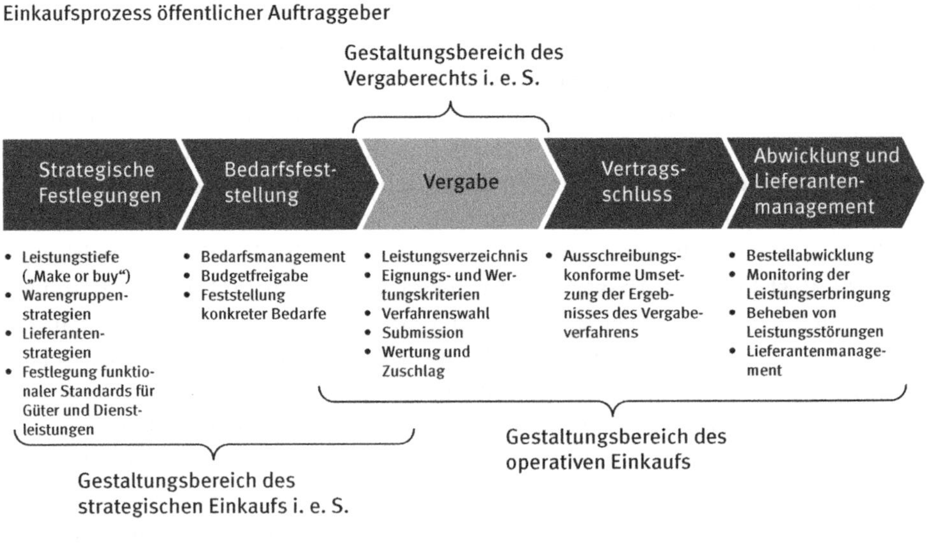

Abbildung 1: Einkaufsprozess öffentlicher Auftraggeber[3]

3 Stark vereinfachte Darstellung vgl. Eßig et al. (2009).

bei öffentlichen Auftraggebern in gleicher Weise relevant sind und keinen institutionellen und rechtlichen Hindernissen entgegenstehen. Besonders ist hier das **Vergaberecht** zu Transferhindernis zu beachten, gerade in diesem unterscheiden sich private und öffentliche Beschaffungen.

In welcher Weise das Einkaufvorhaben dem öffentlichen Markt zugänglich 7
gemacht wird, ergibt sich aus den Regulierungen des Vergaberechts – dieses schränkt auch, im Gegensatz zur Privatwirtschaft einige Möglichkeiten beim Einkauf, z.B. bei Verhandlungen, sehr stark ein. In wieweit **vergabefremde Kriterien** – z.B. „mittelstandsfreundliche" Ausschreibung den **Markt deregulieren bzw. verzerren** ist bislang empirisch nicht belegt, ebenso wenig ist empirisch belegt, dass diese Maßnahmen den Mittelstand über Proporz fördern würden. Auffallend ist, dass gerade privatwirtschaftliche Interessenverbände versuchen, für die öffentliche Hand die vergaberechtlichen Bestimmungen aufrecht zu erhalten.

Das Vergaberecht stellt per se keine Einschränkung dar, privatwirtschaftliche 8
Einkaufmanagementtools auch auf öffentliche Aufträge zu übertragen, bei denen ja gerade der Wirtschaftlichkeitsaspekt, auch gegenüber dem Steuerzahler, im Vordergrund stehen sollte. Allerdings sollte man, um die Effizienzpotentiale umfassend nutzen zu können, das **Primat des Vergaberechts als Organisationsprinzip aufgeben**. Hierbei darf aber und soll in keinster Weise die Rechtreue des öffentlichen Auftraggebers beeinträchtigt werden, vielmehr reift die Erkenntnis, dass das **Vergaberecht kein Einkaufs- und Wertschöpfungsmanagement** vorsieht – sprich das bloße anwenden vom Vergaberecht reicht noch nicht aus um ein modernes öffentliches Einkaufmanagement zu erreichen. Die bisher praktizierte regelzentriete Vergabepraxis muss einem **strategischen Beschaffungsmanagement** weichen.[4] Da die strategischen Elemente dem eigentlichen Vergabeprozess vorgelagert sind, können hier keine unüberwindbaren Hindernisse für öffentliche Auftraggeber vorherrschend sein.

In wieweit die konkreten Anpassungen im Einzelfall möglich sind, kann hier pau- 9
schal, wie gleichfalls in der Studie, nicht dargestellt werden. Zu einzelnen Aspekten können aber Hinweise gegeben werden.

Gerade das **Diskriminierungsverbot** bei öffentlichen Ausschreibungen stellt ein 10
gewisses **Übertragungshindernis** privater Einkäufe bzgl. Lieferantenentwicklung dar. Im Privatrecht kann ich mir den Partner selbst aussuchen und auf **bewährte Partner** zurückgreifen – bei einer öffentlichen Ausschreibung ist dies grundsätzlich nicht möglich. Es ist nach gängiger Rechtsprechung nur möglich einen Bieter auszuschließen, wenn er die erforderlichen Eignungskriterien nicht erfüllt – hier können auch leistungsschwache Bieter ausgeschlossen werden.[5]

---

4 Vgl. Eißig et al. (2009).

5 Vgl. OLG Brandenburg, Beschluss vom 14.09.2010 – Verg. W 8/10 oder OLG Düsseldorf, Beschluss vom 09.06.2010 – VII-Verg. 14/10.

Übertragbarkeit privatwirtschaftlicher Reformelemente

	Reformelement	Übertragbarkeit	Hemmnisse
①	Lieferantenmanagement	✓	■ Keine Einschränkungen in der Phase der operativen Vertragsabwicklung
	Lieferantenentwicklung	(✓)	■ Diskriminierungsverbot muss beachtet werden
②	Optimierung der Logistik	✓	■ Keine wesentlichen Einschränkungen
③	Global Sourcing	(✓)	■ Faktische Einschränkung durch die lokale bzw. regionale Dislozierung öffentlicher Auftraggeber ■ Industrie- oder sicherheitspolitische Einschränkungen ■ Erhöhter Aufwand, um ausländische Bieter zu erreichen
④	e-Procurement	(✓)	■ Keine Einschränkungen bei digitaler Bestellabwicklung ■ Ausschreibungspflichten erschweren Lieferantenbindung
⑤	Integrierter strategischer Einkauf	✓	■ Als organisatorische Ausprägung ohne Einschränkung in Aufbau- und Ablauforganisation umsetzbar
⑥	Shared Services	✓	■ Als organisatorische Ausprägung ohne Einschränkung in Aufbau- und Ablauforganisation umsetzbar

✓ Ohne wesentliche Einschränkungen übertragbar

✓ Mit Einschränkungen übertragbar

Abbildung 2: Übertragbarkeit privatwirtschaftlicher Entwicklungen

11 Am Beispiel der Logistik ist schön aufzuzeigen, dass hier eine Übertragbarkeit unproblematisch möglich ist. Es ist ja gerade im Interesse der Wirtschaftlichkeit des öffentlichen Auftraggebers, eben auch die eigene Leistungstiefe, durch analytische Verfahren zu bestimmen.

12 Der guten Ordnung halber sei das in der Privatwirtschaft **gängig Global Sourcing** erwähnt, das mit einigen Einschränkungen auch von der öffentlichen Hand übernommen werden kann. Es sei hier aber auf die aufwändigen Verfahren hingewiesen, die gegeben Falls, gerade bei der Aufklärung über die **Leistungsfähigkeit ausländischer Bieter**, entstehen können. Auch können vergabefremde politische Ziele dem Global Sourcing entgegenstehen.[6]

6 Vgl. BMWi (2007).

Der Bereich e-Procurement, der in privatwirtschaftlichem Segment für erhebliche Effizienz gesorgt hat, ist ohne große Modifikationen auch im öffentlichen Segment einzusetzen. 13

Ziel muss es sein, ein langfristiges auf Wertschöpfung angelegtes Beschaffungsmanagement zu implementieren. Dies erfordert allerdings die Schaffung von zentralen Beschaffungsstellen im Land/Bund, die mit geeignetem, gut geschultem Personal, das **Fachwissen bündeln und Redundanz vermeiden**, dadurch ihrerseits öffentliche Einkäufer darstellen, die zum einen auf Einhaltung der gesetzlichen Regelungen und der mit Verfassungsrang ausgestatten Wirtschaftlichkeitsprinzip[7] achten – andererseits aber auch mit den privatwirtschaftlichen Vorgehensweisen vertraut sind und diese in den öffentliche Beschaffung einbinden. 14

b) Maßstäbe für den Entwicklungsstand öffentlicher Einkaufsorganisationen

In der Studie von Booz & co wird eine Beschaffungspyramide dargestellt, die in 16 Handlungsfelder gegliedert ist. 15

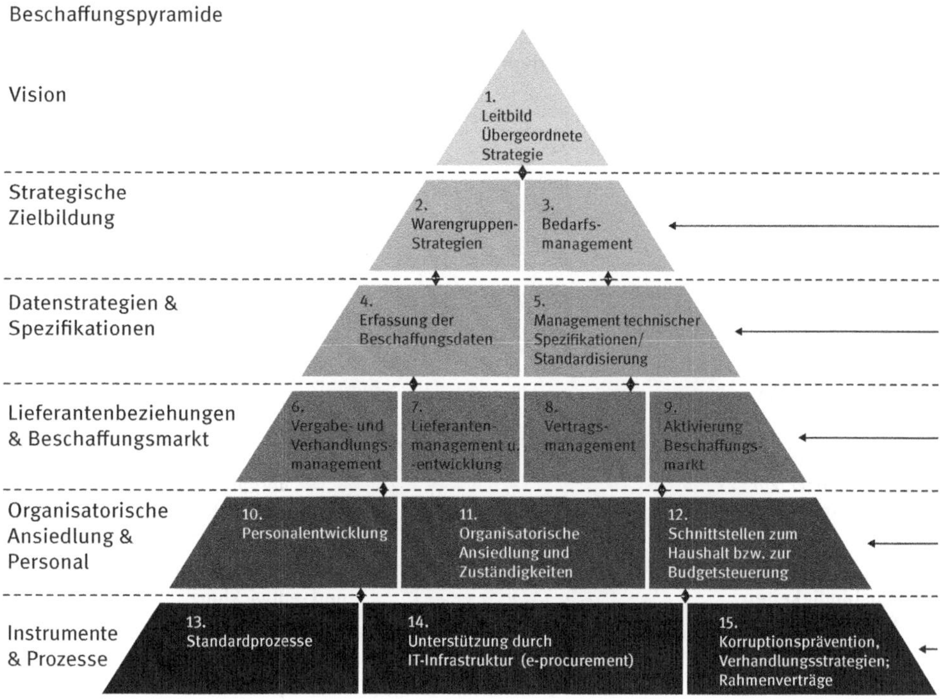

Abbildung 3: Booz&Company-Beschaffungspyramide

7 Vgl. Art 114 GG, § 7 BHO/LHO.

16 In diesem Grundelement für ein Reformmodell sind die Übertragbarkeitsschranken bereits erfasst.

17 Für jedes dieser hier aufgeführten Merkmale lässt sich im Einzelnen bestimmen, welche Maßnahmen für den öffentlichen Einkauf nötig wäre und welche Effizienzsteigerung und Wertschöpfung daraus erwachsen würde. Dabei sollte darauf geachtet werden, dass die Maßnahmen immer am Vorbild des privaten Sektors angelehnt werden.

3. Ergebnisse der empirischen Erhebung zum Reifegrad öffentlicher Einkaufsorganisationen

a) Aufbau der Umfrage

18 Mit der online- und telefonbasierten Umfrage wurden 184 Bundes- und Landesministerien, Landesbetriebe, Oberbehörden, Kommunen und Anstalten des öffentlichen Rechts erfasst. Neben dem **komplexen Fragebogen**, in dem typisierte Angaben zum Entwicklungsstand gemacht werden konnten, war es auch möglich **zusätzliche qua-**

Darstellung der Studienergebnisse im Überblick
Reifegrad des Einkaufs in 16 Handlungsfeldern[1)]

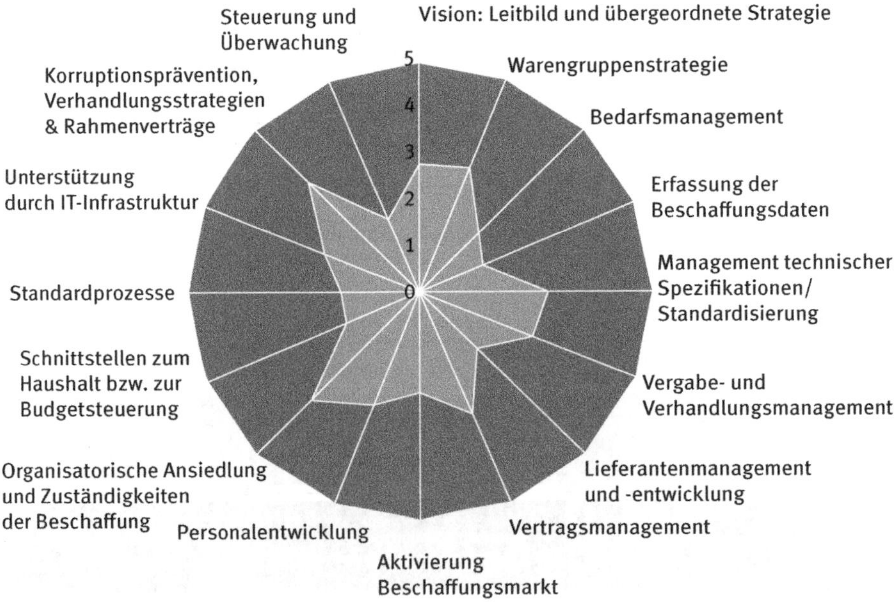

Aktueller Status/Ergebnis der Studie
Optimierungspotenzial

1) Basierend auf den durchschnittlichen Modalwert in den einzelnen Kategorien

Abbildung 4: Gesamtübersicht der Studienergebnisse

litative Kommentare abzugeben um einen tieferen Einblick in die jeweiligen Strukturen zu geben.

b) Analyseergebnisse

Die öffentlichen Auftraggeber sehen die in der Beschaffungspyramide aufgeführten 19
16 Gestaltungsfelder zwar als bedeutsam an, jedoch ist die konkrete **Umsetzung bisher nur rudimentär** ausgeführt worden. Hier wird die Prognose angeführt, dass durch Optimierungs- und Kostensenkungsprojekte bereits kurzfristig Einsparungen mit zweistelligen Prozentwerten möglich wären.

Vision: Leitbild und übergeordnete Strategie

Gestaltungsfeld 9 — Aktivierung des Beschaffungsmarkts
Verteilung der befragten Auftraggeber in %*

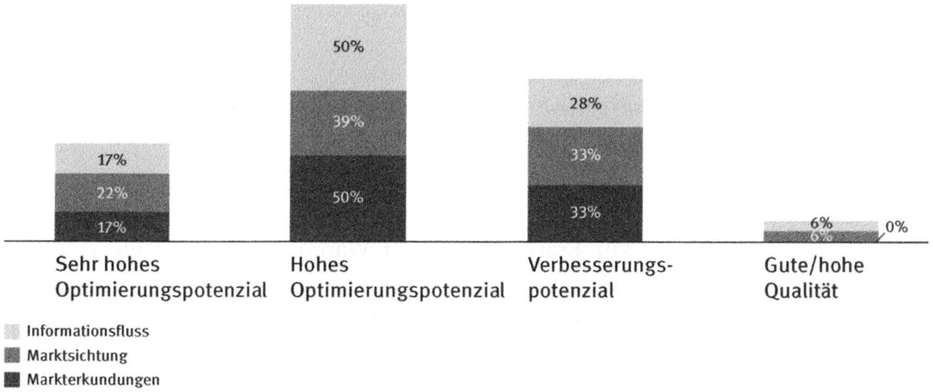

*) Die Prozentzahlen addieren sich pro farblich gekennzeichneter Kategorie, d. h. pro Frage, zu 100%.

Abbildung 5: Ergebnisse Gestaltungsfeld 1

Nach der Studie von Booz & Co **verfügen nur rund 11 % über ein ausformuliertes** 20
Leitbild im Einkauf, das die strategische Ausrichtung der Beschaffungsorganisation benennt und übergeordnete strategische Beschaffungsziele benennt. Demgegenüber haben ca. 78 % angegeben keine oder nur Leitbilder mit schwache Bezügen zur täglichen Arbeit des Einkaufs zu haben, obwohl sich rund 66 % der Befragten bewusst sind, dass diese strategischen und operativen Instrumente zukünftig eine immer größere Rollen spielen werden. Lediglich 7 % der Befragten gaben an, ihre Visionen auch systematisch und nachhaltig umzusetzen.

Warengruppenstrategie

Gestaltungsfeld 2 — Warengruppenstrategie
Verteilung der befragten Auftraggeber in %*

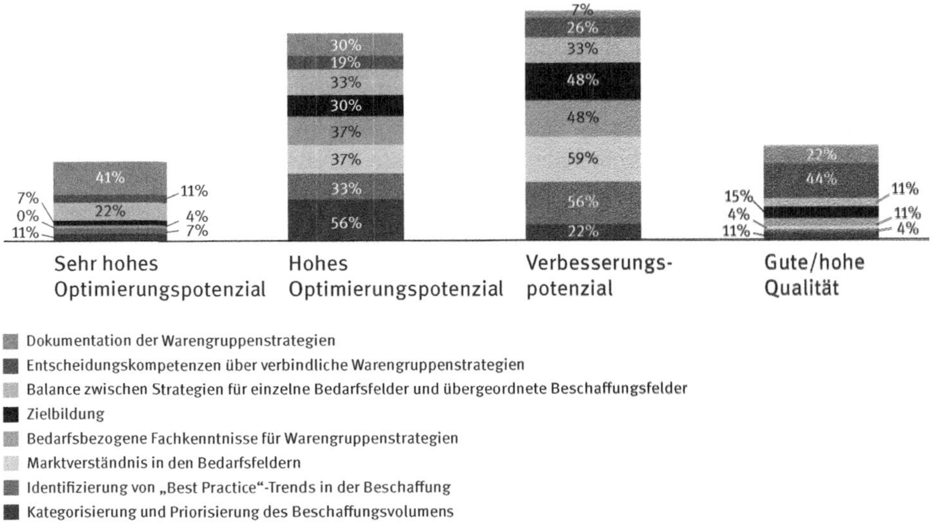

*) Die Prozentzahlen addieren sich pro farblich gekennzeichneter Kategorie, d. h. pro Frage, zu 100%.

Abbildung 6: Ergebnisse Gestaltungsfeld 2

21 Als bewährtes Instrument zur Erarbeitung einer Warengruppenstrategie sind die **Wirtschaftlichkeitsuntersuchungen** und nicht nur der reine Beschaffungspreis heran zu ziehen. **Lebenszyklus** und eigene Leistungstiefe sind hier ebenfalls zu erfassen.

22 Etwa **70 % der Auftraggeber** gaben an**, kein durchgehendes Warengruppenmanagement** zu haben, d.h. sie kategorisieren das Beschaffungsvolumen oder priorisieren gewisse Warengruppen nicht.

23 Ebenfalls rd. 70 % dokumentieren ihre Warengruppenstrategie nur unzureichend, was die Einhaltung der darin gemachten Vorgaben ineffektiv macht. Bei 41 % fehlt die Dokumentation vollständig. Es konnte nicht abschließend ermittelt werden, ob und wenn ja auch wirksam eine solche Strategie innerhalb der Organisation verbreitet wurde. Hier ist ein vordringlicher Handlungsbedarf gegeben.

Bedarfsmanagement

24 Lediglich 32 % der befragten Auftraggeber verfügen über eine zentrale Bedarfsplanung, wovon allerdings nur rund ein Drittel diese Daten nutzt um eine fortlaufende Optimierung der Bestands- und Bestellmengen zu erreichen. Die restlichen **68 % handeln weitgehend dezentrale** und dadurch kann es nicht zu einer Analyse des

Gestaltungsfeld 3 — Bedarfsmanagement
Verteilung der befragten Auftraggeber in %*

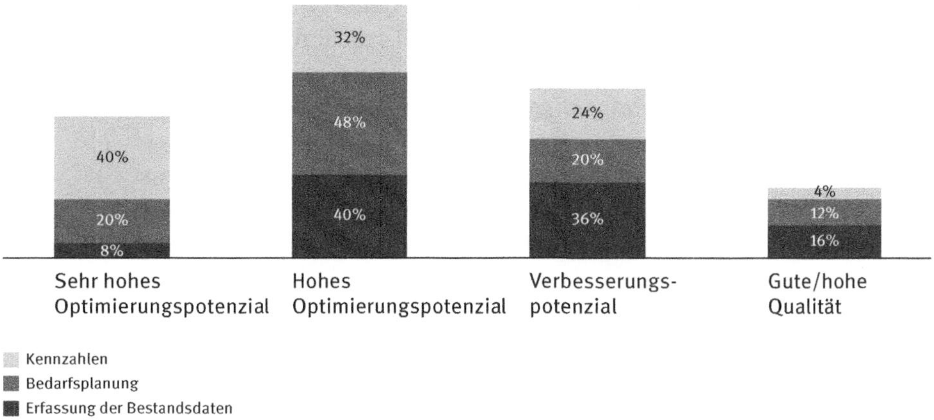

*) Die Prozentzahlen addieren sich pro farblich gekennzeichneter Kategorie, d. h. pro Frage, zu 100%.

Bedarfs/Bestands kommen. Hier ist ein großes Potential für zukünftige Optimierungen – zum Teil hat es die öffentliche Hand auch bereits erkannt, allerdings mangelt es an der konkreten Umsetzung. Auch **die Einführung von Kennzahlanalyse** würde die Effizienz steigern.

Erfassung von Beschaffungsdaten

Hier ergibt die Umfrage, dass ein Drittel der Befragten Ihre Bestandkosten lediglich **25**
in der Finanzbuchhaltung oder einem Kassensystem erfassen. Nur ein Drittel erfasst

Gestaltungsfeld 4 – Erfassung der Beschaffungsdaten
Verteilung der befragten Auftraggeber in %*

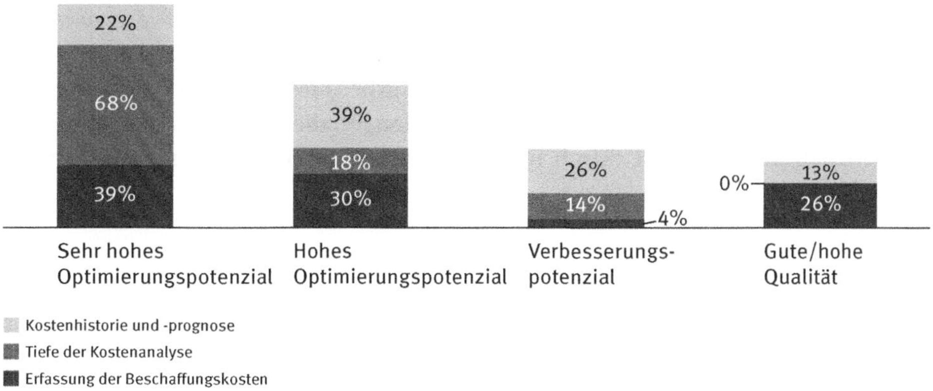

*) Die Prozentzahlen addieren sich pro farblich gekennzeichneter Kategorie, d. h. pro Frage, zu 100%.

zusätzlich auch die weiteren Bestelldaten auf Artikelbasis um diese für ein **Warenwirtschaftssystem** zu nutzen. Das letzte Drittel verfügt bereits über ein zentrales System, allerdings, wird die Möglichkeit, diese Daten zu analysieren nur von rund 15 % genutzt. Die Daten werden meist für Bestell-, nicht für die weitergehende Steuerungszwecke erfasst. Auch werden historische Daten zur Preis- und Mengenanalysen von zwei Drittel der Befragen nicht aufgearbeitet um zum Beispiel konkrete Ausschreibung vorzubereiten.

Standardisierung von (technischen) Produktspezifikationen

Gestaltungsfeld 5 — Standardisierung von (technischen) Produktspezifikationen
Verteilung der befragten Auftraggeber in %*

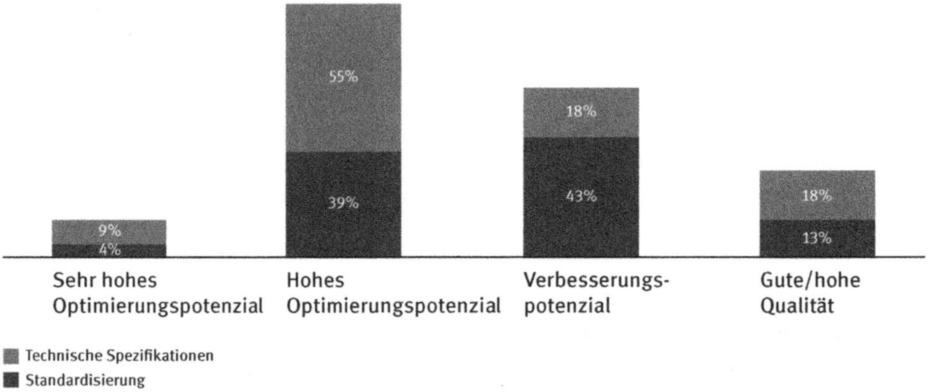

*) Die Prozentzahlen addieren sich pro farblich gekennzeichneter Kategorie, d. h. pro Frage, zu 100%.

26 Erfreulicherweise geben bereits **96 % an Maßnahmen zur Standardisierung** von Produkten zu treffen, allerdings in wie weit dies auch bereits genutzt werden, konnte nicht belegt werden.

27 Durch diese Standardisierungen können erhebliche Einsparungen vorgenommen werden, allerdings ist zu prüfen, auf welcher Basis diese vorgenommen werden – legt diese ein internen Bedarfsträger lediglich (willkürlich) fest oder sind diese tatsächlich funktionell notwendig – hier gilt es zu prüfen, ob die Produkte oder Dienstleistungen zukünftig **effizient durch Rahmenverträge oder Lagerbestände** gedeckt werden können.

Vergabe- und Verhandlungsmanagement

28 Immerhin geben bereits 59 % der Befragten an, die Gestaltungsmöglichkeiten die das Vergaberecht der ausschreibenden Stelle einräumt intensiv zu nutzen und nicht nur ein standardisiertes Vorgehen darin zu sehen.

Gestaltungsfeld 6 – Vergabe- und Verhandlungsmanagement
Verteilung der befragten Auftraggeber in %*

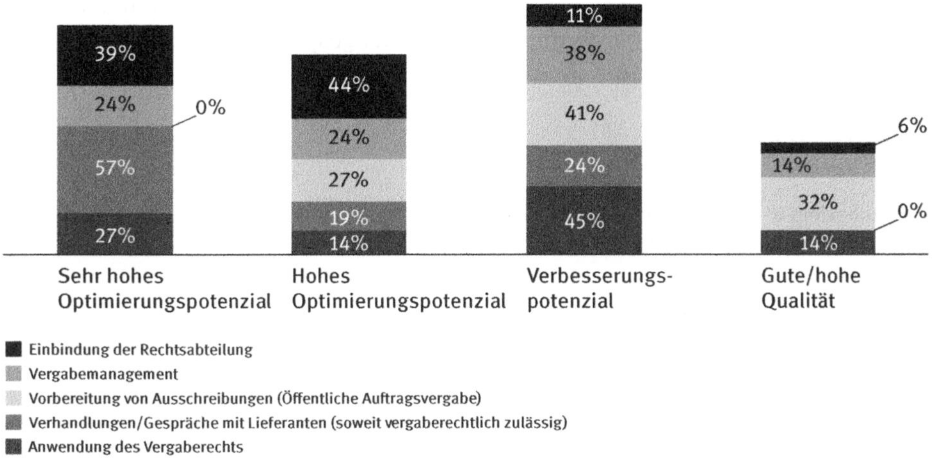

*) Die Prozentzahlen addieren sich pro fablich gekennzeichneter Kategorie, d. h. pro Frage, zu 100%.

Lieferantenmanagement und -entwicklung

Gestaltungsfeld 7 — Lieferantenmanagement und –Entwicklung
Verteilung der befragten Auftraggeber in %*

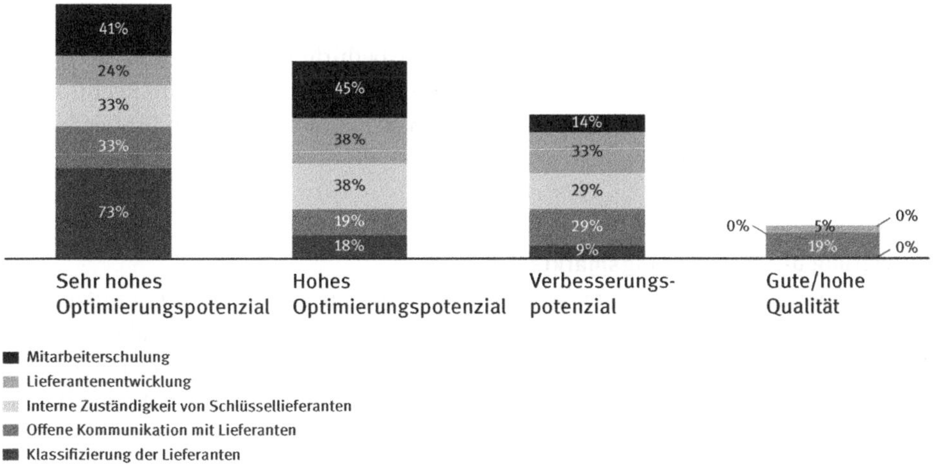

*) Die Prozentzahlen addieren sich pro farblich gekennzeichneter Kategorie, d. h. pro Frage, zu 100%.

Hier muss festgestellt werden, dass ein institutionalisiertes Lieferantenmanagement 29
bei öffentlichen Auftraggebern regelmäßig fehlt, lediglich 19 % kommunizieren – neben der formalen Vergabe – ihre Erwartungen offen an den Lieferanten und über-

wachen regelmäßig die Erfüllung. 29 % der Befragten verfügen laut eigenen Angaben gar nicht über die Struktur zu überwachen, in welchem Maße ihre Erwartungen erfüllt werden. Das dies regelmäßig zu einer Ineffizienz führt liegt dabei klar auf der Hand. Immerhin bemühen sich 38 % darum ein Lieferantengespräch durchzuführen.

Vertragsmanagement

Gestaltungsfeld 8 – Vertragsmanagement
Verteilung der befragten Auftraggeber in %*

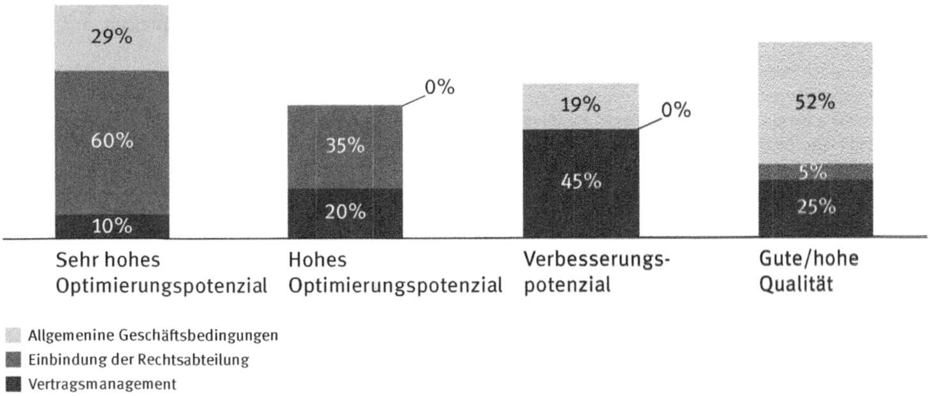

*) Die Prozentzahlen addieren sich pro farblich gekennzeichneter Kategorie, d. h. pro Frage, zu 100%.

30 70 % gaben an, Standardverträge zu nutzen, diese bedürfen aber bei besonderen Situationen der jeweiligen Anpassung. Nur 5 % der Befragten gaben an, Ihre Rechtsabteilung in die Vertragsgestaltung einzubinden, um individuelle Klauseln für bestimmte Beschaffungen zu kreieren.

Aktivierung des Beschaffungsmarktes

31 Hier ist noch potential um dem Beschaffungsmarkt zu aktivieren. 50 % nutzen die Markterkundung und Marktsichtung noch nicht systematisch. 40 % gaben an, die Erfahrungen anderer Beschaffungsorganisationen zu nutzen. Hier gilt es regelmäßig den Markt (auch selbst) zu erkunden und nicht nur auf bestehenden/bekannte Lieferanten zu achten, sondern auch neue Anbieter zu sichten. Nur so kann nachhaltig ein eine effiziente Beschaffung am Markt gewährleistet werden.

Gestaltungsfeld 9 — Aktivierung des Beschaffungsmarkts
Verteilung der befragten Auftraggeber in %*

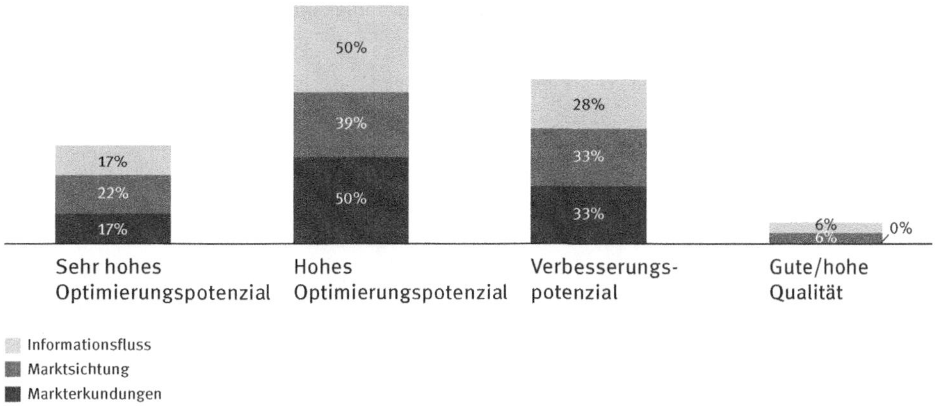

*) Die Prozentzahlen addieren sich pro farblich gekennzeichneter Kategorie, d. h. pro Frage, zu 100%.

Personalentwicklung

Gestaltungsfeld 10 – Personalentwicklung
Verteilung der befragten Auftraggeber in %*

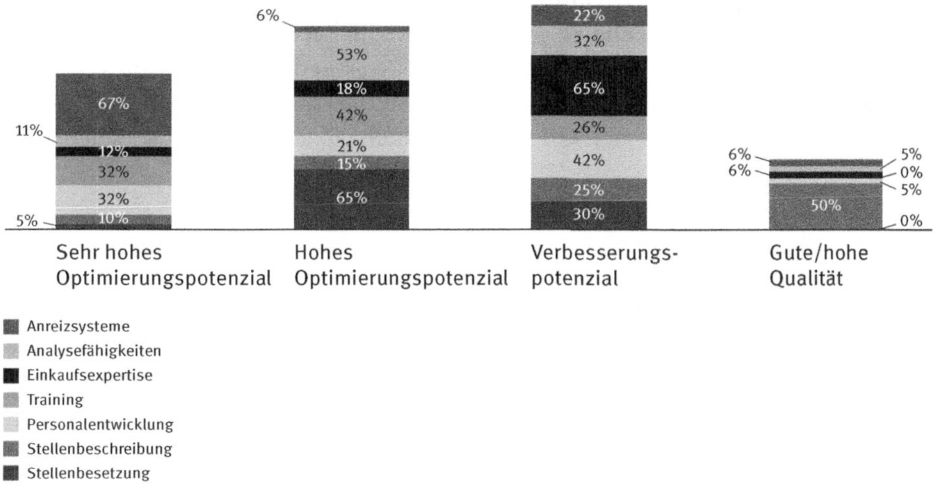

*) Die Prozentzahlen addieren sich pro farblich gekennzeichneter Kategorie, d. h. pro Frage, zu 100% .

Bislang hat sich noch kein Berufsbild eines strategischen öffentlichen Einkäufers herausgebildet, was hier auf einen Handlungsbedarf hinweist. Derzeit haben 53 % der Befragten kein Mitarbeiterbewertungssystem im Einsatz bzw. es wird nicht nachhaltig eingesetzt. 32

Organisatorische Ansiedlung und Zuständigkeit des Einkaufs

Gestaltungsfeld 11 – Organisatorische Ansiedlung und Zuständigkeiten der Beschaffung
Verteilung der befragten Auftraggeber in %*

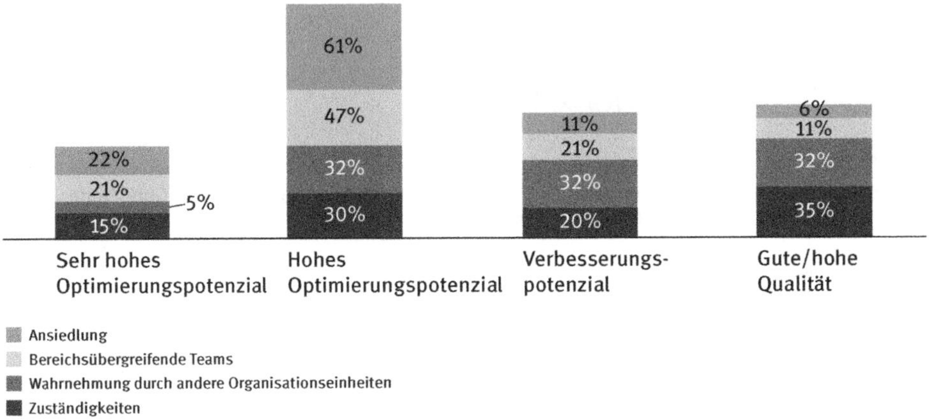

*) Die Prozentzahlen addieren sich pro farblich gekennzeichneter Kategorie, d. h. pro Frage, zu 100%.

33 Vor allem aufgrund der **Budgetverantwortlichkeit** und aber auch, um mit den Bedarfsträgern gleichwertig verhandeln zu können, ist der Einkauf in **den obersten Führungsebenen** der Organisation anzusiedeln. Dies ist derzeit nur bei 17 % der Befragten der Fall. Wichtig ist es, dass innerhalb der Einkaufsorganisation eine klare Hierarchie festgelegt wird und Zuständigkeiten klar definiert sind, dies ist, auch verbunden mit **Sanktionsmöglichkeiten**, immerhin schon bei 55 % der Fall, fehlen diese, ist das Risiko, dass der festgelegte Einkaufsprozess nicht eingehalten wird hoch.

Schnittstelle zur Haushalts- bzw. Budgetsteuerung

34 Bisher ist bei über zwei Drittel der Befragten der institutionelle Einkauf nicht Teil der Haushalts-/Budgetplanung. Daher bleibt die Sicht der Einkäufer zur Budgeteinsparung u.ä. unberücksichtigt. Oftmals wird dadurch kein Anreiz gesetzt Einsparziele zu erreichen, da Einkauf und Budgetsteuerung nicht synchron laufen.

Gestaltungsfeld 12 — Schnittstellen zum Haushalt bzw. zur Budgetsteuerung
Verteilung der befragten Auftraggeber in %*

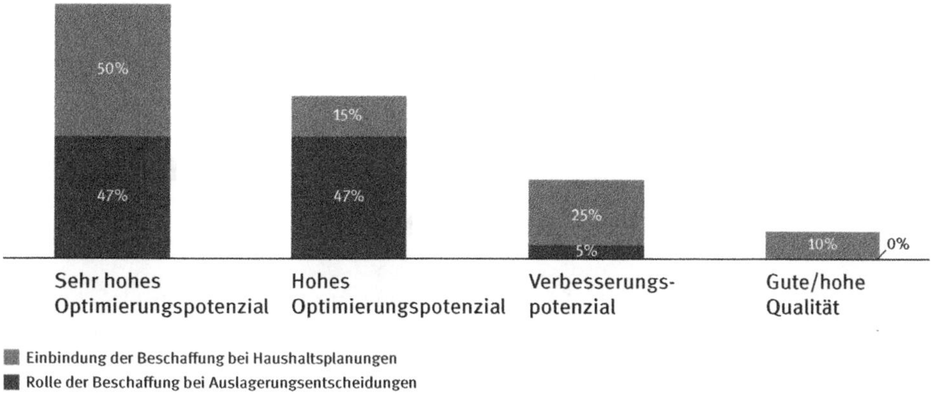

*) Die Prozentzahlen addieren sich pro farblich gekennzeichneter Kategorie, d. h. pro Frage, zu 100%.

Standardprozesse

Gestaltungsfeld 13 – Standardprozesse
Verteilung der befragten Auftaggeber in %*

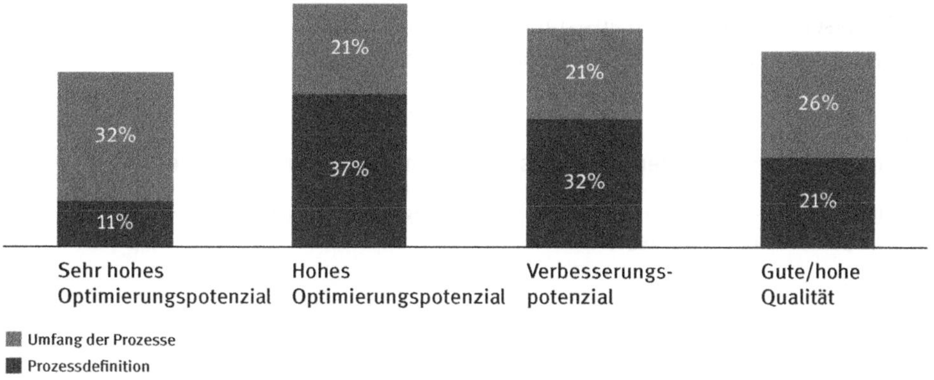

*) Die Prozentzahlen addieren sich pro farblich gekennzeichneter Kategorie, d. h. pro Frage, zu 100%.

53 % der Befragten nutzen bereits standardisierten Prozesse in der Beschaffung, hier 35
sind Ablauf und Zuständigkeiten genau geregelt, auch werden damit **effiziente und rechtkonforme Beschaffungen** erreicht – auch Meinungsverschiedenheiten zwischen Einkäufer und Bedarfsträger können hier geregelt sein. Sie führen zur organisationsweiten Vereinheitlichung – darin sollte eine deutliches Verbesserungspotential gesehen werden.

Unterstützung durch IT-Infrastruktur

Gestaltungsfeld 14 — Unterstützung Durch IT-Infrastruktur
Verteilung der befragten Auftraggeber in %*

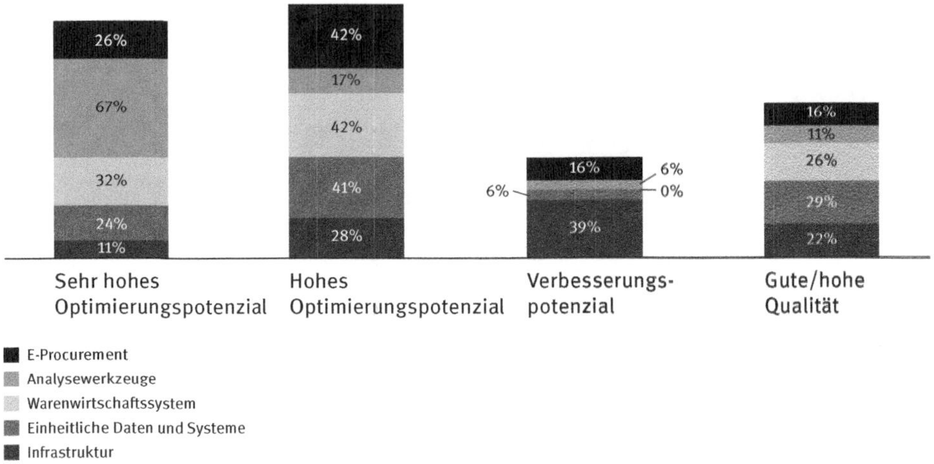

*) Die Prozentzahlen addieren sich pro farblich gekennzeichneter Kategorie, d. h. pro Frage, zu 100%

36 Die IT ist das Rückgrat einer modernen Beschaffung – allerdings nutzen bisher nur rund ein viertel der Befragten ein IT-gestütztes Warenwirtschaftssystem, 67 % führen die Analysen noch händisch aus statt auf integrierte Systeme zurückzugreifen.

37 Hier ist ein erhebliches Effizienzpotential vorhanden.

Korruptionsprävention, Verhandlungsstrategien und Rahmenverträge

Gestaltungsfeld 15 – Korruptionsprävention, Verhandlungsstrategien und Rahmenverträge
Verteilung der befragten Auftraggeber in %*

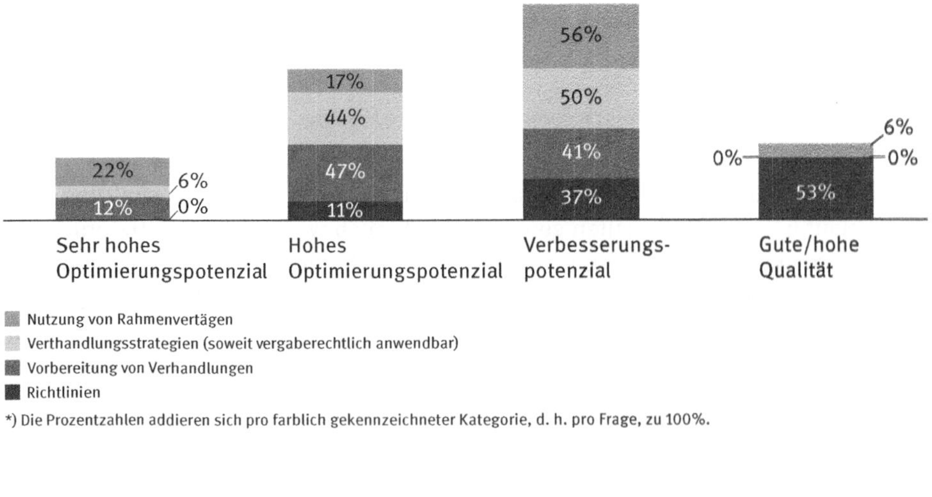

*) Die Prozentzahlen addieren sich pro farblich gekennzeichneter Kategorie, d. h. pro Frage, zu 100%.

90 % geben an, entsprechenden Richtlinie zur Korruption zu haben und dass die Einhaltung dieser intern, aber auch organisationsübergreifend geprüft wird. 38

Anders sieht es hingegen bei den Verhandlungsgesprächen mit Lieferanten aus, deren Ziel ein **„Win-Win"-Situation** sein sollte. Hier ist festzustellen, dass nur ein geringer Anteil sich dezidiert auf das Gespräch vorbereitet, 12 % gehen sogar unvorbereitet in die Verhandlungen. 39

Bei Rahmenverträgen zeigt sich, dass rund 60 dieses Instrument für sich entdeckt haben, um auf die individuellen Bedürfnisse bei Eintritt befriedigen zu können und auch Möglichkeiten zur Nachverhandlung oder Preisänderung darin schon festzuschreiben. 40

Steuerung und Überwachung

Gestaltungsfeld 16 — Steuerung und Überwachung
Verteilung der befragten Auftraggeber in %*

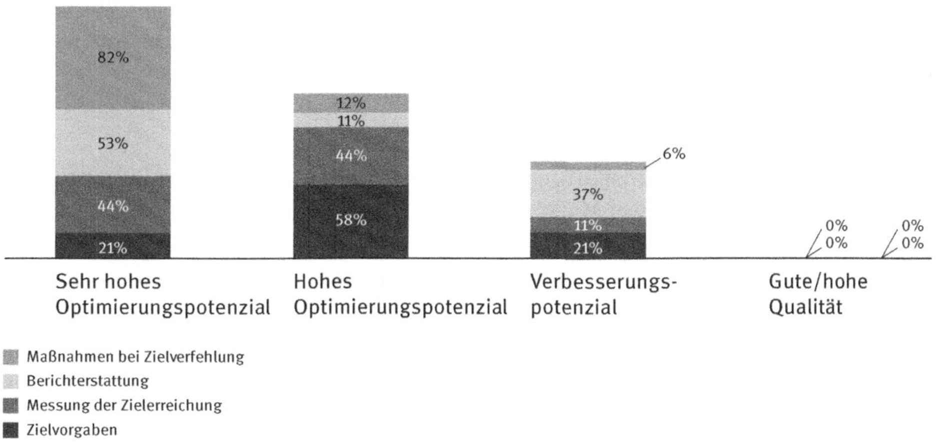

*) Die Prozentzahlen addieren sich pro farblich gekennzeichneter Kategorie, d. h. pro Frage, zu 100%.

Nur durch konkrete Ziele und deren Überwachung können die Einkaufsprozesse gesteuert werden und dadurch Effizienz erreicht werden. 41

Erschreckend ist, dass 80 % keine Maßnahmen festgelegt haben, was passiert, wenn das Ziel verfehlt wird, welche **Handlungsalternativen** es gibt. Hier ist noch Optimierungsbedarf gegeben – lediglich 58 % definieren überhaupt ein Ziel, 44 % erfassen dann aber die Erreichung selbst nicht mehr, immerhin bei 53 % werden sporadisch noch Berichte über erreichte Ziele erstellt. 42

4. Schlussfolgerungen und Handlungsempfehlungen

43 Es gibt in nahezu allen Bereichen des öffentlichen Einkaufs erhebliche Optimierungspotenziale.

44 Dabei steht die Standardisierung und Zentralisierung, unterstützt durch eine gute IT, im Vordergrund.

45 Die organisatorischen Fähigkeiten zur Beeinflussung der Wirtschaftlichkeit und Qualität müssen verbessert werden (Infrastrukturell und Personell)

46 Booz stellt die These auf, schon bei dieser oberflächlichen Betrachtung des öffentlichen Einkaufs davon auszugehen ist, dass die in der Privatwirtschaft erreichten Einsparungen prozentual auch hier erreichbar sind. Es wird **eine Einsparquote zwischen 5 % und 30 %** benannt. Bei sicherer Betrachtung veranschlagt Booz rund 10 % des Beschaffungsvolumens.

47 Hier wird von einem jährlichen Volumen zwischen 200 und 350 Milliarden Euro für Deutschland ausgegangen – dabei wird bei noch vorsichtiger Schätzung mit Einsparungen zwischen 10 und 20 Milliarden jährlich gerechnet. Da es sich um eine jährliche Einsparung handelt liegt der positive Barwert natürlich höher.

48 Laut Booz könnte der Bund ohne große Veränderung in der Aufbau und Ablauforganisation bereits jetzt rund 10 % einsparen, wenn er verstärkt auf Einkaufsbündelung und Standardisierung achten würde.

Handlungsempfehlung:

49 Um die prognostizierten Einsparungen, in Höhe von 10–20 Milliarden Euro pro Jahr erzielen zu können, sind zwei Maßnahmenbündel definiert worden.

50 Einen soll die institutionelle und instrumentelle Weiterentwicklung der öffentlichen Beschaffung hin zu einem **strategischen Einkauf** erreicht und vorangetrieben werden, zum anderen die die Anpassung bzw. **Umgestaltung des Ordnungsrahmen öffentlicher Auftraggeber**, so dass sich das Konzept eines strategischen Einkaufs entfalten kann. Dazu ist eine Vereinfachung bzw. **Entschlackung des Vergaberechts** zweckmäßig aber keine Vorbedingung um diese Ziele zu erreichen.

II. Ramboll-Studie

51 Die Firma Ramboll Management Consulting ist der letzten Jahren durch mehrere Studien immer wieder europaweit ins Gespräch gekommen. Die Ergebnisse der letzten beiden Studien, zum einen der Studie „CROSS-BORDERPROCUREMENT ABOVE EU THRESHOLDS“ und zum anderen der Studie „REVIEW OF THE FUNCTIONING OF THE CPV CODES/SYSTEM“ sollen hier kurz dargestellt werden.

CROSS-BORDER PROCUREMENT ABOVE EU THRESHOLDS

52 laut der Studie von Ramboll wurden zwischen 2007 und **2009 nur 1,6 % aller öffentlichen Aufträge direkt grenzüberschreitend** vergeben. Damit scheint das Ziel der

damals neuen EU-Vergaberichtlinie deutlich verfehlt, deren Ziel es war unter anderem grenzüberschreitende Vergaben stärker zu fördern.

Erfasst wurden in dieser Studie nur Vergaben oberhalb des EU Schwellenwertes. 53
Immerhin wurden 11,4 % in direkt grenzüberschreitend vergeben, das bedeutet an ausländische Unternehmen, die im ausschreibenden Land ohnehin eine Niederlassung unterhalten.

Dabei führt Ramboll weiter aus, dass dieser niedrige Wert auf die Bau- und Dienst- 54
leistungsvergaben zurückzuführen ist. **Bei Lieferleistungen ist ein größerer Anteil** von grenzüberschreitenden Vergaben feststellbar.

Als große Barriere wurden von den Wirtschaftsteilnehmern **Sprachprobleme** 55
aufgeführt. Daher ist es nicht überraschend, dass eine geographische Nähe und gleicher Sprache mehr grenzüberschreitende Vergaben stattfinden.

Beispiel
So führt Ramboll aus, dass von den Vergaben, die Deutschland direkt grenzüberschreitend vergeben hat, **51 % nach Österreich** vergeben wurden. Im Gegenzug haben österreichischen Auftraggeber sogar 84 % ihrer öffentlichen Aufträge an deutsche Firmen vergeben.

Speziell kleinflächige Staaten vergeben eher grenzüberschreitend als Großflächen- 56
staaten. Dieses sei auf zwei Faktoren zurückzuführen:
- Zum einen verfügen kleinen Flächenstaaten gegebenenfalls nicht über die vollständige Leistungsbreite und müssen daher aus dem Ausland sowohl Bau-, Dienst- als auch Lieferleistungen in Anspruch nehmen,
- zum anderen sind, wie zum Beispiel im Falle der BeNeLux-Staaten die Sprachbarrieren zu den Nachbarstaaten sehr gering.

Die Exportstärke Deutschlands zeigt sich auch bei den grenzüberschreitenden öffent- 57
lichen Aufträgen. 5,3 % der öffentlichen Aufträge deutsche Auftragsnehmer stammen aus dem Ausland. Immer noch ein großes Hindernis für grenzüberschreitende Vergabeverfahren sind neben der fehlenden Erfahrungn auch die Haltung nationaler Vergabestellen gegenüber nichteinheimischen Bietern, bzw. **Bevorzugung nationaler, heimischer Unternehmen**.

Auch die große Menge an Vergabeverfahren, die bereits im eigenen Land stattfin- 58
den, hält viele davon ab, sich auch grenzüberschreitend zu bewerben.

Ramboll führt weiter aus, dass es wesentlich mehr grenzüberschreitende Sekto- 59
renvergaben gibt als Vergaben nach den klassischen Vergaberichtlinien. Nicht verwunderlich dürfte es erscheinen, dass der Anteil grenzüberschreitender offener und nicht offene Verfahren niedriger ist als im Verhandlungsverfahren. Ebenso wenig überraschend ist, dass Aufträge mit höherem Auftragsvolumen eher Gegenstand grenzüberschreitender Vergabe sind.

Fraglich ist hier, ob die Einführung der europaweiten e-Vergabe, etwas an diesem 60
Zahlen und Erkenntnissen ändern wird. Die in **TED/SIMAP** eingestellten Vergabe-

verfahren sind allen Wirtschaftsteilnehmern im **Regelfall in ihrer Landessprache** zugänglich. Da aber in vielen Fällen wiederum die Landessprache der ausschreibenden Stelle Voraussetzung für das Vergabeverfahren ist, wird dieses Sprachhindernis bleiben.

61 Es kann davon ausgegangen werden, dass es auch in den nächsten Jahren, zu **keiner signifikanten Änderung**, Steigerung des grenzüberschreitenden Auftragsvolumens kommen wird. Auch die EU Vergaberichtlinie, dass bis Mitte 2016 alle Vergaben elektrisch vorgenommen werden müssen, wird an diesem Befund zumindest nichts Signifikantes ändern.

REVIEW OF THE FUNCTIONING OF THE CPV CODES/SYSTEM

62 Die Firma Ramboll Management Consulting hat in Zusammenarbeit dem Bundesverband für Materialwirtschaft, Einkauf und Logistik e.V. (BME) im Dezember 2012 die Studie zur Optimierung des Commen Procurement Vocabulary (CPV) veröffentlicht.

63 Ausgangspunkt der Studie war zu untersuchen ob das CPV, das bei Ausschreibung der Studie über **9454 verschiedene Codes** verfügte, als einheitliches Klassifizierungsmodell für das öffentliche Beschaffungswesen funktional, effizient, zweckmäßig ist, seiner Zielsetzung gerecht wird und darüber hinaus einen konkreten Mehrwert bringt. Das CPV soll einen produkt- und dienstleistungbezogenen Zahlencode darstellen, **der zur Überwindung von Sprachbarrieren** innerhalb der EU herangezogen werden kann.

64 Dazu wurden sowohl die inneren Strukturen als auch die Anwendung durch die Nutzer untersucht. Aus den über **12.000 Antworten** die im Rahmen **einer online Befragung**, sowohl von Vergabestellen, als auch Bietern über deren bisherige Erfahrung bei der Anwendung der CPV-Codes eingegangen sind wurden Handlungsempfehlungen und für Zukunftsszenarien erstellt.

65 Diese schlagen folgendes vor: Grundsätzlich soll das Klassifizierungsmodell, welches über den CPV-Schlüssel dargestellt wird, beibehalten werden. Allerdings soll der **Detaillierungsgrad verringert** werden, d.h. künftig soll es weniger CPV-Schlüssel geben. Dazu sollen **selten verwendete Codes wegfallen** und in der nächsthöheren Kategorisierung aufgehen. Insgesamt sollten alle CPV-Codes überprüft und überarbeitet werden, dies gilt insbesondere im Baubereich. Aufgrund der Vielzahl von CPV-Codes ist es sowohl für die ausschreibende Stelle, als auch für den Bieter oft **schwer, den passenden Code zu finden**. Daher sollte die Strukturierung zum einen verbessert werden zum anderen aber auch die Anleitung sowie die Suchfunktion, den passenden CPV-Schlüssel zu finden.

66 Dabei fordern Ramboll und BME insbesondere das Portal TED/SIMAP dahingehend auf, zum einen ihr **Onlineportal anwenderfreundlicher** zu gestalten, und zum anderen interaktive Elemente einzubinden. Diese könnten P2P-Funktion zu den üblichen Geschäftszeiten, online Seminare oder einfach auch nur Wikis sein.

67 Eine regelmäßige Kontrolle aller CPV-Schlüssel ist unumgänglich. Des Weiteren sollte den Nutzern die Möglichkeit gegeben sein, weitere CPV-Schlüssel vorzuschla-

gen. Dies darf natürlich nicht darin enden, dass innerhalb von kürzester Zeit wieder eine Fülle von nahezu ungenutzten CPV-Schlüsseln existent ist, die wieder eine Unübersichtlichkeit darstellen würden. Auch sollte fortan klar geregelt sein, dass europaweit diese CPV-Codes einheitlicher, verbindlicher Standard sind.

Eine weitere Forderung von Ramboll und BME ist **die Einbindung der CPV-Schlüssel in alle e-Vergabesysteme**. Zum Zeitpunkt der Studie war lediglich im bi-eVergabe-System das CPV standardgemäß eingebunden. 68

Grundsätzlich kann hierzu ausgeführt werden, dass die von Ramboll und BME aufgestellten Forderungen und Handlungsempfehlungen mit gewissen Vorsichtsmaßnahmen, gerade was das Vorschlagsrecht von CPV-Codes für Nutzer anbelangt, gefolgt werden sollte. Gerade ein einheitliches europaweites Vokabular bei Vergabe/e-Vergabeverfahren ist für alle Beteiligten sinnvoll und vorteilhaft und kann dazu beitragen, dass auch über die Grenzen hinweg Aufträge vergeben werden. 69

B. Projekterfahrungen

Zu bisherigen Projekten mit elektronischen Vergabeverfahren und daraus resultierenden Einsparpotenzial sei folgendes vermerkt. 70

Aktuell werden immer mehr elektronische Vergaben vorgenommen. Die auszuschreiben Stellen passen sich der Vorgabe der Europäischen Union an. Es ist allerdings aus der Praxis anzumerken, dass selbst bei elektronischen Verfahren, sowohl auf Bieterseite, als auch auf Seite der ausschreibenden Stelle, die **Unterlagen meist noch ausgedruckt** und zunächst in Papierform, gerade auf Bieterseite, bearbeitet werden. Erst wenn die Unterlagen vollständig in Papierform ausgefüllt vorliegen, werden diese dann das elektronische Formular übertragen. 71

Natürlich gibt es auch schon Einzelfälle, bei denen das elektronische Formular direkt ausgefüllt wird. Momentan ist allerdings noch **ein großer Vorbehalt vor dem elektronischen Formular** gegeben. Diese, die direkt nur noch digital arbeiten, sind allerdings momentan noch die Minderheit. Nachhaltige Einsparungseffekte, wie zum Beispiel beim Papier oder Toner sind hiermit noch nicht gegeben. Auch Einsparungseffekte auf Seiten des Personals können hier noch keine erkannt werden. 72

Eine rein elektronische Prüfung der Unterlagen erfolgt selten – entweder weil die Mitarbeiter der ausschreibenden Stelle, die Funktionen ihrer Standartsoftware nicht kennen oder aber, weil sie noch vorbehalte haben und **die Prüfung doch lieber händisch** vornehmen wollen. Dass die z.T. elektronisch ermittelten Ergebnisse weiterhin auf Plausibilität und Richtigkeit geprüft werden müssen, steht außer Frage. Grundsätzlich muss man sagen, dass das Projekt e-Vergabe **bei vielen Kommunen noch in den Kinderschuhen** steckt. 73

Momentan sind in vielen Fällen weder die Bieter, noch die ausschreibende Stelle mit den gängigen e-Vergabeverfahren die von verschiedenen Vergabeplattformen 74 angeboten werden, umfassend betraut. Daher finden diese e-Vergabeverfahren noch nicht flächendeckend statt.

75 Auch entdeckt man immer noch regelmäßig Ausschreibungen, in denen die Einreichung der Vergabeunterlagen parallel per e-Vergabeverfahren (elektronisch signiert oder Mantelbogen) oder klassisch per Post zulässig ist.

76 Dies führt dazu, dass viele Bieter aus alter Gewohnheit weiterhin zum klassischen Verfahren greifen, da sie mit dem über Jahre hinweg vertraut sind – gleichzeitig führt es aber auch dazu, dass auf Seiten der ausschreibenden Stelle keine Einheitlichkeit und Routine eintritt – man kann es sogar kritisch betrachten, wenn **ein Teil der Unterlagen am Bildschirm** bewertet werden soll, der **andere Teil** muss dann **händisch** von den Mitarbeitern in die elektronische Vergabeakte nachgepflegt werden. Dies führt gerade zu einer ungewollten Erhöhung des Arbeitsaufwands.

77 Wie oben bereits mehrfach erwähnt, kann durch **die Bündelung in einer zentralen Vergabestelle,** in der geschultes, ausgebildetes Personal, die Ausschreibung sowohl erstellen, als auch auswertet, dann auch in elektronischer Form, hier ein nachhaltig Vergabeverfahren erreicht werden.

78 Es bleibt spannend zu beobachten, wie von der ausscheidenden Stelle und auf Seiten der Bieter die Vertrautheit mit dem Thema e-Vergabe wächst. Mit jedem weiteren e-Vergabeverfahren besteht die Chance, dass die Nachhaltigkeit erhöht werden kann.

79 Ein konkretes Beispiel kann aufgrund der Geheimhaltung der Vergabeverfahren hier nicht benannt werden.

80 Grundsätzlich sei jedoch gesagt, dass die Vergabestellen sich immer mehr auf das e-Verfahren einrichten. Erfahrungsberichte insbesondere von großen Vergabestellen großer Städte lassen sich nachweisen (z.B. Stadt Köln)[8]. Sie reichen bis hin zu deutlich ausgesprochenen Plädoyers zugunsten der eVergabe.

81 Allerdings ist zu konstatieren, dass es sehr häufig darum geht, **individuelle Lösungen** für die Kommunen zu finden, weil die **Organisationsstrukturen sehr unterschiedlich** sind und vielfach auch Widerstände existieren, vorhandene Strukturen zu ändern. Manche Kommunen sind von sehr großer Dezentralität gekennzeichnet, andere hingegen haben in den vergangenen Jahren verstärkt auf zentrale Strukturen umgestellt (Einrichtung Zentraler Vergabestellen).

82 Auch von Ausschreibungen zur Auffindung einer Vergabeplattform ist immer häufiger zu hören. Diese sind naturgemäß relativ aufwendig, weil viele, insbesondere technische, Faktoren berücksichtigt werden müssen[9]:

8 *Adams*, „Einstieg in die eVergabe – so schnell wie möglich!“, Service-Guide eVergabe Ausgabe 01/2014, S. 5ff.

9 *Wichmann/Schlesener*, „Anforderungen an eVergabe-Systeme aus der Sicht eines Sektorenauftraggebers“, Service-Guide eVergabe Ausgabe 01/2014, S. 25, 27.

„Hierzu können vom Auftraggeber erhebliche Vorarbeiten zu leisten sein, um eine eindeutige und erschöpfende Leistungsbeschreibung hinsichtlich der Schnittstellenanbindung sowie eventueller weiterer erforderlicher Funktionalitäten erstellen zu können. Nachträgliche Ergänzungs- und Änderungswünsche sind erfahrungsgemäß unabhängig vom konkreten Beschaffungsgegenstand kostenträchtig. Ebenso dürften diese regelmäßig mit der aufwendigen Prüfung verbunden sein, ob eine wesentliche Vertragsänderung oder ein sog. Ausnahmetatbestand vorliegen könnte, wenn diese „Nachträge" nicht durch entsprechende Vertragsregelungen abgedeckt sind. In finanzieller Hinsicht ist zu beachten, dass die Pflege von maßgeschneiderten Anpassungslösungen deutlich teurer sein wird, als bei einem standardisierten Produkt. Ungeachtet des Kostenfaktors sollte auch aus Komplexitätsgründen im Vorfeld hinterfragt werden, welche internen Prozesse sinnvoll bzw. notwendig sind und ob diese an das elektronische Beschaffungssystem angebunden werden sollen. Gegebenenfalls lassen sich im Rahmen dieser Vorüberlegungen alte Zöpfe abschneiden."

In einem Fall einer solchen Ausschreibung hat es in jüngerer Zeit auch ein Vergabe- 83
nachprüfungsverfahren gegeben, welches zum wesentlichen Ergebnis hatte,

- dass die Auswertung der 79 technischen Kriterien nicht ordnungsgemäß erfolgt war (weil u.a. nur von einem einzigen Mitarbeiter mit im Einzelnen nicht mehr aufklärbarer „assistierender Unterstützung" eines Beraters durchgeführt),
- und dass kein Testprogramm für die Durchführung der Testläufe des Systems vorgegeben wurde und die angeblichen Tests nicht zeitnah dokumentiert worden waren.

Der entscheidende Vergabesenat setzte das Vergabeverfahren zurück und ordnete 84
eine **Neubewertung der Angebote** an.[10] Auch diesem Vergabeverfahren einer größeren Verwaltungseinheit in Baden-Württemberg lag die Suche nach einem (im Ergebnis) individuell zuzuschneidenden System zugrunde. In der Entscheidung lassen sich Rückschlüsse auf die Leistungsbeschreibung nachweisen, wonach es in dem Verfahren um die Entwicklung bzw. **Fortentwicklung eines bestehenden eVergabe-Systems** ging, und die neuen Konzeptvorschläge einen gewissen „Reifegrad" haben sollten, was dann in dem Verfahren als Grundlage der Bewertung streitig war.

10 OLG Karlsruhe, Beschl. v. 31.01.2014, 15 Verg 10/13. Dazu auch ausführlich: *Noch.* „Der Test im Test", VergabeNavigator 03/2014, S. 28.

Praxistipp
Wichmann/Schlesener[11] benennen aus der Sicht der Sektorenauftraggeber einige Anforderungen, die an elektronische Auftragsvergabeplattformen zu stellen sind, und die in entsprechenden Ausschreibungsverfahren berücksichtigt werden sollten:
- Fristen- und Resourcenmanagement
- Systemlösungen bzw. -störfälle
- Vordrucke und Veröffentlichungen
- Wege der Informationsübermittlung
- Formvorgaben (Beachtung des „Vier-Augen-Prinzips", Zweites Einloggen bei Notwendigkeiten der Mitentscheidung verschiedener Stellen)
- Schriftform und elektronische Signatur
- Dokumentenmanagement

85 Von Seiten der Bieter, die zu großen Teilen aus der freien Wirtschaft kommen, ist die **Akzeptanz des Vergabeverfahrens im Grundsatz gegeben**, auch wenn hier wie oben bereits erwähnt, der interne Kontrollmechanismus „Papier" immer noch zum Einsatz kommt. Viele der Bieter greifen im privatwirtschaftlichen Sektor bereits auf elektronische Warenhäuser, Schwarze Bretter und ähnlichem zurück. Hier haben sich im privatwirtschaftlichen Sektor bereits standardisierte Lösungen etabliert. Durch eine **fortlaufende Standardisierung der e-Vergabeverfahren** kann auch eine nachhaltige Effizienzsteigerung erreicht werden, sowohl für die Bieter, als auch für die ausschreibende Stelle. Die von verschiedenen Stellen prognostizierten Einsparungen von ca. 5–20 % je nach umfang des Verfahrens können auf lange Frist sicherlich erreicht werden.

86 Wie ein standardisiertes Vergabeverfahren ablaufen soll, ist an anderer Stelle bereits dargestellt.

87 Die zum Teil neuen Begrifflichkeit die im Rahmen eines e-Vergabeverfahrens aufkommen, müssen sowohl auf Bieterseite, als auch auf Seiten der ausschreibenden Stelle in den allgemeinen Sprachgebrauch übergehen. Eine Vereinheitlichung des Vokabulars und der Unterlagen führt ebenso zur Effizienzsteigerung bzw. Kosteneinsparungen.

C. Allgemeine Schlussfolgerungen

I. Kosten-Nutzen-Rechnung bei der erstmaligen Einführung (ROI)

88 Oftmals kommt die Frage auf, wie es mit der Kosten-Nutzen-Rechnung bei der erstmaligen Einführung der Vergabe, sprich dem **Return on Investment (ROI),** aussieht

11 *Wichmann/Schlesener*, „Anforderungen an eVergabe-Systeme aus der Sicht eines Sektorenauftraggebers", Service-Guide eVergabe Ausgabe 01/2014, S. 25, 27ff.

und wie sich im dauerhaften Einsatz die Grenzkosten zwischen klassischer Vergabe und eVergabe zueinander verhalten.

Hier stellt sich zunächst die Frage, **welche Kosten bei der erstmaligen Einführung** der e-Vergabe entstehen. 89

Wenn man auf die bestehenden Portale (siehe Kapitel sieben) zurückgreift, entstehen keine Entwicklungs- und Programmierungskosten für die ausschreibende Stelle. 90

Eine Kostenschätzung für die Erstellung einer eigenen e-Vergabeplattform wurde von einem Softwarehouse mit Minimum **30.000 Euro Entwicklungskosten** angesetzt, die **gleiche Summe** wurde für die zusätzlich anzuschaffenden **Hardware** ebenfalls als Minimum benannt, hinzu wurden rund 15 % jährliche Betriebs- und Wartungskosten veranschlagt – was auf 5 Jahre (ohne Inflation) eine Kostenaufwand von rund 100.000 Euro bedeuten würde. 91

Beispiel

Wenn man z.B. die Gebühren von 60 Euro zu Grunde legt, die eine ausschreibende Stelle pro Verfahren bei vollem Leistungsumfang beim Vergabeportal „Deutsche eVergabe" zu zahlen hat, entsprechen die Anschaffungskosten rund 1650 Verfahren auf 5 Jahre – sprich rund **330 Verfahren im Jahr** – also müsste man jeden Werktag mehr als eine Ausschreibung veröffentlichen um eine positiven ROI zu erreichen, wenn man alle andern Kosten zu diesem Zeitpunkt außer acht lassen würden (z.B. Personalkosten, Strom).

Daher ist es nicht als zweckmäßig anzusehen, dass jede einzelne ausschreibende Stelle ihr eigenes Vergabeportal/-system vorhält. Dies würde zu horrenden Kosten führen, die **im Regelfall nicht amortisiert** werden können. Daher soll der Aspekt der Programmierung eines eigenen Vergabesystems hier nicht weiter thematisiert werden. Die Kosten die für den Rückgriff auf ein bestehendes Portal entstehen, sind je nach Anbieter unterschiedlich. Wer die Kosten beim Rückgriff auf ein gebührenpflichtiges Portal trägt, liegt in der Entscheidung der ausschreibenden Stelle – hier sind beide Varianten möglich – sprich man kann analog zu den Versandkosten im klassischen Verfahren, den Bieter die Kosten tragen lassen, man kann aber auch eine Kostenübernahmen als ausschreibende Stelle vornehmen. Diese Kosten sind als fortlaufende Prozesskosten anzusehen und sind daher weder auf Bieterseite, noch auf Seiten der ausschreibenden Stelle für eine ROI-Berechnung heranzuziehen. Auch bei der Betrachtung der **Grenzkosten**, spielen die Gebühren, die für den Abruf der Unterlagen ggf. getragen werden müssen, werde für die ausschreibende Stelle, noch für den Bewerber eine Rolle. Hier ergibt **sich kein Unterschied zwischen klassischer und eVergabe**. 92

Davon ausgehend, dass in einer modernen Verwaltung, die Arbeitsplätze mit leistungsfähigen Rechnern ausgestattet sind, dürfen die Kosten für die Beschaffung von Hardware ebenso nicht in die Kosten für die erstmalige Einführung der e-Vergabe aufgeführt werden. Auch für die Grenzkostenberechnung ist dieser Faktor nicht 93 erheblich. Die für die e-Vergabe **benötigte Software** wird im Regelfall, sollte sie nicht bereits auf den Arbeitsplätzen vorhanden sein, **kostenlos zur Verfügung** gestellt. Daher sind hier keine Investitionen zu betrachten – auch ist eine Kostenabgrenzung zwischen klassischer Vergabe und eVergabe hier nicht statthaft. Gleiches gilt auch für die Bieterseite – auch hier muss davon ausgegangen werden, dass die technische Ausstattung vorhanden ist.

94 Gegebenenfalls müssen für die einzelnen Arbeitsplätze, sowohl auf Bieterseite, als auch auf Seiten der ausschreibenden Stelle, **noch Kartenlesegeräte und digitale Signaturkarten** angeschafft werden. Die Kosten pro Arbeitsplatz können derzeit mit **ca. 200 €** beziffert werden. Es sollte darauf geachtet werden, dass nur die Entscheidungsträger/Berechtigten über eine solche Signaturkarte verfügen. Mit dieser digitalen Signatur kann sowohl der Bieter, als auch die ausschreibenden Stelle, rechtverbindliche Dokumente erstellen und damit bindend nach außen handeln. Es liegt klar auf der Hand, **dass nicht jeder Mitarbeiter** einer Vergabestelle bzw. des Bieters über eine solche digitale Signatur verfügen muss. Die Unterlagen können in der Regel auch offline erstellt und später digital signiert und hochgeladen werden.

! **Praxistipp**
Analog ist darauf zu achten, dass bei Portalen, die nicht auf eine digitale Signatur bestehen**, nur der Entscheidungsträger/Berechtigte** über die Zugangsdaten verfügen dürfen, da auch sonst ggf. Willenserklärungen abgegeben werden können die nicht im Interesse der ausschreibenden Stelle bzw. des Bieters sind.

---

95 Die zur Erteilung der digitalen Signatur anfallenden Kosten können, wenn überhaupt, gegen die Kosten für Papier, Toner und Porto gegen gerechnet werden, wenn man davon ausgeht, dass die Unterlagen nun nur noch elektronisch bearbeitet und verschickt werden. Hierdurch können nachhaltig Umweltressourcen wie Papier eingespart werden. Hier kann davon ausgegangen werden, dass die Amortisierung der Kosten auf Seiten der ausschreibenden Stelle schneller erreicht ist, als auf Seiten des Bieters.

II. Grenzkosten eVergabe vs. normale Vergabe

96 Hier sei bespielhaft beleuchtet, welche Kosteneinsparungen sich durch den oben genannten Faktor ergeben können. Basierend auf der Mischkalkulation bei Ausdruck schwarz-weiß und farbig, wo derzeit von **einem Seitenpreis von ~0,08 Euro** ausgegangen wird, liegt die **Break-Even hier bei rund 2500 Blatt**, wenn diese nicht mehr ausgedruckt werden müssen. Des Weiteren muss hier in die Kalkulation aufgenommen werden, dass mit der Einführung der e-Vergabe, gerade auch das e-Vergabeportal des Bundes, die Vergabeunterlagen kostenfrei zur Verfügung stellt – hier müssen die Bieter keine Portokosten oder Schutzgebühr mehr bezahlen. Auch diese Ersparnis

muss hier mit einberechnet werden – das heißt, der Bieter spart sich beim Abruf der Unterlagen und bei der Einsendung der Unterlagen die Gebühren für Porto und ggf. erhobene Bearbeitungs-/Schutzgebühr.

Daraus kann abgeleitet werden, dass bereits ab der ersten e-Vergabe **ein weniger** 97
an Kosten für den Verfahrensablauf, sowohl auf der Bieterseite, als auch auf Seiten der ausschreibenden Stelle verbucht werden kann.

Auch soll der Faktor Personal(kosten) zwischen klassischer und e-Vergabe ver- 98
glichen werden. Grundsätzlich kann festgehalten werden, dass egal ob es sich um ein klassisches oder elektronisches Vergabeverfahren handelt, die Vergabeschritte, die auf beiden Seiten ausgeführt werden müssen sind jeweils die gleichen, lediglich auf Seiten der ausschreibenden Stelle werden die Mitarbeiter dadurch entlastet, dass die **Vergabeakte automatisch vom Vergabesystem erstellt** wird. Hier kann man direkte Kosteneinsparungen ab der ersten e-Vergabe ausweisen – es spart zum einen die Arbeitszeit des einzelnen Mitarbeiters, zum kann dies als nachhaltig angesehen werden, da die Vergabeakte elektronisch geführt wird und damit zunächst papierlos, was weitere Kosten und Ressource einspart. Die **Personalkosten, die auf Seiten des Bieters** für im Vergabeverfahren anfallen **unterscheiden sich nicht**, egal ob man nun elektronisch oder klassische ausschreibt. Der Bieter braucht in der Regel die gleiche Zeit, ob der Unterlage händisch oder elektronisch ausfüllt, auf die Nachhaltigkeit bei eVergabe wurde ja bereits mehrfach hingewiesen.

Ob für die jeweils handelnden Mitarbeiter die nun statt klassischer Vergabever- 99
fahren elektronische Verfahren betreuen eine **extra Schulung nötig** ist, kann nicht pauschal beantwortet werden, allerdings können Mitarbeiter, die über das nötige Know-How sowohl im klassischen, als auch im e-Vergabeverfahren verfügen effektiver arbeiten, was in der Regel zu Zeit- und Kosteneinsparungen führt, und darüber hinaus ggf. in der eigenen Behörde bzw. dem Betrieb als **Multiplikator für weitere Mitarbeiter** und Verfahren dienen. Es muss aber klar gestellt werden, dass die Einsparung hier nicht auf die e-Vergabe zurückzuführen ist. Allerdings kann man hier, unabhängig von der erstmaligen Einführung der e-Vergabe, sicherlich eine ROI ermitteln, wenn man einen Mitarbeiter, auch durch Fortbildungen/Schulungen so fit macht, dass er als Multiplikator später dienen kann und damit die Effizienz steigert und fortlaufend Kosten einspart.

Grundsätzlich kann festgehalten werden, dass der Umstieg von klassischer 100
Vergabe hin zur e-Vergabe **mit kleinsten finanzielle Aufwendungen** verbunden ist. Die finanziellen Einsparungen und nachhaltigen Schritten für die Umwelt, die damit aber sehr schnell erreicht werden können sprechen für sich. Ein reiner ROI aus der erstmaligen Einführung der e-Vergabe kann wohl weder auf Bieterseite, noch auf Seiten der ausschreibenden Stelle klar definiert und dokumentiert werden.

D. Besondere Schlussfolgerungen

I. Größe der Vergabestellen

101 Die Frage nach der Größe der Vergabestelle ist im Einzelfall zu betrachten. Eine pauschale Aussage, wie groß eine Vergabestelle einer einzelnen Behörde, ohne oder ähnlichem sein sollte ist nicht möglich. Grundsätzlich muss die Größe der Vergabestelle **an die Anforderungen angepasst** sein. Die Frage, inwieweit Einsparungspotenziale durch elektronische Vergabe im Zusammenhang mit der Größe der Vergabestelle stehen kann nicht abschließend beantwortet werden.

102 Grundsätzlich muss festgestellt werden, dass es für **kleine Gemeinden** sicherlich nicht zweckführend ist, egal ob „normale" Vergaben oder elektronische Vergaben vorgenommen werden, die Vergabestelle mit extrem hohen Anzahl an Personal zu besetzen, die wenige kleine Ausschreibungen bearbeiten. Hier sind in vielen Fällen, die Ausschreibungen nur „Nebenobjekte" zur eigentlichen Arbeit, was häufig dazu führt, dass der/die Mitarbeiten nicht vollständig in der Materie Vergaberecht drin sind, was häufig zu Verfahrensfehler führt. Hier kann nur darauf hingewiesen werden, dass es **fachkundige Beratungsstellen** gibt, die einem hier zu Hilfe sein können.

103 Eine **Faustformel**, wie groß eine Vergabestelle sein muss, gemessen am Auftragswert, **kann nicht gegeben werden.** Es ist unerheblich ob eine Vergabe über 250.000 € oder 2 Millionen € vorgenommen wird. Der Aufwand, der bei dem Verfahren anfällt, ist grundsätzlich derselbe[12], gerade auch was die Dokumentationspflichten anbelangt, die ja im e-Vergabeverfahren großteils vom System übernommen wird. Hierbei muss maßgeblich betrachtet werden, wo die einzelne Vergabestelle angesiedelt ist. In kleineren Gemeinden und Kommunen sind diese zumeist in der Kämmerei oder dem Bauamt angesiedelt. Große Städte und Behörden verfügen oft über eine eigenständige Vergabestelle (Zentrale Vergabestelle).

104 Es muss im Einzelfall betrachtet werden, **wie viele Verfahren** ein einzelner Mitarbeiter in eine Vergabestelle **gleichzeitig betreuen** kann, wenn er wie bisher üblich eine normale Vergabe vornimmt im Gegensatz zu einem elektronischen Vergabeverfahren. Erst wenn wir eine signifikante Abweichung zwischen den bisherigen Zahlen und den neu ermittelten Zahl auftritt, kann die Vergabestelle im Einzelfall verkleinert werden. Durch diese Verkleinerung **können Personalkosten gespart** werden. Es ist

12 Man betrachte diesbezüglich auch die kritischen Würdigungen seitens des Bundesrechnungshofes, was die Wirkungen des „Konjunkturpaketes II" mit den Verfahrenserleichterungen in Form der Erweiterung der Zulassung von Beschränkten Ausschreibungen anbelangt. Auch diesbezüglich wurde festgestellt, dass der meiste Aufwand in der Entscheidung über die Vergabe (Gremien, vorhergehende Budget-Abklärungen), der Zusammenstellung der Vergabeunterlagen inklusive Leistungsbeschreibung, Bewerbungsfristen der Bieter, formale und inhaltliche Auswertungen, sowie Anfertigung der Dokumentation, besteht. Die Verfahrenswahl und das Volumen des Auftrags sind sekundär.

davon auszugehen, dass solche Einsparpotenziale **regelmäßig bei größeren Vergabestellen** auftreten.

In kleinen Vergabestellen, in denen bisher sehr wenige (eins bis drei) Mitarbeiter für die Vergaben zuständig waren, wird wohl eine Einsparung eines Mitarbeiters nicht statthaft sein. Hier können keine Personalkosten primär eingespart werden. Allerdings ist es denkbar, durch die eingesparte Zeit, dem Mitarbeiter andere Aufgaben aus der Verwaltung, die mit in sein Ressort fallen, übertragen und damit die Kostenstelle Vergabe zu entlasten und eine andere Kostenstelle in der Verwaltung zu belasten. Gegebenenfalls kann auf die Einstellung eines weiteren Mitarbeiters in der Verwaltung verzichtet werden. Daher kann **auch bei kleinen Vergabestellen eine Effizienzsteigerungen** im Rahmen der gesamten Verwaltung erreicht werden. 105

Bei großen Vergabestellen kann tatsächlich ein Effekt auftreten, das zu einem Personalüberschuss führt. Inwieweit dieser sozial verträglich umgeschichtet wird, muss die einzelne Vergabestelle selbst regulieren. 106

Hinweis
Es gilt zu beachten, dass die Anzahl der Vergabeverfahren jährlich steigt, damit könnte auf lange Frist, wenn man den bisherigen Personalbestand festhält, zunächst auf Neueinstellung weitere Mitarbeiter in größeren Vergabestellen verzichtet werden, da noch Ressourcen vorhanden sind. Dadurch würde ein sozialverträgliches Gesundschrumpfen möglich. !

II. Häufigkeit und Art der Vergabeverfahren

Inwieweit Häufigkeit und Art der Vergabeverfahren Einsparungspotenziale durch elektronische Vergaben erzeugen können, muss getrennt betrachtet werden. 107

Grundsätzlich kann festgestellt werden, dass durch häufige Vergabeverfahren, die nun elektronisch vorgenommen werden, ein Einsparpotenzial, gerade auch was die Arbeitszeit und Materialkosten in der Verwaltung und bei den Bietern anbelangt, erreicht werden kann. 108

Gerade wenn die Vergabeverfahren nun vollständig elektronisch abgewickelt werden, ist eine **Effizienzsteigerung** möglich, die Vergabestelle kann auf den Vergabeportalen auf eine Vielzahl **standardisierter Vorlagen** für die jeweilige Vergabeart zurückgreifen. Diese müssen nicht erst auf einer Vielzahl von Vorlagen händisch gesucht und dann ggf. für den Einzelfall noch explizit angepasst, im schlimmsten Fall sogar eigens erstellt werden – Weitere Dokumente, wie z.B. geforderte Eigenerklärungen, werden wie bisher auch von der Vergabestelle erstellt, nun aber ebenso elektronisch (meist im PDF-Format) zur Verfügung gestellt. 109

Für die Bieter ergeben sich daraus, neben den Zeitersparnissen, bis er auf die vollständigen Vergabeunterlagen zugreifen kann, auch Effizienz- und Komfortsteigerungen. Zum einen kann er die Unterlage nun **direkt elektronisch** ausfüllen, zum 110 anderen überwacht das Vergabesystem im Regelfall, dass alle Unterlagen vollständig ausgefüllt sind. Daher kann der Bieter im Normalfall **keine Unterlage vergessen.**

Hinweis
Für den Inhalt der Erklärung ist weiterhin der Bieter verantwortlich. Das System kann grundsätzlich die Plausibilität bzw. den Wahrheitsgehalt der Angaben nicht prüfen.

---

111 Gerade wenn die Eingabemasken, die der Bieter bei einer solchen e-Vergabe ausfüllen muss, regelmäßig dem gleichen Standard/Format/Schema entsprechen, ist es für ihn auf Dauer gesehen einfacher, diese Unterlagen auszufüllen, was wiederum zu einer Zeitersparnis führt.

112 Gleiches gilt auch für die ausschreibenden Stelle bei der Konzipierung einer solchen Ausschreibung. Natürlich gibt es in der Praxis bei jeder Vergabe, egal ob klassisch oder elektronisch, immer wieder Erklärungen/Unterlagen/Dokumente, die nicht standardisiert erfasst werden können – allerdings ergibt sich hier ja kein Nachteil zwischen klassischer und elektronischer Vergabe – weder für die ausschreibenden Stelle beim Konzipieren und Auswerten, noch beim Bieter, wenn er diese Unterlage ausfüllen muss. Sprich: **Im schlechtesten Fall sinkt das Einsparpotential auf Null** – von einem höheren Aufwand, gerade auch wenn häufig Ausschreibungen vorgenommen werden, kann grundsätzlich nicht ausgegangen werden. Je vertrauter die beiden Seiten mit dem e-Vergabeverfahren werden, umso mehr können sich die prognostizierten Einsparpotentiale von bis zu 20 % erreichen lassen.

113 Fraglich ist, ob auch die Art des Vergabeverfahrens einen Einfluss auf das mögliche Einsparpotential hat.

114 Grundsätzlich kann festgestellt werden, dass unabhängig vom gewählten Verfahren in allen Vergabeverfahren, unabhängig ob klassisch oder elektronisch, immer Einsparpotentiale gegeben sind. Es kann aber festgehalten werden, dass je höher der **automatisierte Grad** im Verfahren ist, desto höher auch die möglichen Einsparmöglichkeiten sind.

Beispiel
Wenn man zum Beispiel ein Verhandlungsverfahren nimmt, so ist dies regelmäßig mit hohem personellem **Aufwand bei den Verhandlungsrunden**, unabhängig ob nun klassisch oder elektronisch ausgeschrieben wurde, verbunden. Der Aufwand für Bieter und ausschreibende Stelle ist im Rahmen der Verhandlungen nahezu derselbe, ausgenommen, dass die Angebote statt per Brief nun elektronisch hochgeladen werden können. Sprich: Hier können lediglich Portokosten gespart werden.

---

115 Allerdings können auch im Verhandlungsverfahren in den vor- und nachgelagerten Vergabeschritten zu den Verhandlungsrunden im Rahmen der e-Vergabe Einsparungen vorgenommen werden. Andere Vergabearten können vollständig elektronisch abgewickelt werden – gerade wenn nur harte Kriterien abgefragt werden, sprich beim Zuschlag Faktoren wie Preis, technische Messwerte oder im Teilnahmewettbe-

werb die Größe des Unternehmens. Dann kann das System **ohne humanen Eingriff** bereits eine **Vergabeempfehlung** bzw. interne Rangliste erstellen. **Je mehr weiche Kriterien** dann von Menschen (in der Regel einer Bewertungskommission) bewertet werden müssen, **umso geringer wird das Einsparpotential.**

Ein großes Einsparpotential ist sicherlich in allen Vergabearten die automatisch erstellte und jederzeit exportierbare Vergabeakte, die auch Rechtsicherheit für beide Seiten schafft und damit auch dazu beiträgt, dass **Korruption und Manipulation**, was bei elektronisch signierten Unterlagen nahezu unmöglich ist, Einhalt geboten wird. 116

Bei aller Euphorie für die technischen Möglichkeiten, muss aber immer klar sein, dass unabhängig von Häufigkeit und Art der Vergabe, eine regelmäßige **Kontrolle des Systems unerlässlich** ist. Nur ein falsch gesetzter Haken oder ein falsch programmierter Algorithmus im Auswertungstool reicht aus – und schon liefert das Vergabesystem die falschen Daten zurück. 117

III. Dezentrale und zentrale Beschaffung

Zur Frage, wie sich dezentrale und zentrale Beschaffungen als Einsparpotenziale durch elektronische Vergabe auswirken, kann folgendes vermerkt werden. 118

Grundsätzlich sollte man sich zunächst die Frage stellen, für welche Beschaffungen dezentrale und für welche zentrale Vergabestellen sinnvoll sind. 119

Für den Fall, dass **standardisierte Beschaffungen** vorgenommen werden sollen, bei denen das Einzukaufende entweder selbst auch standardisiert oder in großen Mengen für verschiedene Stellen beschafft werden kann, ist eine zentrale Beschaffung möglich und bringt Einsparpotenziale (Einkaufsynergien). 120

Für Beschaffungen, die **individuell spezifiziert** sind und einen vollkommen eigenständigen Charakter haben, und die im Einzelfall nicht zentral verwaltet und überprüft werden müssen (z.B. Dienstleistungen mit besonderem persönlichem Einschlag), ist eine zentrale Beschaffung sicherlich nicht zweckmäßig und bringt auch kein Einsparpotenzial, weil hier die Koordinationskosten bei einer zentralen e-Vergabe im Regelfall die eingesparten Summen wieder auffressen. 121

Beispiel

Als Beispiel für geeignete zentrale Beschaffungen seien zum **Beispiel Kontingentflüge** für die Bundesministerien zwischen Berlin und Bonn genannt. Diese können **zentral von einer Stelle** für alle Bundesministerien **beschafft** werden. Hier können Einsparpotenziale sowohl beim Preis als auch bei den Ausschreibungskosten erreicht werden, damit einer Ausschreibung die benötigte Anzahl an Flügen abgefordert werden kann. Diese können dann nach Bedarf an die einzelnen Stellen weiter verteilt werden.

---

122 Ein großes Problem der zentralen Beschaffungen, egal ob normale Vergabe oder e-Vergabe, sind die einzelnen verwaltungsinternen Vorschriften. Eine zentrale Beschaffungsstelle kann nur mit sehr großem finanziellem und personellem Aufwand **alle verwaltungsinternen Vorschriften** der jeweiligen am Verfahren beteiligten Stellen berücksichtigen, um dann eine große für alle gültige Beschaffung zu tätigen. Hier wäre sicherlich kein Einsparpotenzial durch eine dezentrale Beschaffung gegeben, gerade auch weil sich diesen Anforderungen und Einschränkungen für jedes Verfahren neu ergeben würden, da sich die Zusammensetzung der jeweiligen Stellen in jedem Verfahren erfahrungsgemäß ändern würde.

123 Es stellt sich auch die Frage was letztendlich unter dem Begriff zentrale Beschaffung zu verstehen ist. Ist eine **Beschaffungsstelle in einem Landratsamt** schon eine zentrale Beschaffung für die einzelnen Gemeinden? Diese wiederum könnten noch auf die Bedürfnisse der in Ihrem Landkreis liegenden Gemeinden und Städte aus räumlicher Nähe eingehen. Eine zentrale Beschaffung durch Bund und Länder wäre hier in vielen Fällen sicherlich nicht mehr denkbar.

124 Letztendlich hängt es von dem zu beschaffenden Gegenstand ab, ob eine zentrale Beschaffung sinnvoll möglich ist und dadurch ein Einsparpotenzial gegeben ist.

125 Grundsätzlich sollten **regionale und überregionale Vergabestellen** eingerichtet werden, die gut geschultem Personal die Beschaffungen vornehmen. Wie oben bereits erwähnt, ist die erstmalige Einrichtung einer solchen Stelle kostenintensiv. Letztendlich kann hieraus nur ein Einsparpotenzial erreicht werden, wenn diese regionalen und überregionalen Vergabestellen von den einzelnen „Kunden" genutzt werden. Diese regionalen und überregionalen Vergabestellen können zur **finanziellen und personellen Entlastung** der einzelnen „Kunden" beitragen. Beim Aufbau dieser regional überregionalen Vergabestellen, kann von Anfang an, auf die **Einführung von e-Vergabesystemen** geachtet werden. Wenn diese von Anfang an kontinuierlich betrieben werden, ist hier ein Einsparpotenzial möglich. Diese benannten Vergabestellen sind dann geschult auf e-Vergaben durch die Anzahl der Häufigkeit (siehe oben) können bei nahezu alle Arten der Vergabe (siehe oben) Einsparung erreicht werden.

126 Im Falle einer zentralen Vergabe fallen für die ausschreibende Stelle selbstverständlich ebenso Kosten an. Die zentrale Vergabestelle legt die Kosten für ihre Dienstleistung auf ihre „Kunden" um. Diese Kosten müssen unabhängig von normaler oder e-Vergabe für die ausschreibende Stelle natürlich geringer sein als eine eigene dezentrale Ausschreibung. Sollte dies nicht der Fall sein ist hier kein Einsparpotenzial durch die zentrale Vergabe gegeben

IV. Auftraggebergemeinschaften

127 Konkrete Einsparpotenziale durch elektronische Vergaben bei Auftraggebergemeinschaften können im Regelfall erreicht werden. Gerade hier kommt das bereits mehr-

fach Erwähnte zum Tragen. Durch die **Bündelung von Know-how**, sowohl was das einzelne Vergabeverfahren betrifft, als auch was die Beschaffung betrifft, kann durch die systematische Nutzung von e-Vergabeverfahren gepaart mit dem erhöhten Auftragsvolumen ein Einsparpotenzial für die einzelnen Mitglieder der Auftraggebergemeinschaft erreicht werden.

Beispiel
Beispielhaft sollen hier die häufig in der Literatur **aufgeführten Entsorgungsdienstleistungen mehrerer Kommunen** innerhalb eines bzw. benachbarter Landkreise benannt werden. Die ausschreibende Stelle kann hier verglichen werden mit einer regionalen oder überregionalen Ausschreibungsstelle (siehe III) die hier zentral für mehrere Auftraggeber den Auftrag ausschreibt.

Es muss allerdings darauf geachtet werden, dass die Koordinationskosten zwischen 128
den einzelnen Auftraggebern und den Einsparungen durch die Auftraggebergemeinschaft sich nicht gegenseitig ausgleichen, sprich die Koordinationskosten müssen geringer sein als Einsparungen. Des Weiteren muss sichergestellt werden, dass allen Auftraggebern bewusst ist, dass **jeder anteilig die Kosten für das Vergabeverfahren** zu tragen hat. Wie oben bereits erwähnt, sollten die Kosten durch Bildung einer Auftraggebergemeinschaft nicht höher liegen als die Kosten wenn man alleine ausschreibt. Es dürfen hier allerdings nicht nur die reinen monetären Kosten betrachtet werden, auch der Know-how-Gewinn und die gleichzeitige Freisetzung eigenen Humankapitals müssen in die Kostenrechnung eingehen.

Ein weiterer Punkt, der hier sicherlich auch beachtet werden muss, ist, ob dies 129
eine **fortdauernde Auftraggebergemeinschaft** ist, die mehrere „Projekte", auch über Jahre hinweg zusammen realisieren will oder ob diese Auftraggebergemeinschaft nur ein einzelnes Projekt durchführen will. Je mehr Projekte eine solche Gemeinschaft zusammen realisieren will, um zu höher werden die Einsparpotentiale, weil die Koordinationskosten zwischen den einzelnen Beteiligten durch die gemeinsame Erfahrung von Projekt zu Projekt regelmäßig sinken werden. Auch können dadurch, dass durch die Auftraggebergemeinschaften regelmäßig größere Mengen abgefordert werden, über den Preis Einsparungen erzielt werden. Dieser Effekt macht sich bereits bei dem ersten gemeinsamen Projekt signifikant bemerkbar – daher kann es ggf. doch bereits für alle Beteiligten sinnvoll sein, bereits für ein Projekt eine Auftraggebergemeinschaft zu bilden.

Hinweis
Bislang sind Projekte solcher Auftraggebergemeinschaften meist nicht sehr oft zu beobachten. Im kommunalen Bereich stehen erfahrungsgemäß nicht selten lokale Befindlichkeiten entgegen. Im Landesbereich funktioniert es zum Teil besser, insbesondere z.B. bei IT-Beschaffungen.

Kapitel 5
Die Vorteile

Die **politische Förderung** der elektronischen Vergabe soll ja vor allem eine **Modernisierung der Verwaltung** bewirken: Abläufe sollen gestrafft, Fehler vermieden und Kosten gesenkt werden – sowohl auf Seiten der Beschaffer als auch auf der der Lieferanten. Damit ist der Rahmen vorgegeben, den es zu untersuchen gilt: Welche Vorteile durch die elektronische Vergabe lassen sich nun tatsächlich ausfindig machen? 1

A. Vorteile für die ausschreibende Stelle

Auf der Seite der Vergabestellen zeichnen sich vor allem **zwei Komplexe** ab, in denen die elektronische Vergabe Vorteile für die öffentliche Hand verwirklichen kann. Zum einen sind es die **direkten Beschaffungskosten**: Wenn die eVergabe tatsächlich den Wettbewerb stärkt, so ist damit zu rechnen, dass die Auftraggeber preisgünstigere Angebote erhalten als zuvor. Hinzu tritt, dass die weitgehend standardisierten und automatisierten Verfahren weniger Angriffspunkte für korruptes Handeln bieten, Korruptionsschäden also tendenziell verringert werden. Hinzu treten die indirekten Wirkungen in **der Einsparung von Verwatungskoste**n durch automatisierte Abläufe und Dokumentation, die ebenfalls nicht zu unterschätzen sind. In diese Kategorie fallen schließlich auch Umweltaspekte, die neben ökologischen auch positive monetäre Effekte zeigen dürften. 2

I. Einsparungen durch besseren Wettbewerb

1. Mehr Wettbewerbsteilnehmer

Eine wichtige Grundannahme für die Förderung der elektronischen Vergabe ist die **weitere Verbreitung der Ausschreibungen** auf elektronischem als auf papierhaftem Wege – und damit eine **steigende Anzahl potentieller Lieferanten**, die vom Beschaffungsbedarf Kenntnis erlangen. Im Ihren Grünbuch zur elektronischen Beschaffung schreibt die EU-Kommission im Jahre 2010: *„In einem papiergestützten Umfeld haben der Mangel an Wissen und Bedenken in Bezug auf die Einreichung von Angeboten für Aufträge in einiger Entfernung von der Niederlassung des Unternehmens Anbieter möglicherweise dabei behindert oder davon abgehalten, sich am Wettbewerb um bestimmte Aufträge zu beteiligen. Die e-Beschaffung kann diese als Hindernisse wirkenden Entfernungen verkürzen und Informationslücken schließen, so zu größerer Beteiligung ermutigen und damit den Kreis der möglichen Anbieter sowie die Märkte erweitern.“*[1] 3

1 Grünbuch zum Ausbau der e-Beschaffung in der EU, KOM(2010) 571 endgültig, S. 5.

4 Die Vermutung, dass jedenfalls die elektronische **Veröffentlichung höhere Teilnehmerzahlen** bei den Ausschreibungen nach sich zieht, ist empirisch durchaus belegt.

Beispiel

So berichtete die Stadt Sundern, dass bereits bei der ersten elektronischen Veröffentlichung einer Ausschreibung die Zahl der gewöhnlich teilnehmenden Bieter stark überschritten wurde. Es hätten sich darunter auch **ausländische Bieter** befunden, die über klassische Presseveröffentlichungen wohl nie von der Ausschreibung erfahren hätten. Die Preisspanne habe schließlich bei 60 % bis 133 % der Preisschätzung gelegen, die Stadt habe alleine an diesem ersten Auftrag rund 23.000 € gegenüber der Schätzung einsparen können.[2]

---

5 Ebenso deutlich wie derartig eindrückliche Einzelberichte sind auch **die statistischen Erhebungen** aus verschiedenen EU-Staaten, die die EU-Kommission in ihrem Grünbuch zitiert. Demnach haben sich bei den Beschaffungen der Österreichischen Bundesbeschaffungsagentur im Jahre 2008 bei einem Beschaffungsvolumen von 830 Mio € Minderausgaben durch die elektronische Beschaffung von 178 Mio €, mithin von rund 21 % erzielen lassen. Aus Portugal vermeldet eine Studie Einsparungen von rund 18 %, aus Großbritannien von rund 15 %.[3]

6 Diesen deutlichen Einsparungen stehen **vergleichsweise geringe Kosten** für die Bereithaltung der elektronischen Systeme gegenüber. Die österreichische Bundesbeschaffungsagentur musste z.B. nur 3 % der Preisersparnisse für die Systemwartung aufwenden.

2. Weniger Wettbewerbsbeschränkungen

7 Mindestens genauso wichtig wie die Erweiterung des Bieterfeldes ist **die Korruptionsverhinderung** durch die Einführung elektronischer Vergabesysteme. Zwei Mechanismen erklären diesen Effekt.

8 Einerseits wirkt eine Vergrößerung der Zahl möglicher Auftragnehmer per se der **Bildung von Kartellen** entgegen. Je mehr Bieter auf dem Markt sind, desto schwieriger wird es, alle in wettbewerbsbehindernde Absprachen einzubinden.

---

2 Vortrag der Stadt Sundern, Kom Com Nord Messe, Hannover 2010.

3 Grünbuch, a.a.O.

Beispiel
Das Eisenbahnschienenkartell in Deutschland ist zum Beispiel auf diese Weise zerbrochen und aufgedeckt worden: Durch Hinzutreten eines weiteren kartellunabhängigen Bieters (damals das polnische Stahlwerk Huta Katowice nach Übernahme durch die Luxemburgische Arcelor Mittal) in die Vergabewettbewerbe der Deutschen Bahn konnte das Kartell seine um rund 50 % überhöhten Preise nicht mehr durchsetzen.[4]

Andererseits wirken die elektronischen standardisierten Abläufe korruptem Verhalten sowohl auf Auftraggeber- als auch auf Auftragnehmerseite entgegen. So muss eine zulässige eVergabe-Software sicherstellen, dass die elektronisch verschlüsselt eingehenden Angebote nicht unbemerkt vor Ablauf der Angebotsfrist geöffnet werden können. Diese **maschinelle Absicherung** verunmöglicht weit besser als jede verschlossene Aufbewahrung den unbefugten Zugriff auf die Angebotsdaten durch Mitarbeiter der Vergabestellen. Jedenfalls würde jeder Versuch, die Angebote vorzeitig einzusehen dokumentiert und würde im Falle einer daraus resultierenden tatsächlichen **Wettbewerbsverfälschung Ansprüche gegen den Täter** nach sich ziehen – ein Risiko, das sicherlich kein Mitarbeiter eingehen wollte. Ebenso verunmöglicht wird die Veränderung in den bereits geöffneten Angeboten. Während es auf Papier noch relativ einfach ist, mit einem geeigneten Stift aus einer Null eine Neun zu machen, sind derartige **Angebotsmanipulationen im elektronischen Verfahren schlechterdings unmöglich**. Über die Ausschaltung des menschlichen Korruptionsfaktors auf Auftraggeberseite wird so auch auf der Bieterseite der wettbewerbsverfälschenden Manipulation der Boden entzogen. 9

Ganz ähnlich verhält es sich auch bei der Angebotswertung. Denn vollelektronisch übermittelte Angebote – also solche, bei denen Einheitspreise, Mengenvorsätze und ggf. Qualitätsangaben als Zahlen (und nicht etwa als pdf-Dokument eines handschriftlich ausgefüllten Formulars) vorliegen – können **automatisiert ausgewertet** werden. Moderne Softwarelösungen erfordern hier, dass die Auswertungsformeln vor Angebotseröffnung definiert werden müssen. So wird auch der **manipulativen Veränderung von Wertungsmustern** entgegengewirkt. 10

II. Einsparung bei verwaltungsinternen Kosten

Neben der Vereinfachung und Standardisierung der Verwaltungsvorgänge und dem damit verbundenen zeitlichen Einsparpotential (dazu mehr unter 5.A.III.) senkt die eVergabe vor allem auch die **Sachkosten der Verwaltung**. Umfangreiche Vergabeverfahren produzieren leicht Vergabeunterlagen, die mehrere Aktenordner füllen. Die 11

4 David Schraven in: http://www.derwesten-recherche.org/2011/06/das-schienenkartell-oder-das-lachen-von-hannibal-lecter/ (WAZ Mediengruppe), abgerufen am 03.04.2014.

Kosten für einen Ordner + Verpackung + Porto liegen schnell bei 10 EUR, ohne dass die Kosten für die Anfertigung des Inhalts darin schon enthalten wären. Der elektronische **Versand erfolgt völlig kostenfrei**. Selbst vermeintlich einfache Verfahren können bei Beteiligung informationshungriger Bieter schnell mit Hunderten von Bieterfragen konfrontiert werden, deren Antworten im papiergebundenen Verfahren allesamt versendet werden müssen. Allein in diesem Bereich sind die Ersparnisse greifbar.

12 Was aus Papier versendet werden muss, muss natürlich zuvor vervielfältigt werden. Im Falle von normalen DIN-A-4-Blättern mag dieser Aufwand noch überschaubar sein. Aber spätestens, wenn der **Ausschreibungsunterlagen Bauzeichnungen oder Pläne** hinzuzufügen sind, wird der Aufwand ungleich größer. Große Planzeichnungen können schon einmal pro Stück bis zu 20 EUR Herstellungskosten verursachen.

13 Neben den Kosten für die Bieterkommunikation sinken aber auch **die Kosten der Aktenführung,** wobei hier erneut unter Verweis auf den folgenden Abschnitt zunächst nur die Sachkosten in den Blick genommen werden sollen. Die Vergabedokumentation und die Aufbewahrung von papiergebundenen Angeboten füllt in den Amtsstuben **viele Dutzende Regalmeter**, für die Aktenschränke und deren Aufstellflächen vorgehalten werden müssen. Die gleiche Datenmenge elektronisch zu speichern, hat einen Raumverbrauch für den Festplattenplatz im Rechenzentrum vom Umfang eines Schuhkartons.

III. Verwaltungsvereinfachung für die Mitarbeiter

14 Neben der Einsparung an Sachmitteln ist aber auch die Straffung von Verwaltungsvorgängen und die **Arbeitsentlastung der Bediensteten** ein nicht zu unterschätzender, wenn nicht gar der wichtigste positive Faktor einer Umstellung auf elektronische Vergabesysteme. Schließlich ist bei der Einführung automatisierter Systeme zunächst eine klare **Strukturierung der Abläufe** erforderlich. Das bietet eine gute Gelegenheit, überkommene Abläufe zu hinterfragen und von unnötigem Ballast zu befreien. Nein, es bietet nicht nur die Gelegenheit, es ist sogar zwingend erforderlich, um das Funktionieren der Automatisierung sicherzustellen. In den allermeisten Fällen wird schon allein durch diese Vorbereitung eine deutliche Vereinfachung der Arbeitsstrukturen erzielt.

15 Sehen wir aber die Abläufe im Einzelnen an:

1. Handlungssicherheit in Bezug auf rechtliche Vorgaben

16 Im Vergabeverfahren sind eine ganze Reihe **rechtlicher Rahmenbedingungen** einzuhalten. Dies beginnt mit der Beurteilung verschiedener haushaltsrechtlicher oder europarechtlicher **Schwellenwerte**, der sich daraus ergebenden Veröffentlichungs-

pflichten und einzuhaltender Fristen und endet zuletzt bei der Angebotswertung und dem Zuschlag. Alle diese rechtlichen Rahmenbedingungen werden von geeigneten Softwarelösungen für die **eVergabe in Standard-Prozessen hinterlegt** und ermöglichen es dem Vergabesachbearbeiter, dass er sich durch das richtige Verfahren führen lässt und dabei alle Anforderungen einhält. Dabei können **Nachlässigkeiten vermieden** werden, die später zu Problemen bei der Abwicklung des Vergabeverfahrens führen.

Beispiel

Missverständliche oder unterschiedliche Formulierungen eines Wertungskriteriums in der Bekanntmachung und in den Vergabeunterlagen können leicht dazu führen, dass das ganze Verfahren bis zur Aufforderung zur Angebotsabgabe zurückversetzt wird[5], was den Auftraggeber viel Geld und vor allem viel Zeit kostet.

Die Anbieter derartiger Softwareprodukte sind bemüht, ihre Software **stets auf** 17
dem neuesten Rechtsstand zu halten – sowohl was die Rechtssetzung als auch die Rechtsfindung angeht. Damit entfällt für die Vergabestellen **ein nicht zu unterschätzender Aufwand** in der ständigen Anpassung des Verfahrensablaufes an sich ändernde rechtliche Rahmenbedingungen. Gerade für kleinere Vergabestellen, die nur wenige Verfahren im Jahr betreuen müssen, ist dieser Service hilfreich.

Die **rechtssichere Durchführung** dehnt sich auf alle Stadien des Verfahrens aus. 18
Sie betrifft die Fristüberwachung ebenso wie die Überwachung der Bieterkommunikation und die der Angebotswertung.

2. Bieterkommunikation

Die Kommunikation mit den Bietern beginnt im Grunde bereits bei **der Bekanntma-** 19
chung der Ausschreibung. Im elektronischen Verfahren wird von diesem Moment an jede kommunikative Handlung, die über **eine elektronische Plattform** verläuft, dokumentiert: Wann hat der Bieter das erste Mal die Unterlagen angefordert, wann wurden sie ihm zugestellt bzw. wann hat er sie von der Kommunikationsplattform heruntergeladen? Jede Bieterfrage wird nach Eingangsdatum und nach Antwortdatum **protokolliert.** Es wird sichergestellt, dass wirklich alle Bieter stets auf dem gleichen Kenntnisstand sind. Fehler wie z.B. das versehentliche Auslassen eines Bieters bei Nachsendungen sind in der eVergabe technisch ausgeschlossen. Vor allem aber findet auch **die Eingangsüberwachung automatisch** statt. Eine Einrede eines Bieters, er habe irgendwelche Unterlagen nicht bekommen, lässt sich mit geeigneten Systemen vollständig ausschließen (bzw. zweifelsfrei als wahr nachvollziehen).

---

5 Vgl. VK Nordbayern, Beschl. v. 19.02.2014, Az.: 21. VK – 3194 – 58/13.

20 Eine Entscheidung der Vergabekammer des Bundes[6] zeigt ganz eindrücklich, wie wichtig es ist, nicht nur Absendung, sondern **auch Empfang von Bieterinformationen** sicherzustellen.

Beispiel
Eine Vergabestelle hatte händisch die E-Mail-Adressen der Bieter in einen E-Mail-Verteiler eingepflegt. Dabei wurde irrtümlich nicht etwa diejenige Adresse übernommen, die auf dem Bewerbungsformular durch den Bieter angegeben worden war, sondern eine andere, die auf dem Briefkopf des Anschreibens vorgedruckt war. Letztere allerdings hatte **technische Probleme**: Nicht alle E-Mails, die an diese Adresse gesandt wurden, kamen an. Dies bemerkte die Vergabestelle erst bei der Aussendung der dritten Bieterinformation.

---

21 Daraus ergab sich ein ganz konkretes Problem: Weil in einer der vorangegangenen Informationsschreiben eine Veränderung des Auftragsgegenstandes vorgenommen wurde, passte das Angebot dieses Bieters, der davon keine Kenntnis erhalten hatte, nicht mehr zur Nachfrage des Auftraggebers. Dennoch ließ die Vergabekammer den Ausschluss dieses Angebotes nicht zu: **Der Fehler lag auf Seite der Vergabestelle**, die den Eingang der E-Mail nicht z.B. durch Anforderung einer Eingangsbestätigung überwacht hatte. Derartige Probleme scheiden in einem voll automatisierten Verfahren aus, in dem der Bieter seine Kontaktdaten selbst einträgt und in dem jeder Download der Unterlagen protokolliert wird.

Hinweis
Eine ältere Entscheidung des OLG Karlsruhe[7], die – ähnlich wie bei einem Telefax – die Sendebestätigung eines E-Mail-Servers als Beweis für die Zustellung der E-Mail angesehen hatte, ist hingegen **nicht zielführend**. Diese Entscheidung verkennt nämlich den technischen Unterschied zwischen Fax und Mail: Im Gegensatz zum Fax gibt es bei der Übertragung einer E-Mail keinen lückenlosen Rückkanal, über den Informationen zum Zustellungsstatus der Sendung zurückgemeldet werden. Deswegen kann die Abgangsbestätigung eines E-Mail-Servers **keinen Beweis** (auch keinen Anscheinsbeweis) für die tatsächliche Zustellung erbringen.

---

22 Sie kann höchstens den Anscheinsbeweis erbringen, dass der jeweils nächste Server erreicht worden war. Zwischen dem Abgangs- und dem Empfängerserver können aber eine Vielzahl anderer Server auf der ganzen Welt liegen, die demnach alle auf die erfolgreiche Weiterleitung der E-Mail überprüft werden müssten.

3. Angebotswertung

23 In der Angebotswertung werden alle Wertungstabellen zuvor festgelegt. Damit scheiden alle Fehler durch **nachträgliche Veränderung** an den Maßstäben für die

---

6 VK Bund, Beschl. v. 03.02.2014, Az.: VK 2-1/14.
7 OLG Karlsruhe, Beschl. v. 02.10.2009, Az.: 15 Verg 4/09.

Noch

Wertung von Bieterangaben im Ansatz aus. Was der Bieter elektronisch übermittelt hat, fließt **ohne menschlichen Eingriff** unmittelbar in die Wertung ein. Ein händisches Errechnen von Wertungspunkten entfällt vollständig, was bei umfangreichen Leistungsverzeichnissen eine **enorme Minderung an Arbeitsaufwand** bedeutet. Die Wertungstabellen werden dabei von der Software direkt zur Verfügung gestellt und müssen nur noch auf Stimmigkeit überprüft werden. (Schließlich ist es noch immer die Vergabestelle und nicht ein Computer, die die Letztverantwortlichkeit für die Vergabeentscheidung trägt.)

Fälle, wie der vor der Vergabekammer Mecklenburg-Vorpommern verhandelte[8], 24
lassen sich mit entsprechender eVergabe-Software vermeiden.

Beispiel
Hier war eine Verwirrung zwischen Vergabestelle und Bauamt aufgetreten, wer denn nun tatsächlich die Preisbewertung vornehmen sollte. Die Vergabestelle errechnete einen Durchschnittsstundensatz, das Bauamt vermutete hinter dieser Zahl allerdings schon das Ergebnis der Anwendung einer recht komplexen Bewertungsformel. Durch diesen Irrtum wurde versehentlich nicht der preiswerteste Bieter bezuschlagt. Und dieser Zuschlag hatte trotz Irrtums auch Bestand, weil der Fehler erst viel später bemerkt wurde.

Die Fehlerquellen bei der Angebotswertung sind vielfältig und zu meist wohl eher 25
auf **Irrtümer** als auf beabsichtigte Manipulation zurückzuführen. Dazu dürfe auch gehören, dass versehentlich die Summe aller maximalen Wertungspunkte einen **Additionsfehle**r enthält. Statt auf 10.000 Punkte summierten sich die Punkte der Einzelkriterien auf 10.800. Über die Frage, wie denn nun – unter Berücksichtigung des angegebenen prozentualen Gewichtes der einzelnen Kriterien – die Punktvergabe zu korrigieren sei, stritten sich Bieter und Auftraggeber schließlich vor der Vergabekammer[9]. Es war **der Fehler klein, der Aufwand hoch**. E-Vergabesoftware lässt solche Pannen gar nicht erst aufkommen.

Trotz aller Automatisierung kann die **Vergabeentscheidung aber nicht von der** 26
Maschine getroffen werden. Sie bedarf einer allerletzten Überprüfung durch einen echten Sachbearbeiter aus Fleisch und Blut, der sich mit seiner Unterschrift schließlich das Rechenergebnis der Software zu eigen macht. Deswegen muss dieses Ergebnis immer einer kritischen Würdigung unterzogen werden: Ist es plausibel? Können **Fehleingaben ausgeschlossen** werden? Wenn der Sachbearbeiter schließlich zu dem Ergebnis kommt, dass er der maschinellen Auswertung trauen kann, kann diese Letztverantwortlichkeit ggf. auch nur durch Ankreuzen eines entsprechenden Formularfeldes dokumentiert werden.[10]

---

8 VK Mecklenburg-Vorpommern, Beschl. v. 15.01.2013, Az.:2 VK 7/12.
9 VK Südbayern, Beschl. v. 22.04.2013, Az.: Z3-3-3194-1-13-04/13.
10 VK Nordbayern, Beschl. v. 17.11.2009, Az.: VK 21.VK-3194-50/09.

Noch

4. Zuschlag

27 Was für die Wertungsentscheidung und die Bieterkommunikation gilt, greift auch für den Zuschlag. Bieterinformation, Zuschlagstermine, Zuschlagsschreiben: Alle diese Vorgänge können mit geeigneten System **automatisiert** werden.

28 Insbesondere die kritische Einhaltung der **15-tägigen Wartefrist** (10 Kalendertage bei Übersendung per Telefax bzw. elektronischer Übermittlung) zwischen der Information der unterlegenen Bieter und dem Vertragsschluss bei Verfahren über dem Schwellenwert kann bei der e-Vergabe automatisiert überwacht werden, weil die Absendung dieser Information und auch deren **tatsächlicher Eingang entsprechend protokolliert** werden.

29 Die Besonderheit dieser Regelung liegt allerdings darin, dass diese Frist atypisch nicht etwa mit dem Eingang, sondern bereits mit der Absendung der Information beginnt. In der Rechtsprechung **noch nicht entschieden** ist die Frage, wann diese Information als abgesendet gilt, wenn das eigentliche Dokument nach § 101a GWB von der eVergabesoftware auf einem Dokumentenserver zum Download bereit gestellt wird. Ist die Absendung mit der Benachrichtigung über den möglichen Download oder erst mit dem tatsächlichen Start des Downloads erfolgt?

! **Praxistipp**

Wegen dieser rechtlichen Unsicherheit empfiehlt es sich, den tatsächlichen Eingang bzw. Download der Vorabinformationsschreiben zu überwachen. Denn eines ist immer sicher: Spätestens wenn das Schreiben tatsächlich eingegangen ist, war es auch abgesandt.

---

30 Alternativ kann auch der Mindestinhalt der Information nach § 101a GWB **unmittelbar per E-Mail** an die unterlegenen Bieter versandt werden. Die Einwände gegen den oben erwähnten Beschluss des OLG Karlsruhe[11] greifen hier nicht durch, denn im Gegensatz zu dem dort verhandelten Falle geht es hier ja gerade nicht um den Nachweis des Zuganges, sondern nur um den der Absendung. Die Absendung allerdings lässt sich durch die Protokolle des E-Mail-Servers belegen.[12] Die Gefahr des Verlustes der Nachricht trägt im Sinne der Bestimmung des § 101a GWB hier nämlich der Bieter und nicht der Auftraggeber.

5. Dokumentation

31 Nicht zuletzt die **lückenlose Dokumentation** des Vergabeverfahrens, die von den Nachprüfungsstellen regelmäßig eingefordert wird, stellt im papiergebundenen Verfahren einen erheblichen Aufwand dar. Die elektronische Abfassung und Archivierung der Vergabevermerke und ebenso aller Kommunikation mit den Bietern hinter-

11 OLG Karlsruhe, Beschl. v. 02.10.2009, Az.: 15 Verg 4/09.

12 Vgl.: Poppitz, „E-Mail: Probleme beim Nachweis des Zuganges“, VS 2012, 95.

lässt **als Nebenprodukt** eine fehlerfreie Dokumentation, die auch im Nachgang nicht mehr manipulierbar ist.

Mit den Methoden der elektronischen Vergabe wird der zusätzlichen rechtlichen Anforderung optimal genügt, dass die **Dokumentation auch zeitnah** erfolgen muss. Häufige Praxisprobleme mit Vergabevermerken in herkömmlicher schriftlicher Form, die entweder erst Wochen bzw. Monate später erstellt werden, und deren Authentizität oftmals höchst fraglich ist, oder die gar erst auf eine Anforderung der Vergabekammer im GWB-Nachprüfungsverfahren hin geschehen[13], entfallen bei der elektronischen Vergabe bereits im Ansatz komplett. Dies betrifft daher nicht nur den **Bieterrechtsschutz,** sondern auch **die interne Rechnungsprüfung** oder **Prüfungen des Zuwendungsgebers.** Die Gefahr nachträglich „frisierter Vergabeakten" ist weitgehend gebannt. 32

B. Vorteile für die Bieter

Ebenso wie für die Vergabestellen bietet die voll automatisierte eVergabe auch Vorteile für die Bieter. Sie profitieren ebenso von **unmittelbaren Kosteneinsparungen** wie von Vereinfachungen im Arbeitsablauf. Das sei an einigen Beispielen aufgezeigt. Generell aber gilt: Alles, was ein Verfahren sicherer macht und Fehler der Vergabestelle ausschließt, ist letztlich auch für den Bieter von Nutzen. Denn jede Verzögerung, jeder **Fehler im Verfahren** belastet ja nicht nur den Auftraggeber. Er hat auch immer nachteilige Auswirkungen auf die Leistungserbringung durch den Auftragnehmer. 33

I. Leichtere Fristeinhaltung

Ein besonderes Problem stellt in allen Vergabeverfahren **die Einhaltung der Submissionsfrist** dar. Denn nach einhelliger Meinung aller Nachprüfungsorgane trägt der Bieter das **Versandrisiko.** Er muss dafür sorgen, dass sein Angebot so rechtzeitig auf den Weg gebracht wird, dass der mit der Zustellung Beauftragte es vor dem Angebotsschluss in den Verfügungsbereich des Auftraggebers übergeben hat. Aus ganz naheliegenden Gründen ist das mit großen Risiken behaftet. 34

Die Postzustellung könnte durch technische Pannen gehemmt sein. Oder der Briefträger ist schlicht krank. Und schon braucht das Einschreiben einen Tag länger als geplant und das Angebot kommt zu spät. Die ganze Arbeit umsonst. Mit dem eigenen Kurier kann es genau so gehen: Ein Stau, ein Unfall und schon ist alles zu spät. 35

13 OLG Karlsruhe, Beschl. v. 31.01.2014, 15 Verg 10/13.

Beispiel
Dass selbst öffentliche Infrastrukturleistungen wegen Krankheit zum Erliegen kommen können, hatte ja im Sommer 2013 die Einstellung des Eisenbahnbetriebes am Hauptbahnhof Mainz gezeigt: Es waren einfach zu viele Mitarbeiter gleichzeitig krank geworden.

36 E-Vergabe-Lösungen, die auf die Übergabe der Angebote **durch Hochladen auf einen Dokumentenserver** setzten, machen es dem Bieter da einfacher. Absendungs- und Empfangszeitpunkt fallen fast zusammen. Beim Dateiupload gibt es zudem (im Gegensatz zur E-Mail – vgl. 5.A.III.2.) einen Rückkanal, mit dem der empfangende Server die **vollständige Übertragung** des Dokumentes zurückmeldet. Der Bieter kann also sicher sein, dass sein Angebot tatsächlich angekommen ist, wenn er eine entsprechende Bestätigung erhält.

Beispiel
Dass das durchaus von Bedeutung ist, zeigen Fälle, in denen es z.B. Streit über die Vollständigkeit der eingereichten Unterlagen gab: War das Preisblatt nun im Umschlag oder nicht?[14] Letztlich konnte der **Sachverhalt nicht aufgeklärt** werden. In der Vergabeakte war kein Preisblatt – und das Angebot war ausgeschlossen.

37 Das kann bei der elektronischen Vergabe nicht passieren. Durch die Verschlüsselungstechnologie ist immer sichergestellt, dass das Dokument in dem gleichen Zustand ankommt, wie es abgesendet wurde. Denn aus dem Dateninhalt des Dokumentes bildet die Verschlüsselungssoftware eine **Prüfsumme**. Die würde nicht mehr passen, wenn Teile des Angebotes nicht übertragen worden wären. Die Rückmeldung des eVergabe-Systems sollte in diesem Falle eine **Fehlermeldung** erzeugen, sodass die Übertragung wiederholt werden kann. Das Risiko einer **versehentlichen Verfristung** ist also auf dem elektronischen Übertragungsweg deutlich gemindert.

Praxistipp
Dennoch sollte ein Bieter nicht bis zur letzten Minute warten, denn wenn alle ganz zum Schluss gleichzeitig einreichen, kann auch der leistungsstärkste Server u.U. den Eingang nur noch sukzessive annehmen.

38 Der Ehrlichkeit halber muss auch erwähnt werden, dass es noch keine Rechtsfindung zu der Frage gibt, wie denn **im Falle eines Übertragungsfehlers** festgestellt werden soll, ob der Fehler im Machtbereich des Bieters oder der Vergabestelle lag. Das ist deswegen von Bedeutung, weil verspätete Angebote dann noch zugelassen werden müssen, wenn die Verspätung nicht vom Bieter zu vertreten ist, das Angebot aber die Einflusssphäre des Bieters rechtzeitig verlassen hatte, also eine Manipulation durch

14 VK Baden-Württemberg, Beschl. v. 13.11.2013, Az.: 1 VK 38/13.

den Bieter nach Angebotsschluss nicht mehr möglich war (§ 14 Abs. 6 VOB/A). Hier wird man wohl im Einzelfall versuchen müssen, den Übertragungsweg nachzuvollziehen.

Praxistipp
Für den Bieter dürfte es ratsam sein, das Übertragungsprotokoll aufzubewahren. **!**

Diese Frage ist durchaus von Interesse, denn bei einer Verspätung des Angebotseinganges kommt es nämlich darauf an, wer diese Verspätung zu verantworten hat. 39

II. Zeitersparnis

Leistungsverzeichnis ausdrucken? Eintragungen per Hand? Addition mit dem Tischrechner? Das muss nicht mehr sein, wenn vom Auftraggeber elektronisch die Vergabeunterlagen und ein bepreisbares Leistungsverzeichnis zur Verfügung gestellt werden. Insbesondere die **Prüfung auf rechnerische Richtigkeit** kann weitgehend entfallen. Denn wenn im LV wirklich eine falsche Additionsformel hinterlegt wäre, so würde sie zumindest alle Bieter gleichermaßen treffen. 40

Nicht zu unterschätzen ist auch der ersparte **Aufwand für den Ausdruck** und den Versand von Angebotsunterlagen auf Papier. Schließlich muss das ganze ausgedruckte Angebot vor dem Versand auf Vollständigkeit geprüft werden. Das kann – wie oben beschrieben – entfallen, wenn nur die vom Auftraggeber vorgegebenen Unterlagen ausgefüllt werden müssen. Moderne Softwareprogramme für die eVergabe übernehmen die **Vollständigkeitsprüfung** und warnen, wenn nicht alle Felder ausgefüllt oder nicht alle Erklärungen abgegeben worden sind. Die Entwicklung der Vergabeverfahren geht dahin, dass die meisten Nachweise zunächst durch Bietererklärungen ersetzt werden und nur bei Bedarf angefordert werden. Eben diese Bietererklärungen kann die Software ebenfalls automatisiert vorgeben. Allein **Nachweise, die ggf. eingescannt werden** müssen, kann eine eVergabe-Software nicht auf Richtigkeit oder Vollständigkeit überprüfen. Das wäre im automatisierten Verfahren der einzige Punkt, an dem eine nochmalige Vollständigkeitskontrolle vor Absendung erfolgen müsste. 41

III. Kostenersparnis beim Versand

Die Erleichterung bei der Fristeinhaltung geht einher mit einer deutlichen Kostenminderung. Einen Aktenordner innerhalb Deutschlands **mit vertraglich zugesicherter Zustellfrist** zu versenden, kostet allein für den Kurierdienst rund 40 EUR. Noch komplizierter wird die Zustellung ins europäische Ausland. Das Münchener Unternehmen, das auf eine Salzburger Ausschreibung bieten will, muss dafür schon min- 42 destens 70 EUR aufwenden und dabei noch mit einer mehrtägigen Zustellungsdauer rechnen. Für einen Auftrag in Zagreb (was von München nicht weiter entfernt ist als Köln) liegen die Versandkosten schon bei 100 EUR.

43 Natürlich geht es auch kostengünstiger, allerdings dann unter Verzicht auf die Sicherheit, dass die Unterlagen rechtzeitig ankommen. In Anbetracht der Tatsache, dass der Bieter das Risiko des Versandes trägt, ist ein einfacher Postversand in der Regel nicht sinnvoll.

44 Erwähnt werden soll in diesem Zusammenhang auch, dass die Zusendung der Unterlagen auf Papier ja nicht nur die reinen Transportkosten umfasst, sondern auch die **Herstellung der Angebotsunterlagen**. Dazu gehört die Vorhaltung der Infrastruktur, Verbrauch von Papier und Toner und auch die Verpackungsmaterialien. Pläne, die als Plot statt als Datei übergeben werden, verursachen je nach Größe bis zu 20 EUR Herstellungskosten pro Planblatt.

IV. Entlastung durch Standardisierungen

45 Ein wesentliches Ziel auch für den Bieter ist es, sicher durch ein Vergabeverfahren geführt zu werden. Fortschrittliche Softwarelösungen für die eVergabe helfen dabei. Für den Bieter ist es vor allem von Vorteil, immer wieder durch eine **einheitliche bekannte Benutzeroberfläche** geführt zu werden. Das macht die Angebotsbearbeitung deutlich übersichtlicher als wenn man sich jedes mal von neuem mit völlig unterschiedlich aufgebauten Vergabeunterlagen der verschiedenen Auftraggeber auseinandersetzen muss.

! **Praxistipp**
Zu dem Standardisierungsnutzen gehört auch die Möglichkeit, auf nationale **Präqualifizierungsdaten** zurückzugreifen – und auf das durch das EU-Richtlinienpaket 2014 eingeführte eCertis-System, das ebenfalls immer neue einzeln anzufordernde Eignungsnachweise ersetzen kann.

V. Reduzierung oder Wegfall von Abonnementkosten – Einfachere Kenntnis von neuen Ausschreibungen

46 Die Suche nach geeigneten Ausschreibungen war im herkömmlichen Weg ein **zeitraubendes Unterfangen**, wenn es darum ging, Presseveröffentlichungen, Staatsanzeiger und Ausschreibungsblätter durchzusehen. Kostenintensiv ist es obendrein. Wer alle Staatsanzeiger und Ausschreibungsblätter im Abonnement hält, muss dafür im Jahr rund 2.000 EUR ausgeben.

47 Hier hat in den vergangenen Jahren allerdings bereits zu einem großen Teil ein **Umdenken der öffentlichen Verwaltungen** eingesetzt: Ein großer Teil aller Ausschreibungen wird heute bereits auch im Internet bekannt gemacht. Für die europa-

Noch

weiten Ausschreibungen besteht bereits die Pflicht zur Ausschreibung im Internet. Das hat den Vorteil, dass bereits jetzt die **Datenbanken** nach Stichworten durchsucht werden können, was im Vergleich zum Lesen von Staatsanzeigern schon einen erheblichen Vorteil darstellt.

Ausgereift wird das System allerdings erst sein, wenn die **bundeseinheitliche** 48 **Schnittstelle** für alle Vergabebekanntmachungen, die **X-Vergabe**, auch tatsächlich funktioniert. Dann soll es möglich sein, alle öffentlichen Ausschreibungen mit einer einheitlichen Datenbankabfrage zu finden.

Hinweis !

Derzeit (Stand: Frühjahr 2014) besteht allerdings nur eine jeweils eindimensionale Kompatibilität mit 2 Plattformanbietern. Von dem eigentlichen Ziel der X-Vergabe, der **Multi-Kompatibilität** mit den verschiedenen Plattformsystemen, ist man **noch einiges entfernt.**

Innerhalb der europäischen Union wird dieses Projekt mit großer Aufmerksamkeit 49 verfolgt. Schließlich könnte es die Blaupause darstellen für die geplante und erhoffte Vereinheitlichung der Ausschreibungsdatenbanken auch über die nationalen Grenzen hinweg.

VI. Belebung des Wettbewerbs

Die Belebung des Wettbewerbs mag **zunächst einmal ein Nachteil** für den Bieter 50 sein, der am liebsten öffentliche Aufträge freihändig ohne Teilnahme an einem aufwändigen Ausschreibungsverfahren erlangen möchte. Der durch den elektronisch unterstützten Vergabewettbewerb erhöhte **Konkurrenzdruck kann** aber mittelfristig auch **zu einem Vorteil werden**, weil der Innovationsdruck, und der damit ggf. auch verbundenen Druck, bestimmte Marktnischen besser abzudecken, steigt.

Die Vergangenheit der schriftlichen Anbietungsverfahren im Öffentlichen Aus- 51 schreibungswesen hat in verschiedenen Bereichen gezeigt, dass es Unternehmen mit veralteten Produktpaletten oder Geschäftsmodellen keineswegs geholfen hat, wenn sie sich als **„klinisch tote“ Marktteilnehmer** noch eine Weile am Markt gehalten haben, sie jedoch im Kern nicht mehr konkurrenzfähig waren. Weder ist es die Aufgabe der öffentlichen Hand, Unternehmen mit überholten Produkten oder Geschäftsmodellen vermittels öffentlicher Aufträge quasi zu subventionieren, noch ist es die Bestimmung der Wirtschaft – auch und gerade im **europaweiten und globalen Wettbewerb** –, sich durch Unternehmen mit verblassender Leistungsfähigkeit aus vergangenen Tagen zu profilieren.

Schließlich ist darauf zu verweisen, dass es einen allgemeinen Professionalisie- 52 rungsdruck nicht nur beim eigentlichen Produktangebot selber, sondern auch und gerade bei der Art und Weise des Anbietungsprozesses spätestens seit der Einführung der GWB-Nachprüfungsverfahren Ende der 1990er Jahre gegeben hat. Auch dies fällt hier in den Kontext.

53 Ein nicht zu übersehender Aspekt ist außerdem, dass die Bieter durch die vorgesehenen Fristverkürzungen an **mehr Ausschreibungsverfahren** teilnehmen können und dadurch die Chance auf den Zuschlag zu erhöhen vermögen. In diesem Zusammenhang wird in den Erwägungsgründen bspw. der Vergabekoordinierungsrichtlinie 2014/24/EU auch erwähnt, dass kürzere Fristen ein Mittel der **Förderung von kleinen und mittleren Unternehmen** (kmU) darstellen. Nicht selten haben sich lange Bindefristen als insbesondere für den Mittelstand nachteilig erwiesen, weil die Kapazitäten dieser Unternehmen nicht so lang blockiert werden können. Man ist an **schnelleren Entscheidungen** im öffentlichen Vergabewesen höchst interessiert, so dass ausschließlich in herkömmlichem Wege abgewickelte Verfahren sich als Wettbewerbshindernis erweisen. Sie sollen jedenfalls bei Vergaben oberhalb der EU-Schwellenwerte künftig entfallen. Einschränkungen – mit dann wiederum längeren Fristen kann es dann geben, wenn z.B. bestimmte Dateiformate aus technischen Gründen nicht elektronisch übermittelt werden können. Werden sie auf herkömmlichem Wege z.B. per Post übermittelt, müssen die Bearbeitungsfristen logischerweise wieder länger gewählt werden.

C. Umweltaspekte

54 Mit einer vollständigen elektronischen Aktenführung gehen auch erhebliche Entlastungen für die Umwelt einher. Der **Papierverbrauch** kann massiv eingeschränkt werden (vorausgesetzt, das Verfahren wird tatsächlich ohne Medienbrüche durchgeführt), Transportaufwendungen für Vergabeunterlagen, Angebote und Bieterinformationen entfallen nahezu vollständig.

55 Bei aller Kritik am Stromverbrauch des Internet: Es ist energetisch noch immer günstiger, einige Elektronen von A nach B zu schicken als kiloweise Papier hin und her zu transportieren.

56 Vor allem ist dabei zu bedenken, dass das gesamte, im konventionellen Verfahren versandte Papier nur von einem einzigen Bieter später archiviert wird. Für alle anderen wird es in demjenigen Moment wertlos, in dem der Zuschlag einem andren erteilt wird. Dieser gigantische **Berg von Papierabfall** kann vollständig eingespart werden.

57 In diesem Zusammenhang sind gleichermaßen die **Kosten der Archivierung** zu erwähnen. Nicht wenige öffentliche Auftraggeber sind gezwungen, Hallen oder zumindest Räume anzumieten, weil sie die Akten, das heißt im Prinzip alle Vergabeakten mit allen schriftlichen Angeboten, in der Regel mindestens 5 Jahre aufbewahren müssen. Im Falle von geförderten Maßnahmen sind dies mindestens 10 Jahre. Neben den durch die elektronische Vergabe entfallenden Archivierungskosten ist auch wiederum der Umweltgesichtspunkt zu beleuchten, dass Akten im Falle von

Überprüfungsmaßnahmen nicht mit Fahrzeugen hin- und hertransportiert werden müssen. Nicht selten sind die Archive von den Auftraggebern kilometermäßig weit entfernt, zumal wenn diese ohnehin z.B. über ein ganzes Bundesland verstreut sind.

Noch

Kapitel 6
Die Nachteile

Wie alles im Leben hat auch die elektronische Vergabe Vor- und Nachteile. Letztere 1
dürfen in einer Gesamtbetrachtung dieser technischen Entwicklung nicht unerwähnt bleiben. Denn mit jedem weiteren Schritt zunehmender Technisierung des Lebens wächst auch die **Abhängigkeit von dieser Technik** und der Aufwand, um den Umgang mit **immer komplexeren Systemen** zu erlernen. Das folgende Kapitel soll also nicht ein Manifest wider den Siegeszug der Technik sein, sondern vielmehr den Blick des Lesers dafür schärfen, auf welche Hindernisse und Stolpersteine er sich einstellen muss.

A. Absolute Abhängigkeit von der Technik und deren Funktionieren

Was man schwarz auf weiß besitzt, kann man getrost nach Hause tragen. Das wusste 2
Goethe noch, doch im Zeitalter der elektronischen Kommunikation stimmt es nicht mehr. Wer je einen **Rechner abstürzen** sah, weiß wie schnell vermeintlich sichere Daten auf einmal unwiederbringlich verloren oder nur mit großer Mühe rekonstruierbar sind.

Die völlige Abhängigkeit vom Funktionieren der eingesetzten Informationstech- 3
nologien trägt Risiken in sich, die im Auge behalten werden müssen.

Dazu sei eine kleine Auswahl an **störenden Einwirkungen** aufgelistet, die alle 4
in der Lage sind, die elektronische Kommunikation mit den Bietern oder die fristgerechte Bearbeitung der Vergabeunterlagen zu verhindern. Alle Beispiele sind nicht aus der Luft gegriffen, sondern entstammen den Erfahrungen des Autors und seiner Mitarbeiter. Erfreulicherweise kommen **derartige Ereignisse nicht gehäuft** vor, aber alle sind allein durch redundante Systeme ebenso wenig beherrschbar wie die Entrauchung am Flughafen Berlin.

Beispiel
Die beste Internet-Anbindung ist wertlos, wenn ein Bagger auf den letzten Metern zwischen dem Dienstgebäude des Auftraggebers und dem nächsten Internet-Knoten das **Kabel im Boden herausreißt**. Eigentlich galt der Einsatz ja der geborstenen Abwasserleitung. Das Internetkabel wurde nicht gesehen. Die Verwaltung war sage und schreibe drei Tage von gesamten Internet abgeschnitten.

Daraus lernen wir: Es ist immer gut, wenn es irgendeine Möglichkeit gibt, von einem 5
geographisch anderswo gelegenen Rechner aus, auf die eVergabe-System zugreifen zu können. Das gleiche Problem kann übrigens auch dann auftreten, wenn der Müllwagen falsch rangiert und einen Schaltkasten des Internet-Providers umfährt.

Noch

6 Auch das Vertauschen zweier Patch-Kabel im Schaltschrank des Hausnetzwerkes kann unangenehme Folgen haben: Wenn der Sachbearbeiter zwar einen Rechner auf seinem Schreibtisch hat, der sich aber standhaft weigert, eine Netzwerk-Verbindung aufzubauen, weil er auf einmal an einer **falschen Buchse** angeschlossen ist. Solch eine Fehlersuche kann schon mal einen ganzen Tag in Anspruch nehmen.

7 Ihr Internet-Provider garantiert Ihnen eine 99,9 %ige Sicherheit, dass die Server richtig funktionieren. Ist Ihnen bewusst, dass das bedeutet, dass die Server 8 Stunden und 45 Minuten pro Jahr Ihren Dienst eben nicht tun? Das ist ganz normal und richtig, denn schließlich müssen auch Server ab und zu gewartet werden. Wenn Sie aber mit Ihrer Mitteilung genau solch ein **Wartungsfenster** treffen, kann es Ihnen passieren, dass die Rückmeldung zu Ihrer Aktion nicht die übliche Bestätigung ist, dass alles funktioniert hat.

! **Fettnapf**
Es ist also zwingend erforderlich, bei allem, was man mit seinem eVergabe-System tut, genau beobachtet, ob die geplante Aktion **wirklich erfolgreich** war. Das schnelle Wegklicken von Meldungen auf dem Bildschirm („Steht doch ohnehin immer drauf: Aktion erfolgreich") ist gerade nicht ratsam.

---

8 Und zu guter letzt kann – betreffend grundlegende Störungen – auch der ganz **banale Stromausfall** Ihren Zeitplan gehörig durcheinanderbringen. Es muss nur der Kollege am Nachbarschreibtisch vor der Mittagspause vergessen haben die Kaffeemaschine auszuschalten. Schon ist die Sicherung raus, ihr Bildschirm ist dunkel und ein Teil Ihrer Arbeit ist verloren.

9 Ein Teilproblem der Abhängigkeit von der Technik bildet auch das Vorhandensein sowie die Kapazität der Technik.

10 Die Frage der Verfügbarkeit des Internets ist auf der politischen Agenda mittlerweile als veritabler Standortfaktor erkannt worden. Der **Breitbandausbau** wurde im Ressort für Verkehr und Infrastruktur zu einem wesentlichen politischen Vorhaben gemacht.

11 Die Leistungsfähigkeit (Kapazität) des Internets ist ein weiteres Thema, das sogar in der aktuellen Vergabekoordinierungsrichtlinie 2004/24/EU Berücksichtigung gefunden hat. Probleme kann es immer wieder mit großen Dateien geben, sei es aus generellen Gründen **nicht vorhandener Kapazitäten**, sei es, dass temporär über den Internet-Knoten zu bestimmten Zeiten gewisse Kapazitäten nicht zur Verfügung stehen. Dies kann Bieter gleichermaßen wie die ausschreibenden Verwaltungen tangieren. Der Erwägungsgrund Nr. 53 sieht dazu vor, dass **maximale Dateigrößen** von den öffentlichen Auftraggebern festgelegt werden können – insbesondere natürlich, wenn es um die Festlegung maximaler Größer der von den Bietern einzureichenden Dateien geht.[1]

---

1 Siehe nur den Erwägungsgrund Nr. 53 zur aktuellen Vergabekoordinierungsrichtlinie betr. die klas-

Noch

B. Elektronik und die damit einhergehenden Probleme

Die praktischen Probleme, welche die Abhängigkeit von der Technik auslösen kann, sind jetzt zur genüge beschrieben. Aber sie ziehen **rechtliche Fragestellungen** nach sich, die teils noch gar nicht geklärt sind. 12

Um das zu beurteilen, müssen die Probleme in zwei mal zwei Klassen unterteilt werden: Zum einen kommt es darauf an, wo der Fehler lag. Das wird oftmals schwer nachzuvollziehen sein. Deswegen wird oft ausschlaggebend sein, **wer beweisbelastet ist** für die erfolgreiche Übertragung der Daten. 13

Prinzipiell gilt natürlich: Es ist derjenige verantwortlich, in dessen Machtbereich der Fehler liegt, der die Datenkommunikation behindert hat. Dass die Praxis ganz anders aussehen kann, zeigen wiederum einige Beispiele. 14

Beispiel

Sie kennen sicherlich das typische Gespräch mit der technischen Hotline:

Anrufer: „Ich kann die Daten nicht herunterladen!"
Hotline: „Aber mein Monitor sagt, dass unser System fehlerfrei arbeitet."
Anrufer: „Ich kann die Daten trotzdem nicht herunterladen"
Hotline: „Mit welchem Browser und welchem Betriebssystem arbeiten Sie?"
Anrufer: „Opera auf Linux"
Hotline: „Bei mir klappt's – mit Firefox auf Win 7"

Die für die eVergabe eingesetzte **Technik muss allgemein verfügbar** sein, bestimmen die einschlägigen EU-Richtlinien[2], sowie die deutschen Umsetzungsvorschriften. Wie weit darf also die technische Einschränkung gehen? Wie genau darf eine Vergabestelle vorgeben, welche technischen Voraussetzungen ein Bieter mitbringen muss, um sich an einer Ausschreibung zu beteiligen? Wer ist für das Scheitern einer Datenübertragung verantwortlich, wenn die Probleme von **inkompatibler Programmierung** herrühren, die von einigen Browsern oder bestimmten Betriebssystemen nicht verstanden wird? Insbesondere die Anzahl der allgemein verfügbaren Browser und ihrer Varianten sind heute so vielfältig, dass kaum ein Softwareentwickler mehr alle Kombinationen aus Browser und Betriebssystem auf Lauffähigkeit überprüfen kann, zumal durch **laufende Updates immer neue Inkompatibilitäten** entstehen können. Theoretisch sollen ja alle Browser alle Webanwendungen identisch interpre- 15

---

sischen öffentlichen Auftraggeber (RL/2014/24): *„Es ist angezeigt klarzustellen, dass – sofern dies aus technischen Gründen erforderlich ist – die öffentlichen Auftraggeber in der Lage sein sollten, eine maximale Größe der einzureichenden Dateien festzulegen."*

2 Siehe nur den Erwägungsgrund Nr. 53 zur aktuellen Vergabekoordinierungsrichtlinie betr. die klassischen öffentlichen Auftraggeber (RL/2014/24): *„Die öffentlichen Auftraggeber sollten, von spezifischen Sonderfällen abgesehen, elektronische Kommunikationsmittel nutzen, die nichtdiskriminierend, allgemein verfügbar sowie mit den allgemein verbreiteten Erzeugnissen der IKT kompatibel sind und den Zugang der Wirtschaftsteilnehmer zum Vergabeverfahren nicht einschränken."*

tieren. In der Praxis schaffen es die beiden gängigsten Firefox und Internet Explorer nicht einmal, Tabellen identisch aufzubauen. Schwierig wird es auch, wenn die hauseigene IT-Abteilung das Update der an den Arbeitsplätzen installierten Browser nicht vornimmt, weil die neue Generation **mit Sicherheitseinstellungen des Hausnetzwerkes** kollidiert, die eVergabe-Software aber genau auf diese neueste Browser-Generation setzt, um eine andere Sicherheitslücke zu schließen...

16 Das Problem der **Software-Inkompatibilität** ist bislang von den Vergabenachprüfungsinstanzen noch nicht entschieden worden. Es erheben sich in diesem Zusammenhang aber noch eine Menge offener Fragen, welche die Bieter und die Verwaltung, und damit alle User gleichermaßen betreffen:

- Betriebssysteme: Obwohl von Microsoft der Support für **Windows XP** endgültig am 08.04.2014 eingestellt wurde, arbeiten weltweit noch mehr als 30 % mit diesem Betriebssystem. Dies betrifft Warenwirtschaftssysteme und Registrierkassen, Buchungssysteme genauso wie normal eingesetzte Betriebssysteme in Unternehmen oder Verwaltungen. Mit jedem Monat ohne Support steigt aber das **Risiko von Sicherheitslücken**. Welche Anforderungen dürfen Verwaltungen an Bieter stellen und was dürfen Bieter ebenso wie Vergabeplattformbetreiber von Verwaltungen an (Sicherheits-)Standards verlangen?
- Ein weiteres Beispiel sind Adobe-Acrobat **pdf-Dateien** in den unterschiedlichsten Versionen. Hier kann es sein, dass User nicht über die neueste Version verfügen und bestimmte neuere Versionen nicht öffnen können. Nun kann man zwar den (eigentlich allgemein bekannten) Hinweis tätigen, dass man sich zwar den Acrobat Reader kostenfrei herunterladen kann, doch kann es für den einzelnen Bieter damit eben nicht getan sein, weil er die nicht updatefähige Voll-Version (Acrobat Distiller bzw. Acrobat Professional) gekauft hat, die die neuesten pdf-Dateien nicht öffnen kann. Er ist gewzungen, sich den Destillier für ca. 400,00 EUR oder den Professional für ca. 2.000,00 EUR neu zu kaufen, damit auf seinem Rechner kein **softwaretechnisches Chaos** zwischen neuerer Acrobat Reader Version und älterer Acrobat Destillier Version eintritt. Kann man das als Verwaltung zumuten, dass er sich die neueste (Voll-)Version kaufen muss?
- Ein anderes Beispiel bilden die **MS Word-Versionen**. Viele Verwaltungen und auch so mancher private Bieter überspringen gerne neue Zwischenversionen, um Kosten und Umstellungsaufwand zu sparen. Kann man dem Bieter zumuten, sich die neueste Word-Version zu kaufen bzw. am besten sofort nach Erscheinen vorzuhalten? Hat der Bieter, der eine docx-Datei nicht öffnen kann, weil er noch über Word 97/2003 verfügt (.doc-Dateien) ein Recht darauf, dass er von der Vergabestelle mit einer auf Word 97/2003 **abgewerteten Dateiversion nachbeliefert** wird (inklusive dem Risiko, dass sich darstellungsmäßig etwas an der Vergabeunterlage ändert, was dann ggf. auch kalkulationsrelevant ist)? Oder muss er sich mit einer rechtmäßigen Weigerung der Vergabestelle konfrontiert sehen, mit dem Hinweis, dass man von ihm den Umgang mit den neuesten Word-Versionen verlangen kann? Die gleiche Problematik betrifft auch Excel-Versionen.

Noch

- Eine andere Sachlage wird bei **Spezial-Software** anzunehmen sein. So kommt es zum einen sicher darauf an, wie gebräuchlich die Software in der jeweiligen Branche ist. Von Planungsbüros wird man den Umgang mit **GAEB-Dateien** verlangen können. Wiederum aber nicht von einer Verwaltung, die, wie vorgekommen, bei einer ganz anderen Art von Ausschreibung (Lieferung von Möbeln) mit solcherlei Spezial-Software konfrontiert wurde, ohne dass für sie die Möglichkeit bestand, die Dateien zu öffnen, und die anvisierte elektronische Auswertung durchzuführen.
- In wiederum anderen Bereichen wird man daran denken müssen, ggf. auch **Dateien unterschiedlicher Software** zur Verfügung zu stellen. So gibt es bei Hochwasser-Berechnungssoftware Büros, die mit entweder der Software A oder mit der Software B arbeiten, und zwar auch jeweils ausschließlich. In solchen Fällen wird man verlangen können, dass unter Verwendung beider Softwares angeboten werden kann. Spiegelbildlich wurden in diesem Segment sogar Ausschreibungen durchgeführt, bei denen sich die Büros schon im Teilnahmewettbewerb des VOF-Verfahrens festlegen mussten, auf Basis welcher Software sie arbeiten und nachweisen mussten, mit welcher Software sie Erfahrung haben. Es nutzt nämlich nichts, sich Software zu kaufen, aber sie sodann nicht bedienen zu können.

Im Bereich Software ist mithin einiges unentschieden. Im Zweifel wird man bei gän- 17
giger Software das Vorhandensein und das Umgehenkönnen mit einer neuesten oder zumindest neueren Version unterstellen und verlangen müssen. Bei weniger verbreiteter Software oder einer Situation, wo der Markt mit Software A oder B arbeitet und sehr stark aufgeteilt ist, wird man sich überlegen müssen, im **Interesse maximalen Wettbewerbes** beides zuzulassen.

Die EU-Richtlinie wird hier schon im Erwägungsgrund Nr. 53 ungewöhnlich präzise: 18

„*Es sollte klargestellt werden, dass die Verpflichtung zur Verwendung elektronischer Mittel in allen Phasen des Verfahrens zur Vergabe öffentlicher Aufträge nicht angemessen wäre, wenn die Nutzung elektronischer Mittel besondere Instrumente oder Dateiformate erfordern würde, die nicht allgemein verfügbar sind, oder wenn die betreffende Kommunikation nur mit speziellen Bürogeräten bearbeitet werden könnte. Öffentliche Auftraggeber sollten daher nicht verpflichtet werden, in bestimmten Fällen die Nutzung elektronischer Kommunikationsmittel im Einreichungsverfahren zu verlangen; diese Fälle sollten erschöpfend aufgelistet werden. In der Richtlinie wird festgelegt, dass hierzu Fälle gehören, in denen die Nutzung spezieller Bürogeräte erforderlich wäre, die öffentlichen Auftraggebern nicht generell zur Verfügung stehen, wie beispielsweise Großformatdrucker. In einigen Vergabeverfahren kann in den Auftragsunterlagen die Einreichung eines physischen oder maßstabsgetreuen Modells verlangt werden, das den öffentlichen Auftraggebern nicht auf elektronischem Wege vorgelegt werden kann. In solchen Fällen sollte das*

Noch

Modell den öffentlichen Auftraggebern auf dem Postweg oder einem anderen geeigneten Weg zugesandt werden."

19 Eine derart **dezidierte Einzelregelung** ist eher untypisch für eine EU-Richtlinie, die eben nur eine Richtlinie ist, verbunden mit Umsetzungsspielräumen für die nationalen Gesetzgeber, und nicht direkt alles detailliert regeln soll. Im Falle der neuen, 2014er Vergaberichtlinien-Generation ist jedoch zu konstatieren, dass diese in weiten Teilen EU-Verordnungsqualität besitzt **mit kaum noch Umsetzungsspielräumen** für die nationalen Gesetzgeber. Es ist jedoch zu hoffen, dass der deutsche (Umsetzungs-) Gesetzgeber Gebrauch machen wird von den wenigen Spielräumen, die verbleiben.

20 Die Anwendung der vorgenannten Grundregel zum verpflichtenden Einsatz der Technik kann nämlich auch wiederum vom individuellen Bieterkreis abhängen. Wird bspw. mit der konkreten Ausschreibung ein Bieterkreis angesprochen, der nur sehr selten an ebenfalls sehr seltenen Ausschreibungen für den sie betreffenden Leistungsgegenstand teilnimmt, und bei dem vielleicht gerade nicht die Büroarbeit inklusive dem vertieften Umgang mit Computern im Vordergrund steht, so wird man in Ausübung **pflichtgemäßen Ermessens** die Anforderungen rein technischer Art an die Durchführung und Teilnahme an der Ausschreibung und getreu dem **Rücksichtnahmegebot** des BGH prüfen müssen. Auf die berechtigten Interessen sowie EDV-Kenntnisse des angesprochenen Bieterkreises wird Rücksicht zu nehmen sein, insbesondere und gerade auch unter dem Gebot der Veranstaltung eines maximalen Wettbewerbs auf Seiten der Vergabestelle.

21 Anders dürfte es sich mit Problemen im Datennetz verhalten. Denn dafür kann man analog auf die **althergebrachte Rechtsprechung zum Briefverkehr** zurückgreifen. Hier sind die meisten Netzabschnitte ja einem der Partner konkret zuzuordnen. Der Weg zwischen dem Absender eines Datenpaketes und dem Eingangsserver des Empfängers liegt im Risiko des Absenders. Der Weg zwischen dem Eingangsserver des Empfängers und dem Arbeitsplatz des Sachbearbeiters in der Sphäre des Empfängers. Hier gilt im Prinzip genau das gleiche wie bei jeder Briefpost: Solange der Postbote die Sendung noch in der Hand hat, liegt das **Transportrisiko beim Absender**. In dem Moment, wo er die Sendung im Postfach des Empfängers loslässt, ist sie in dessen Machtbereich angekommen und der Empfänger ist verantwortlich für die interne Übermittlung auf den richtigen Schreibtisch.

22 Die Problematik besteht hier eher darin, klar zu definieren, welches denn nun der Eingangsserver des Empfängers ist. Wenn z.B. beide Kommunikationspartner ihre E-Mail-Server beim gleichen Provider im gleichen Rechenzentrum haben, ist diese Unterscheidung nicht mehr so klar.

23 Bei der E-Mail-Kommunikation tritt die Problematik hinzu, dass **eine Sendungsüberwachung durch den Absender nicht möglich** ist.[3] Deswegen ist es dem Absen-

3 Vgl.: Poppitz, „E-Mail: Probleme beim Nachweis des Zuganges", VS 2012,95.

Noch

der technisch verwehrt, den Zugang einer E-Mail beim Empfänger nachzuweisen. Das Protokoll des Ausgangsservers taugt nicht einmal als Anscheinsbeweis, weil zwischen diesem und dem Empfänger eine für den Absender völlig unbekannte Anzahl verschiedenster weiterer E-Mail-Server liegen, die alle **Übertragungsfehler** verursachen könnten. Und weil eine E-Mail in lauter kleinen Schnipseln versendet wird, können auf dem Weg jedes einzelnen Schnipsels unterschiedliche Zwischenstationen liegen. Hier kann nur das Eingangs-Logbuch des Empfängers Aufschluss geben, ob eine E-Mail angekommen ist – sofern der Empfänger diese Daten archiviert. Ist dies nicht der Fall, scheitert regelmäßig der Zustellungsnachweis. Denn – wie die Vergabekammer des Bundes richtig feststelle –, wenn der Verbleib der E-Mail nicht aufgeklärt werden kann, kommt die **materielle Beweislast** zum Tragen: Den Nachteil hat dann derjenige zu Tragen, der seine Rechtsposition auf der erfolgreichen Zustellung der E-Mail aufbauen wollte. Soll heißen: Kann der Eingang nicht bewiesen werden, steht der Absender da, als hätte er die E-Mail gar nicht versandt.[4]

Sehen wir uns die Probleme mit dem Nachweis der erfolgreichen Datenübertra- 24
gung in den einzelnen Schritten des Vergabeverfahrens also im Detail an:

Tritt die Störung bei der Übertragung der Vergabebekanntmachung ein, kann 25
dies zum **Konflikt mit der Angebotsfrist** führen. Die Verantwortlichkeit liegt hier ausschließlich beim Auftraggeber. Hat sich die Veröffentlichung seines Angebotes deswegen deutlich verzögert, wird er nicht umhin kommen, die Angebotsfrist anzupassen.

Ebenso verhält es sich beim **Ausreichen der Vergabeunterlagen**. Werden sie 26
per E-Mail übersandt oder wird per E-Mail ein (öffentlich nicht bekannter) Link zum Download verschickt, so geht eine Verzögerung der E-Mail-Übertragung wohl in den meisten Fällen zu Lasten des Auftraggebers. Denn der Empfänger einer E-Mail kann durch seine Server-Protokolle immer nachweisen, wann eine E-Mail tatsächlich eingegangen ist. Wird seitens des Interessenten **der Eingang vollständig bestritten**, wird es dem Auftraggeber schwer fallen, gegenteiliges zu beweisen. Prinzipiell sollte auch hier analog das gelten, was für den Postversand gilt: Wenn die Vergabeunterlagen zu spät beim Bieter ankommen, muss ggf. die Angebotsfrist verlängert[5] oder gar die Ausschreibung aufgehoben[6] werden.

Praxistipp **!**

Dieses Problem lässt sich allerdings umgehen, wenn bereits in der Vergabebekantmachung ein **allgemein zugänglicher Link** zum Download benannt wird. Denn hier hat der Bieter mit der Veröffentlichung bereits die Möglichkeit, sich die Unterlagen zu verschaffen.

---

4 VK Bund, Beschl. v. 03.02.2014, Az.: VK 2-1/14.

5 OLG Düsseldorf, Beschl. v. 21.12.2005, Az.: VII-Verg 75/05.

6 OLG Naumburg, Beschl. v. 13.10.2006, Az.: 1 Verg 11/06.

27 Sofern der Downloadserver nachweislich keine Betriebsstörung hatte, liegt damit das **Übertragungsrisiko allein beim Bieter**, denn nun ist es der Bieter, der die Leitung zwischen seiner IT-Infrastruktur und dem Downloadserver aufbaut und betreibt und der feststellen kann, ob der Download erfolgreich war. Andernfalls wäre er gehalten, den Auftraggeber von dem Problem in Kenntnis zu setzen. Auf diese Weise erhält der Auftraggeber die Sicherheit, dass zumindest kein Interessent nachträglich das Verfahren mit dem Argument anfechten kann, er habe die Vergabeunterlagen zu spät erhalten.

28 Die Überlegungen zum Versand der Vergabeunterlagen lassen sich prinzipiell auf die **gesamte Bieterkommunikation** während des Vergabeverfahrens übertragen. Alle Mitteilungen, die der Auftraggeber an die Bieter macht, werden ja direkt (bei Änderungen der Vergabeunterlagen) oder indirekt (im Wege der Auslegung bei Antworten auf Bieterfragen) nach dem Zuschlag Bestandteil des Vertrages. Es ist also für den Auftraggeber zwingend erforderlich, dass er nachweisen kann, dass alle seine Aussendungen **auch die Bieter erreicht haben.** Hat ein Bieter ein nicht vergleichbares Angebot abgegeben, weil er eine der Aussendungen nicht erhalten hat, kann er dennoch nicht vom Vergabeverfahren ausgeschlossen werden[7].

29 Um hier auf der sicheren Seite zu sein, sollte sich der Auftraggeber den Erhalt jeder ausgesandten **E-Mail ausdrücklich bestätigen** lassen. Dabei ist zu bedenken, dass der Empfänger durch Einstellung in seinem E-Mail-Server automatische Empfangsbestätigungen blockieren kann. Gerade in großen Firmennetzwerken ist diese Blockierung häufig anzutreffen, weil damit die Belastung der Server durch unzählige Lesebestätigungen vermieden werden soll. Der Auftraggeber kann sich also alleine auf die technische Anforderung einer automatischen **Lesebestätigung nicht verlassen**. Er muss vielmehr im Text seiner E-Mail ausdrücklich eine Eingangsbestätigung anfordern.

30 Was für den Auftraggeber gilt, gilt gleichermaßen auch für den Bieter. Auf die Nichtbeantwortung einer Bieterfrage oder gar die **Nichtabhilfe einer Rüge** kann er sich nur stützen, wenn seine Nachricht den Auftraggeber wirklich erreicht hat.

31 Kommunikationsplattformen für die elektronische Vergabe, die es ermöglichen, Nachrichten der Bieter durch Upload zu übermitteln, geben den Bietern eine **recht große Zustellungssicherheit**, denn dann erhalten sie eine Bestätigung über die erfolgreiche Übermittlung. Daher ist eine solche Form der Kommunikation über einen Plattformbetreiber unbedingt vorzugswürdig.

32 Anders – und in diesem vorgenannten Sinne deutlich nachteiliger – sieht es aus, wenn die Kommunikation im Vergabeverfahren über E-Mail läuft. Auch hier bleibt dem Bieter nichts anderes übrig, als eine Eingangsbestätigung des Auftraggebers einzufordern.

7 VK Bund, Beschl. v. 03.02.2014, Az.: VK 2-1/14.

Praxistipp

!

Für eine formale Rüge allerdings sollte man den Kommunikationsweg E-Mail vollständig meiden. Wie bereits dargelegt, taugt die Absendung einer E-Mail nicht einmal als Anscheinsbeweis für deren Eingang. Wenn also der Auftraggeber den Empfang einer Rüge-E-Mail nicht bestätigt, wird die Zeit für eine zweite Aussendung sehr knapp, denn die Rüge soll ja unverzüglich erhoben werden. Deswegen ist es bei aller Förderung der elektronischen Vergabe an dieser Schnittstelle zwischen dem eigentlichen Vergabeverfahren und einem möglichen Nachprüfungsverfahren empfehlenswert, neben der E-Mail auch den althergebrachten Weg der Telefax-Übermittlung zu wählen. Denn die Sendebestätigung des Fax-Gerätes ist als Indiz geeignet und kann ins Feld geführt werden, wenn der Auftraggeber die Unverzüglichkeit der Rüge anzweifelt.

Am Schluss des Vergabeverfahrens steht die (im EU-weiten Verfahren zunächst vorläufige) Zuschlagsentscheidung und damit die **Information der Bieter** hierüber. In EU-weiten Vergabeverfahren muss der Auftraggeber eine Wartefrist von 15 Kalendertagen ab Absendung der Information an die unterlegenen Bieter einhalten (10 Kalendertage bei Versendung per Telefax oder auf sonstigem elektronischem Wege). 33

Wir haben an dieser Stelle die Besonderheit, dass die Frist nicht mit dem Eingang der Information, sondern mit der **tatsächlich erfolgten Absendung** beginnt. Das macht auch die elektronische Kommunikation einfacher. Denn eine E-Mail ist technisch abgesandt, sobald sie vollständig den E-Mail-Server des Auftraggebers verlassen und beim (irgendeinem) nächsten Server eingegangen ist. Diese **erfolgreiche Absendung** lässt sich (im Gegensatz zur erfolgreichen Zustellung) durch die Serverprotokolle des Absenders nachweisen. Einer Eingangsbestätigung bedarf es demnach nicht. Sie kann nur ratsam sein, falls es **technisch aufwändig** wäre, einen Nachweis anhand der Serverprotokolle zu führen. Das allerdings lässt sich nicht verallgemeinern. Es hängt von der individuellen IT-Struktur des Auftraggebers ab. 34

Wird diese Bieterinformation zu einem nachweislich bereits früher angekündigten Zeitpunkt **pünktlich zum Download bereit** gestellt (natürlich inklusive einer automatischen Information darüber, dass auf dem Server etwas bereitgestellt wird), dürfte dieser bekannte Bereitstellungszeitpunkt als Absendedatum der Bieterinformation gelten unabhängig davon, wann der Bieter den Downlaod tatsächlich gestartet hat. Für letzteren Fall ist dem Autor allerdings noch keine Rechtsfindung bekannt. 35

Auch die **Zuschlagsmitteilung** an den ausgewählten Bieter **ist empfangsbedürftig**. Schließlich kommt der Vertrag durch Angebot und Annahme zu Stande. Also muss der Auftraggeber in der Lage sein, den Zugang des Zuschlagsschreibens im Streitfalle zu beweisen. Dabei ist es in der Regel zwar nicht zu erwarten, dass ein Bieter sich eines Auftrages entledigen will, in dem er den Zugang vollständig bestreitet. (Was dennoch in seltenen Fällen vorkommt.) Viel wichtiger ist das **Datum des Zuganges**, denn daran knüpfen unter Umständen Ausführungsfristen an. Deswegen gilt auch hier das über die Bieterkommunikation gesagte: Die Eingangsbestätigung ist unerlässlich. 36

Nachdem jetzt das gesamte Verfahren von der Vergabebekanntmachung bis zum Zuschlag analysiert wurde, ist feststellen: In der elektronischen Kommunikation sind 37 die Anforderungen an jeden einzelnen Kommunikationsschritt unterschiedlich, je nach dem Übertragungsweg und Übertragungsrichtung. In der **papierhaften Kommunikation** gab es für alles das **universal einsetzbare Mittel**: Das Einschreiben, das stets Absendungs- und Zugangsdatum auf einem einzigen einfachen Beleg nachgewiesen hat.

C. Technik als zu große Hürde für einzelne Bieter

38 Eine gewisse Sorge verbindet sich mit jeder technischen Neuerung: Werden alle Adressaten die technische **Umstellung mitmachen?** Seit vielen Jahren wird diskutiert, ob die Einführung der eVergabe nicht den unerwünschten Nebeneffekt haben könnte, dass sich manch ein Anbieter aus dem Wettbewerb um öffentliche Aufträge zurück zieht, weil ihm die technischen Anforderungen an die Teilnahme zu hoch erscheinen.

39 Nun, diese Diskussion wird in der Tat **bei jeder technischen Neuerung** geführt. Schon die Erfindung des Telefons schien seinerzeit nur etwas zu sein, mit der nur eine kleine Oberschicht von gut betuchten, technikaffinen Bürgern etwas anfangen konnte. Die Kritik an zu hohen technischen Hürden wird also mit zunehmender Durchdringung des öffentlichen Auftragswesens mit elektronischen Vergabesystemen zwangsläufig abnehmen.

40 Dennoch sollte man die Bedenken der Kritiker nicht von der Hand weisen. Schließlich beschreiben sie Probleme, die es für eine Ausweitung der elektronischen Vergabe zu lösen gilt.

41 *„Ebenfalls als problematisch werteten die Teilnehmer der Veranstaltung die immer noch anhaltende Zersplitterung zwischen Bund, Ländern und Gemeinden. Die gegenwärtige Zurückhaltung der kleinen und mittleren Unternehmen diese Angebote der Öffentlichen Verwaltungen wahrzunehmen, erkläre sich auch daraus, dass gegenwärtig zahlreiche Plattformen sowie Systeme existierten und einheitliche technische Standards immer noch fehlten. ‚Muss ein potenzieller Bieter auf einer Vielzahl von Plattformen suchen, womöglich unterschiedliche Signaturkarten bereithalten, wird er diese Technologie kaum nutzen', so das nahezu einmütige Statement.*[8]" Diese Analyse stammt aus einer Tagung aus dem Jahre 2004. Leider hat sie sich seitdem nicht entscheidend verbessert. Seit mehreren Jahren ist die X-Vergabe als **einheitliche Vergabeplattform** für Deutschland im Gespräch, nur eben nicht flächendeckend in Betrieb und nicht multikompatibel mit allen Plattformen. Unter www.bund.de werden zwar viele öffentliche Ausschreibungen bekannt gemacht, verpflichtend ist dieses Portal unterhalb der europarechtlichen Schwellenwerte aber nur für Ausschreibungen von bundeseigenen Auftraggebern. Die **Zersplitterung der Vergabeportale** ist also bis heute

8 Government Computing, Heft 03/2004, S. 4.

Noch

nicht behoben. Auf europäischer Ebene beginnt jetzt erst der Prozess der Suche nach einheitlichen Standards für unterschwellige Vergaben. Große Hoffnungen werden auf die deutsche X-Vergabe-Lösung gesetzt, sie möge sich als geeignet erweisen, **Vorbildfunktion** für eine europaweit einheitliche Plattform zu schaffen.

So muss der kleine oder mittelständische Bieter also auch heute noch seien Auf- 42
träge in einer ganzen Reihe verschiedenen Vergabeplattformen suchen. Erleichtert wird das allerdings durch **automatische Benachrichtigungen** der meisten Plattformen beim Eingang von Ausschreibungen, die bestimmten voreingestellten Suchkriterien entsprechen.

Neben der Handhabung unterschiedlichster eVergabe-Systeme verlangt die elek- 43
tronische Vergabe dem Bieter auch die Anpassung an die Verschlüsselungs- und **Signaturtechnologie der Vergabeverfahren** ab. Der Aufwand dafür ist nicht zu unterschätzen.

Alleine für die Beantragung der Signaturkarten fallen Kosten von mindestens 44
99 EUR an, wobei für jeden zeichnungsberechtigten Mitarbeiter eine eigene personalisierte Karte zu beantragen ist. Für jeden Rechner, an dem mit einer Signaturkarte gearbeitet werden soll, muss die **passende Software** installiert werden, die (jedenfalls, wenn Support gewünscht ist) jeweils um 100 EUR kostet. Dazu wird für jeden Arbeitsplatz ein Lesegerät für 50 bis 80 EUR benötigt. Beides muss installiert werden, was je nach verwendetem Betriebssystem, Firewall und Virenprüfer mehr oder weniger problematisch ist.

Hinzu kommt ein nicht unerheblicher **bürokratischer Aufwand.** Für jede Sig- 45
naturkarte muss der künftige Besitzer bei der IHK, HWK oder einer anderen Beantragungsstelle **persönlich vorsprechen**, damit seine Daten mit denen seines Personalausweises verglichen werden können. Der Geschäftsführer eines Unternehmens muss seine Zeichnungsberechtigung durch Vorlage eines aktuellen **Handelsregisterauszuges** nachweisen. Zu allem Überfluss werden für die Arbeit mit der Vergabeplattform des Bundes andere[9] Signaturkarten benötigt als bei den meisten anderen Auftraggebern, so dass **die Prozedur ggf. sogar doppelt** durchlaufen werden muss. Diesen Aufwand werden Unternehmen nur dann betreiben, wenn sie sich regelmäßig an öffentlichen Ausschreibungen beteiligen wollen. „Spontane" Bewerbungen um einen Auftrag wird es wohl im elektronischen Zeitalter seltener geben.

Das so ausgestattete Unternehmen muss nun auch spezifische Vorkehrungen 46
gegen den **Missbrauch der Signaturkarte** treffen, denn alles, was mit der Karte signiert wird, hat die gleiche Gültigkeit, als wäre es vom Karteninhaber unterschrieben. Unbedingt verhindert werden muss deswegen, dass PIN und Karte irgendwie gemeinsam einem Dritten bekannt werden.

9 Nämlich welche der eigentlich bereits veralteten Generation 2.4 an Stelle von 3.0 (Stand Mai 2014).

Noch

Fettnapf
Wie schwer das für einzelne Katennutzer ist, erkennt man daran, dass immer wieder von Menschen berichtet wird, die ihre PIN auf ihrer Kreditkarte notieren. Bei einer Kreditkarte ist der Verfügungsrahmen allerdings in der Regel begrenzt, der Missbrauchsschaden damit auch. Eine Haftungsbegrenzung bei Missbrauch einer Signaturkarte gibt es nicht.

47 Bisher gibt es als Vereinfachung in vielen Vergabeverfahren das **Mantelbogenverfahren** als Dritten weg zwischen papiergebundenen und elektronischen Verfahren. Bekannt ist diese Methode durch die Einkommenssteuererklärung: Die Daten werden elektronisch übermittelt. Sie erhalten aber nicht durch elektronische Signatur ihre Gültigkeit, sondern durch ein zusammenfassendes schriftliches Dokument, das unterschreiben an den Auftraggeber einzureichen ist. Das erspart gerade **Kleinunternehmen** die möglicherweise unrentable Investition in die ganze zuvor dargestellte technische Ausstattung. Doch mit der neuen EU-Richtliniengeneration des Jahres 2014 scheinen die **Tage des Mantelbogenverfahrens gezählt** – jedenfalls oberhalb der europäischen Schwellenwerte. Denn das Mantelbogenverfahren stellt eine Sonderform des schriftlichen Vergabeverfahrens dar. Dabei wird die Zusammenfassende Darstellung als das eigentliche Angebot aufgefasst, die elektronisch übermittelten Daten als dessen Anlage. Schriftliche Verfahren werden für europäische Vergaben ab 2018 nicht mehr zulässig sein.[10] Die **Zielsetzungen** in den sog. Erwägungsgründen bspw. der aktuellen Vergabekoordinierungsrichtlinie 2014/24/**EU sind eindeutig.**[11] Die sog. Erwägungsgründe bilden dabei – im Unterschied zu den rechtlich nicht sehr bedeutsamen gesetzgeberischen Motiven im deutschen Recht – gemäß der gefestigten Rechtsprechung des EuGH eine verbindliche Auslegungsdirektive.

D. Notwendigkeit kostenintensiver Schulungen und Vorarbeiten für alle Beteiligten

48 Jede Einführung einer neuen Technik bringt es mit sich, dass alle, die damit arbeiten sollen, in deren Funktionsweise **eingeführt werden** müssen. Da die elektronische

10 Vgl. Poppitz: „Der dritte Weg – Das Mantelbogenverfahren“ , VS 2014, 30.
11 Siehe Erwägungsgrund Nr. 52: „*Elektronische Informations- und Kommunikationsmittel können die Bekanntmachung von Aufträgen erheblich vereinfachen und Effizienz und Transparenz der Vergabeverfahren steigern. Sie sollten zum Standard für Kommunikation und Informationsaustausch im Rahmen von Vergabeverfahren werden, da sie die Möglichkeiten von Wirtschaftsteilnehmern zur Teilnahme an Vergabeverfahren im gesamten Binnenmarkt stark verbessern. Zu diesem Zweck sollten die Übermittlung von Bekanntmachungen in elektronischer Form, die elektronische Verfügbarkeit der Auftragsunterlagen sowie – nach einem Übergangszeitraum von 30 Monaten – eine ausschließliche elektronische Kommunikation, das heißt eine Kommunikation durch elektronische Mittel, in allen Verfahrensstufen, einschließlich der Übermittlung von Teilnahmeanträgen und insbesondere der Übermittlung der Angebote („elektronische Übermittlung“), verbindlich vorgeschrieben werden.*“.

Vergabe von den Auftraggebern eingeführt wird, ist zumindest auf deren Seite sichergestellt, dass deren Mitarbeiter die erforderlichen Unterweisungen erhalten.

Je nach verwendetem System kann **dieser Schulungs- und Einarbeitungsaufwand** sehr unterschiedlich hoch sein. Auf jeden Fall sollte eine Vergabestelle bei der Einführung der elektronischen Vergabe nicht den zweiten Schritt vor dem ersten machen, weil sonst die Dauer der Umstellung und die Kosten der Einführung zu explodieren drohen. 49

Praxistipp

!

Deswegen ist vor der Umstellung eine **differenzierte Aufgaben- und Workflow-Analyse** dringend angeraten. Dabei muss der Auftraggeber klären, ob er das geplante e-Vergabe-System selbst betreiben will oder ob er sich ganz auf die Hilfe eines externen Dienstleisters verlassen möchte. Ersteres hat den Vorteil, spezifischer auf die Anforderungen zugeschnitten zu werden, und den Nachteil deutlich höherer Implementierungskosten. Der **Eigenbetrieb des Systems** rechnet sich also nur, wenn diese höheren Kosten durch Vorteile einer entsprechenden Workflow-Optimierung ausgeglichen werden können. Das wird meist nur bei sehr großen Verwaltungen der Fall sein.

Die zweite Frage, die in Abhängigkeit der zur Verfügung stehenden IT-Infrastruktur der Auftraggebers geklärt werden muss, ist die nach einer rein **webbasierten oder einer lokal installierten** Lösung. Gerade in großen Hausnetzwerken ist die lokale Softwareinstallation oft sehr aufwändig. Das gilt nicht nur für die Erstinstallation, sondern auch für jedes Update, das in hoch gesicherten Netzwerken nicht automatisch installiert werden kann. Dadurch kann der administrative Aufwand um die Software immer aktuell zu halten sehr groß werden. Webbasierte Lösungen umgehen dieses Problem, verursachen aber eine stärkere Abhängigkeit des Auftraggebers von seinem Dienstleister. 50

Zuvor zu klären ist auch, ob bereits im Hause Softwarelösungen eingesetzt werden, die mit dem e-Vergabe-System zusammenarbeiten sollen, wie etwa für die Warenwirtschaft, das Dokumentenmanagement, Unified Messaging, Haushaltskontrolle u.s.w. Hier müssen die **Schnittstellenanforderungen** vor der Entscheidung für ein e-Vergabe-System geklärt werden. 51

Sinnvollerweise werden auch die internen Prozesse vorab analysiert, dabei vor allem die Genehmigungswege und die Wege der Angebotsauswertung. Je **klarer die interne Struktur** definiert ist, umso einfacher ist auch die Umsetzung eines e-Vergabe-Systems. Diese Vorab-Analyse wird unklare Zuständigkeiten und **ineffektive Verwaltungswege** aufdecken und trägt so ganz nebenbei im Zuge der eVergabe-Einführung dazu bei, die Effizienz der Verwaltung zu steigern. 52

Alle diese Vorarbeiten benötigen Zeit und binden die Arbeitskraft der Mitarbeiter. Oder sie erfordern die Mitarbeit externer Berater. Beides ist nicht zum Nulltarif zu haben. Die Kosten sind abhängig von der Größe der Verwaltung und von der Komplexität der Verwaltungswege. 53

Auf der Bieterseite ist der Umstellungsaufwand nicht ganz so groß. Denn die Arbeitsstrukturen für die Angebotserstellung müssen bei der Einführung der elekt- 54

Noch

ronischen Vergabe im Grunde nicht geändert werden. Hier ändert sich vor allem nur das **Ausgabeformat der Angebotsdaten**. Dafür ist es aber nötig, dass der Bieter die verschiedenen Vergabeplattformen kennt, auf denen er Angebote abgeben will.

55 Wie schon oben beschrieben, besteht noch immer eine recht unübersichtliche Anzahl verschiedener Plattformen. Für jede dieser Plattformen werden **Schulungen** angeboten: Von den Plattformbetreibern über die Kammern bis hin zu privaten Computerschulen, die alle das Ziel haben, dem unerfahrenen Bieter den Umgang mit einer oder mehreren Plattformen nahe zu bringen. Die Kosten variieren dabei im Bereich von 250 EUR pro Person und Plattform. (Einige Plattformbetreiber bieten auch kostenlose Online-Schulungen für Bieter an.)

56 Ein Unternehmen, das auf **verschiedenen Plattformen** anbieten will, steht deswegen oftmals vor dem Problem, seine Mitarbeiter gleich auf mehrere Schulungen schicken zu müssen, damit sie die notwendigen Kenntnisse aller in Frage kommenden Plattformen erlangen.

57 Für die Auftraggeber ernüchternd ist die Erkenntnis, dass die Bieter aber **kaum bereit** sind, in diese Schulungen zu investieren, wie eine Umfrage aus dem Jahr 2006 gezeigt hat.[12] Gerade einmal knapp 13 % aller befragten Unternehmen können sich Ausgaben von über 200 EUR für die Schulung vorstellen. Betragen die Schulungskosten für einen Mitarbeiter und eine Plattform in der Regel schon mehr als 200 EUR, so kann man konstatieren, dass mehr als 87 % aller Unternehmen gar **keine Seminare für Ihre Mitarbeiter** finanzieren werden. 40 % schließen es sogar ausdrücklich aus, für Schulungen Geld aufzuwenden.

58 Die Zahlen mögen sich in den letzten Jahren verändert haben. Aber sie zeigen, dass die **Bieterakzeptanz das größte Problem** der eVergabe ist. Deswegen gilt es für jeden Auftraggeber, seine Bieter in den Prozess der Umstellung einzubeziehen.

! **Praxistipp**

Gerade für lokale Auftraggeber wie die Kommunen kann es hilfreich sein, Auftraggeberseitig Bieter-Seminare im Zuge der Umstellung durchzuführen, damit der **Markt dabei nicht unnötig verengt** wird, weil sich lokale Kleinbetriebe der Umstellung verweigern.

E. Gesteigerter IT-Bedarf bei allen Beteiligten

59 Mit der zunehmenden **Abkehr vom Papier** als Trägermedium verändert sich auch die Büroorganisation immer weiter. Aktenschränke werden überflüssig. Statt dessen steigt der Bedarf an leistungsstarken **und schnellen elektronischen Speicherme-**

12 Dippel/Herborn-Lauff: „Studie zu den Ausgangsbedingungen der eVergabe“, Vergabe Navigator 3/2006, 30.

dien für die immer größer werdende Datenflut. Und weil Speicher und Datenübertragung ja keine unmittelbar sichtbaren Kosten verursachen, denkt auch kaum jemand daran, systematisch die Größe der verwendeten Dateien zu komprimieren.

Beispiel
Ein modernes Handy macht Fotos mit einer Datengröße von 5 bis 10 MB. Doch um das Bild sauber auf einer DIN-A-4-Seite darzustellen reichen oftmals 50 kB, also gerade einmal 1 % der Datenmenge aus.

Im Zuge der Einführung der eVergabe werden also zusätzliche technische Einrichtun- 60
gen nötig werden. Dazu gehört auf der Seite der Vergabestelle ein Server, der hinreichend **gegen unbefugtes Eindringen** von außen gesichert ist, um eingehende Angebote zu speichern. Der Server muss außerdem automatisiert eine Datensicherung auf einem gleichartigen **Spiegelserver** betreiben, damit die Daten im Schadensfalle nicht verloren gehen können.

Die Arbeit der Vergabesachbearbeiter verlagert sich ebenfalls immer mehr vom 61
Papier zum Rechner. Möglicherweise werden auch hier zusätzliche oder **modernere Geräte** erforderlich. Auf jeden Fall werden für die Erstellung digitaler Signaturen Signaturkartenleser benötigt.

Letzteres gilt ebenso für die Bieterseite. Hier kommt gerade für kleine und mitt- 62
lere Unternehmen ein weiteres Problem hinzu. Während die Verwaltungen in der Regel an hinreichend dimensionierte Internet-Leitungen angeschlossen sind, kann das bei einem **Bieter im ländlichen Raum** schon anders aussehen. Im Laufe des Jahres 2014 will das Bundesministerium für digitale Infrastruktur für 75 % der Haushalte ein Breitband-Internet mit mindestens 50 Mbit Übertragungsrate möglich machen. (Zum Vergleich: Das entspricht etwa einem Handy-Foto pro Sekunde) Für kleine und mittlere Betriebe dürfte die Netzversorgung nicht besser sein: Ein Viertel aller dieser Betriebe verfügt Ende 2014 wohl noch nicht über solch einen **schnellen Netzanschluss**. Sollen aber große Datenmengen übertragen werden, sind derartige Breitbandnetze erforderlich. Andernfalls wäre die Datenübertragung zwar nicht unmöglich, jedoch unter Umständen unerträglich langsam. Bis zum Jahr 2018 – also wenn die Übergangsfrist für die europarechtlich verpflichtende rein elektronische Vergabe abläuft, will die Bundesregierung eine **flächendeckende Breitbandversorgung** erreicht haben[13].

---

13 Dritter Monitoringbericht zur Breitbandstrategie der Bundesregierung, BMWi, April 2013.

Noch

Kapitel 7
Muster

A. Deutsche eVergabe

Hier sind die Eingabemasken aus der Sicht der **ausschreibenden Stelle** beispielhaft 1
dargestellt.

Wahl der Vergabeart: 2

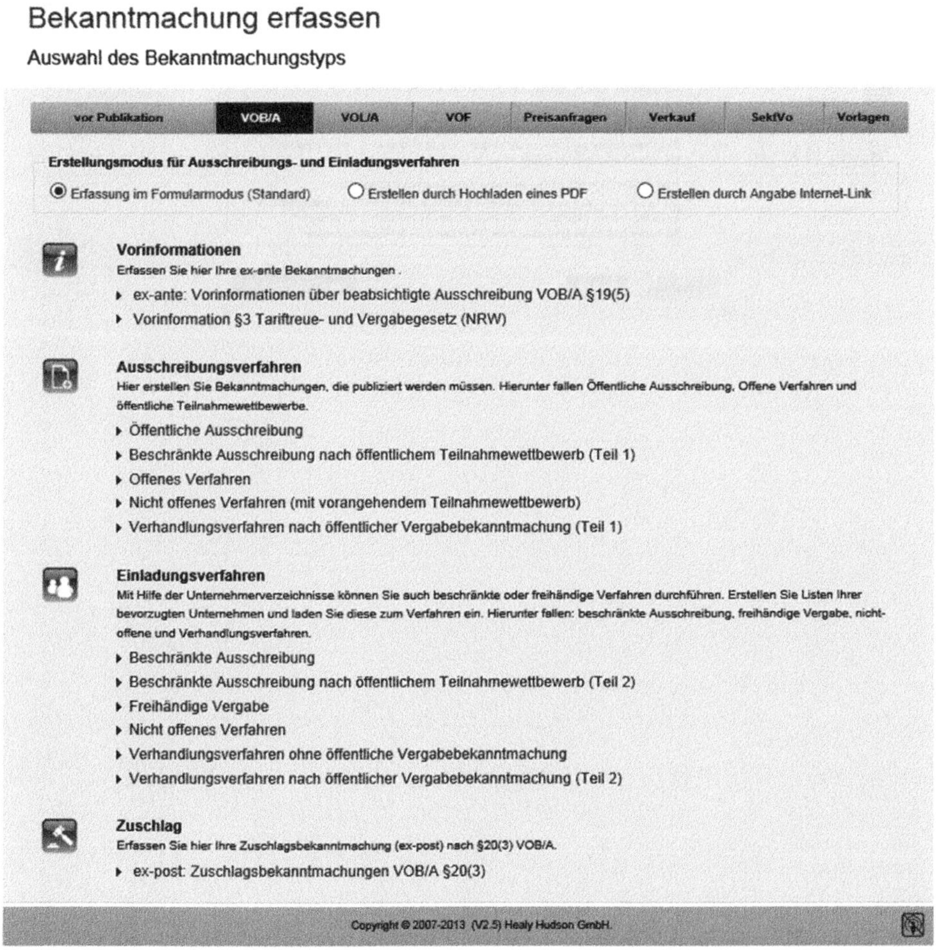

3 Wahl des Kostenmodells

Festlegung der Fristen und Zeitpunkt der Publikation 4

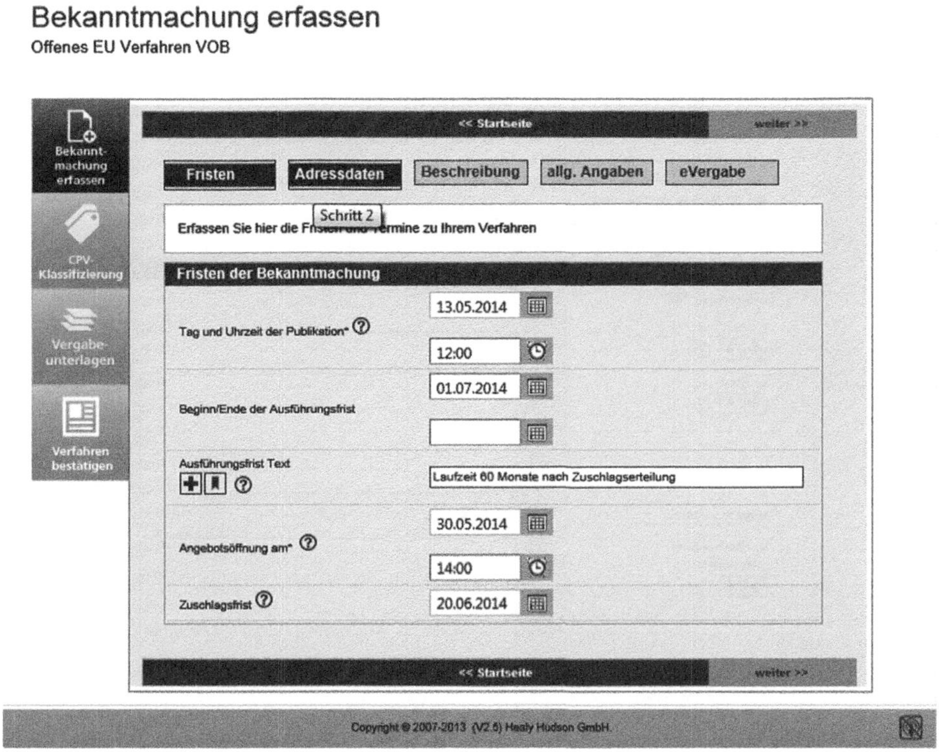

5 Beschreibung der Leistung

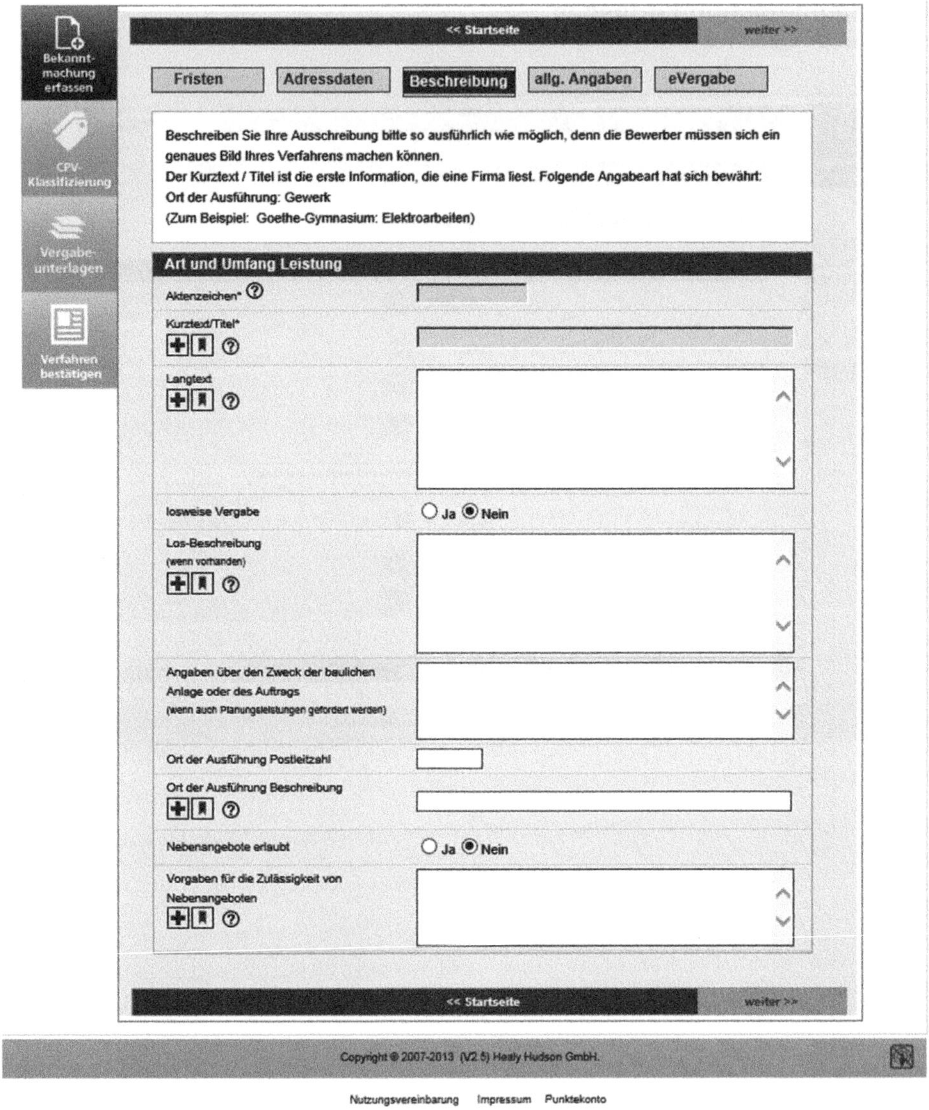

CPV-Klassifizierung 6

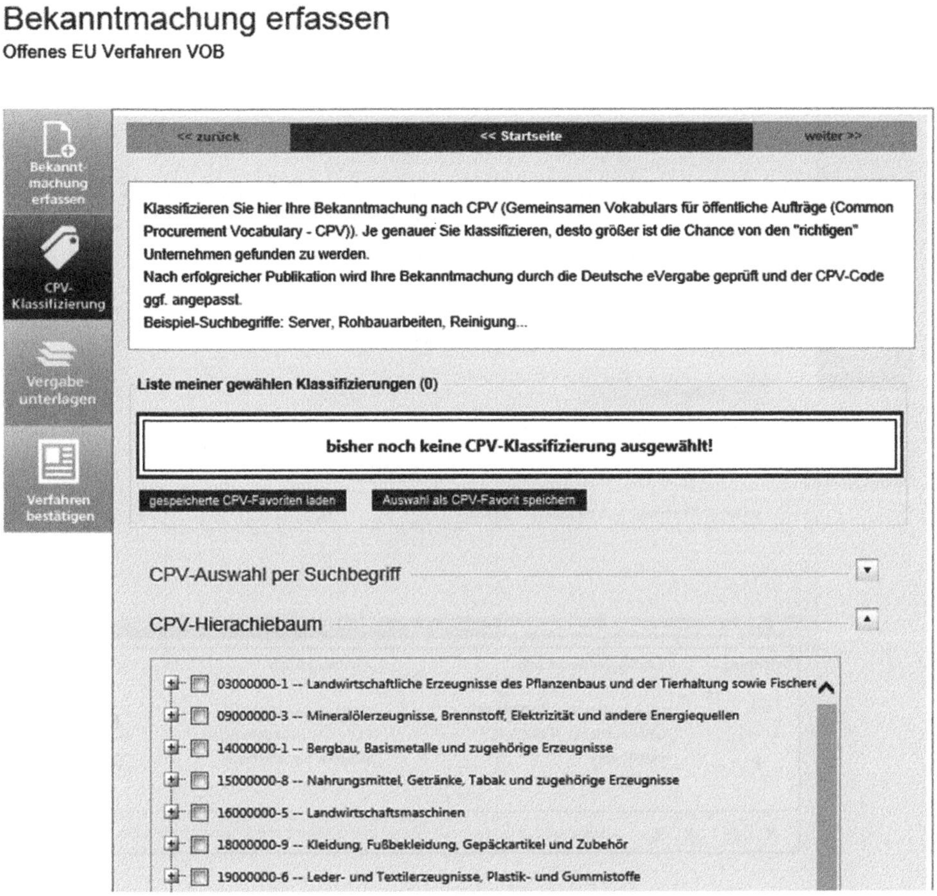

7 Hochladen der Vergabeunterlagen in den Vergabesafe

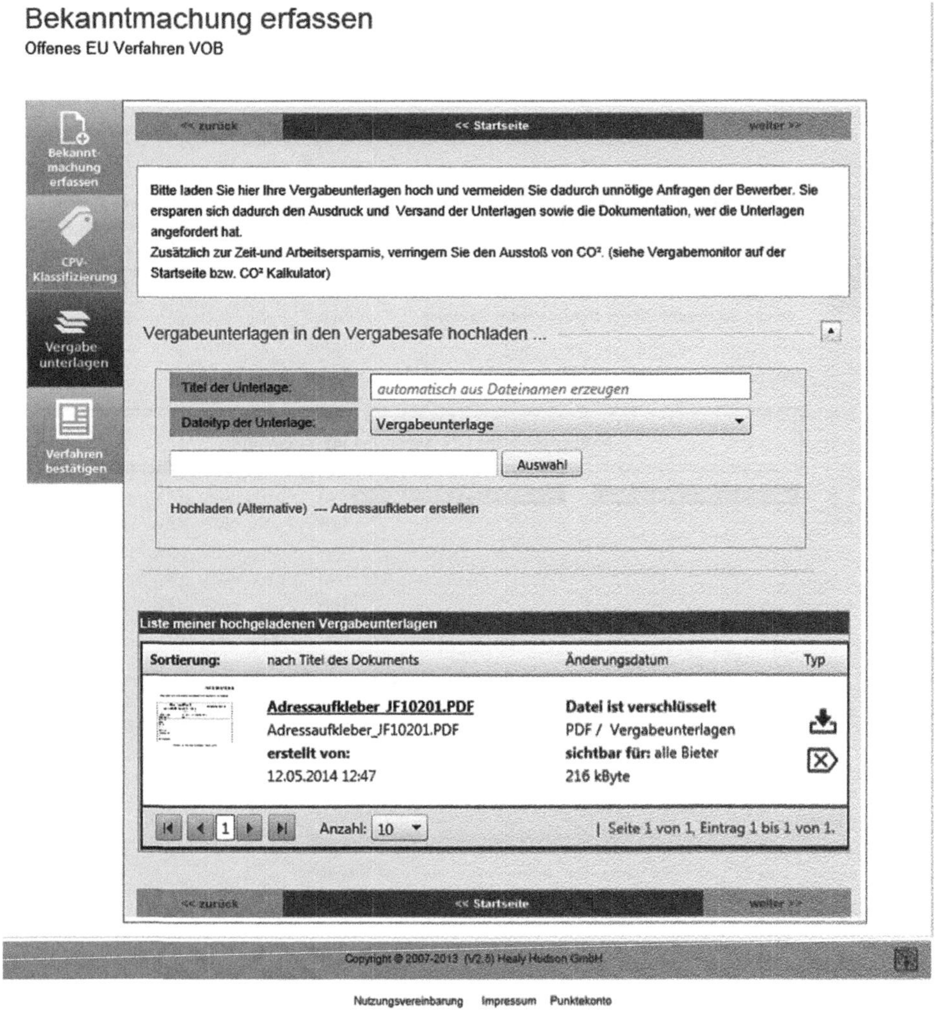

Wahl der möglichen Signatur 8

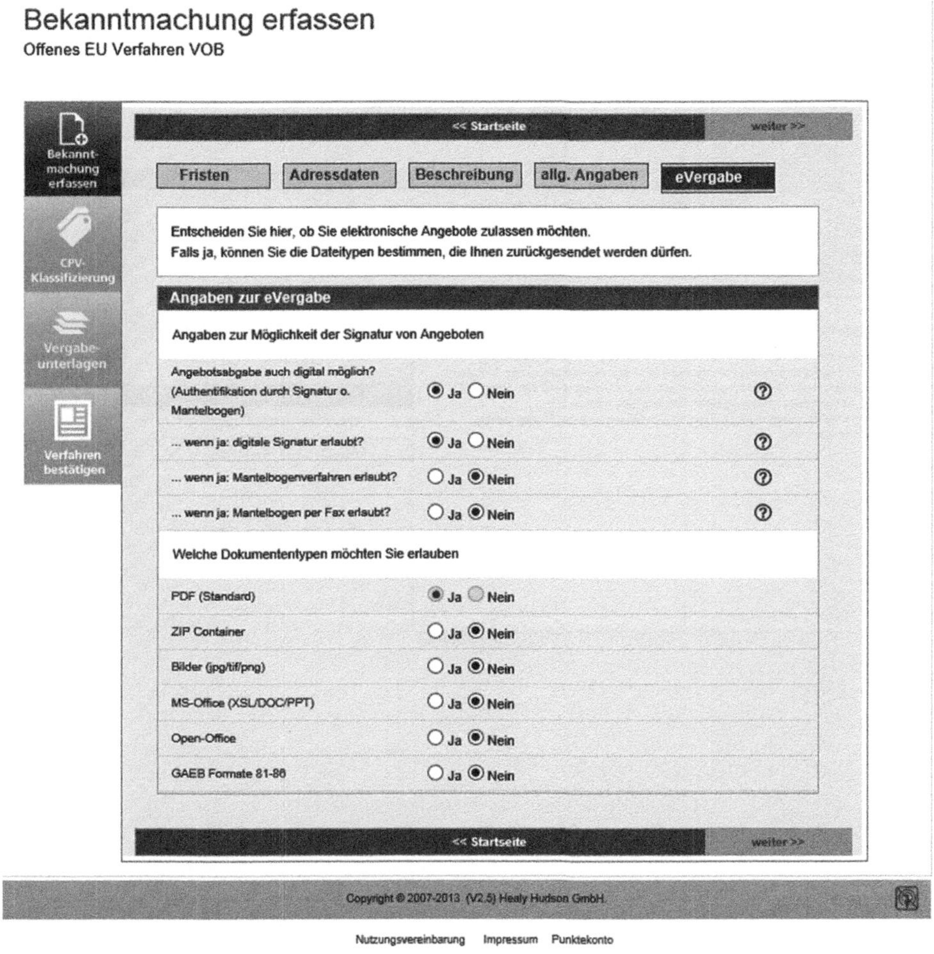

9 Kosten für die Abfordung postalischer Unterlagen (im e-Vergabeverfahren irrelavant)

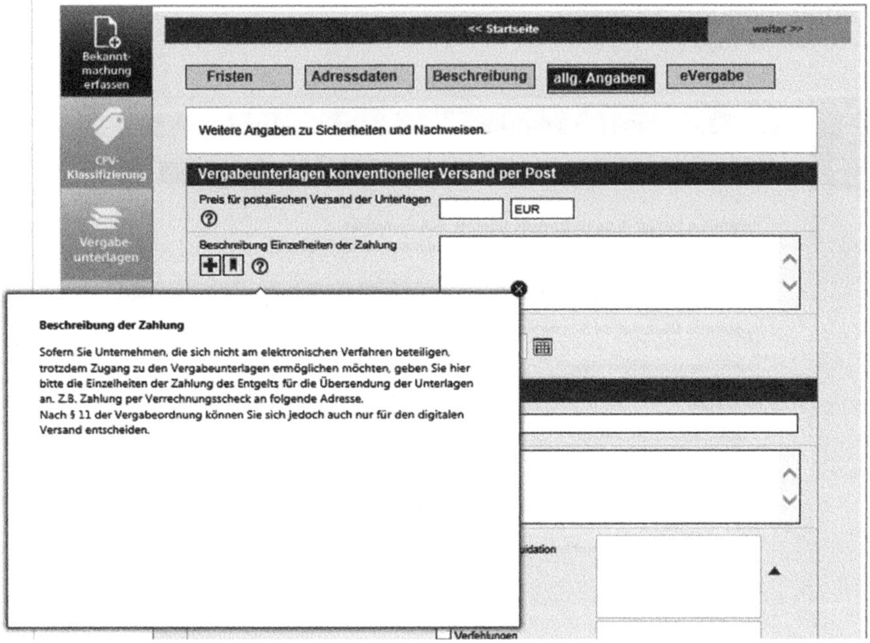

Vergabesafe 10

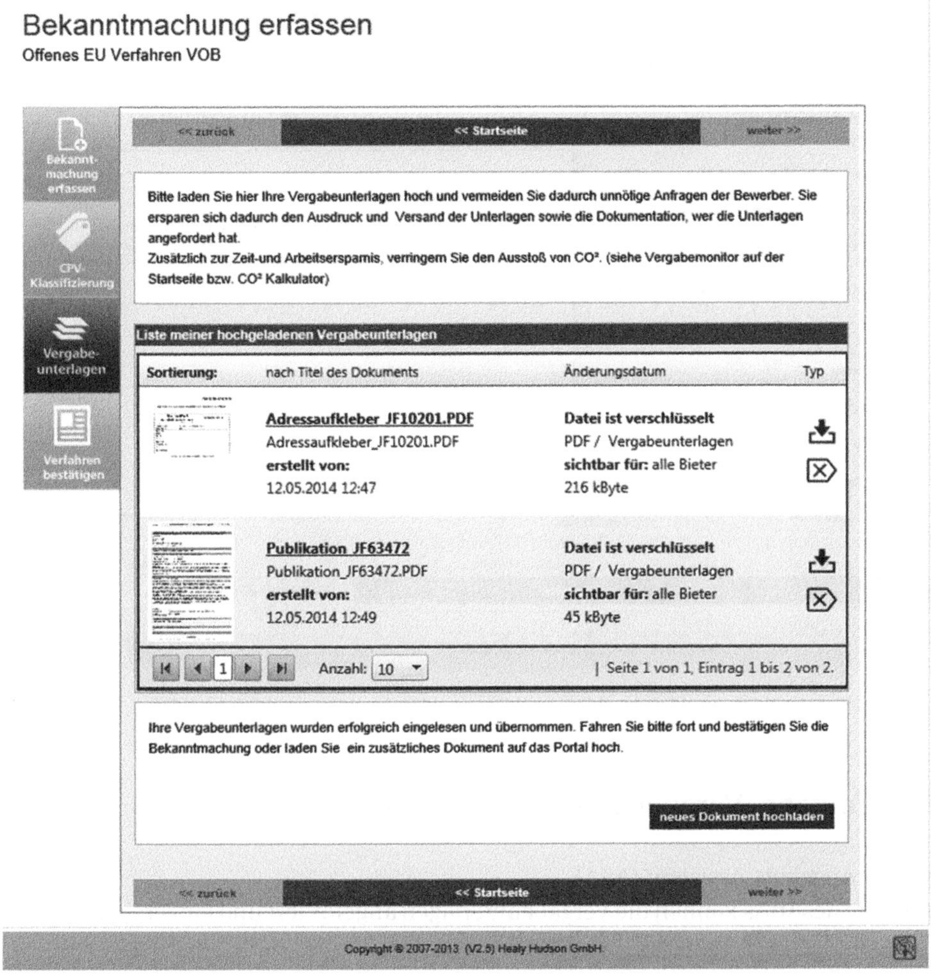

11 Elektronische Angebotsabgabe

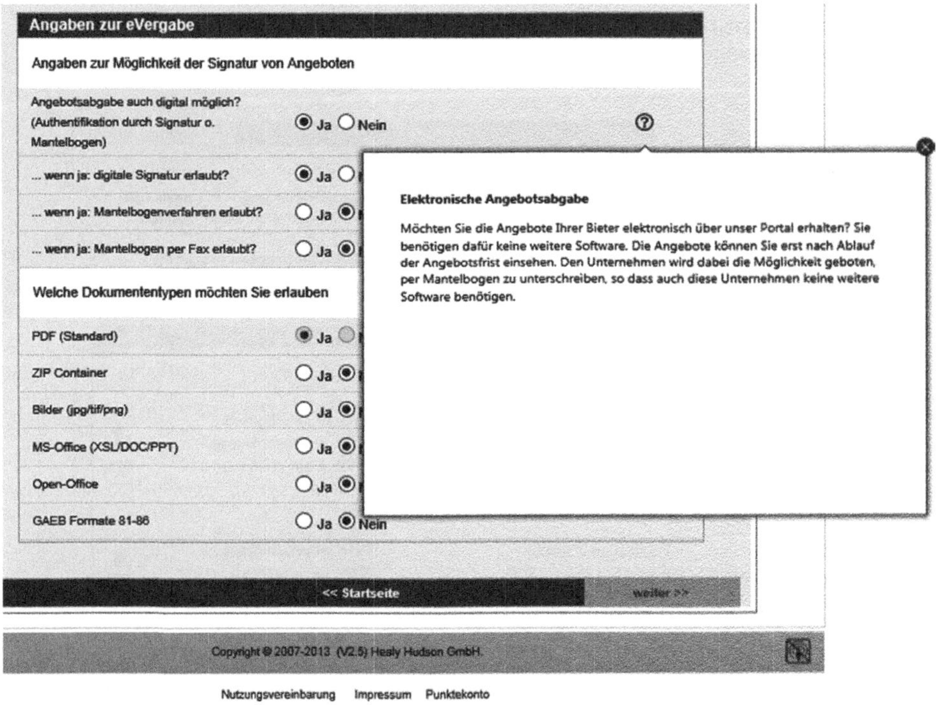

B. eVergabe, Vergabeplattform des Bundes

12 Muster Angebots-Assistent (AnA)
Mit Hilfe desAnAs können die Vergabeunterlagen angefordert und eingereicht werden

Ablauf Bewerbung auf einen Ausschreibung mit AnA 13

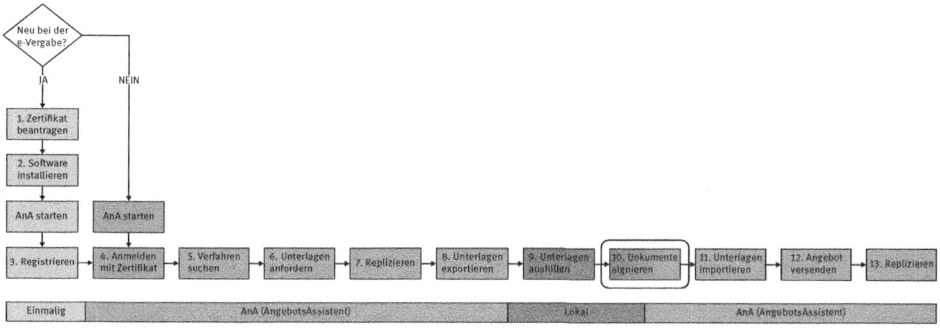

Auswahl des Nutzers 14

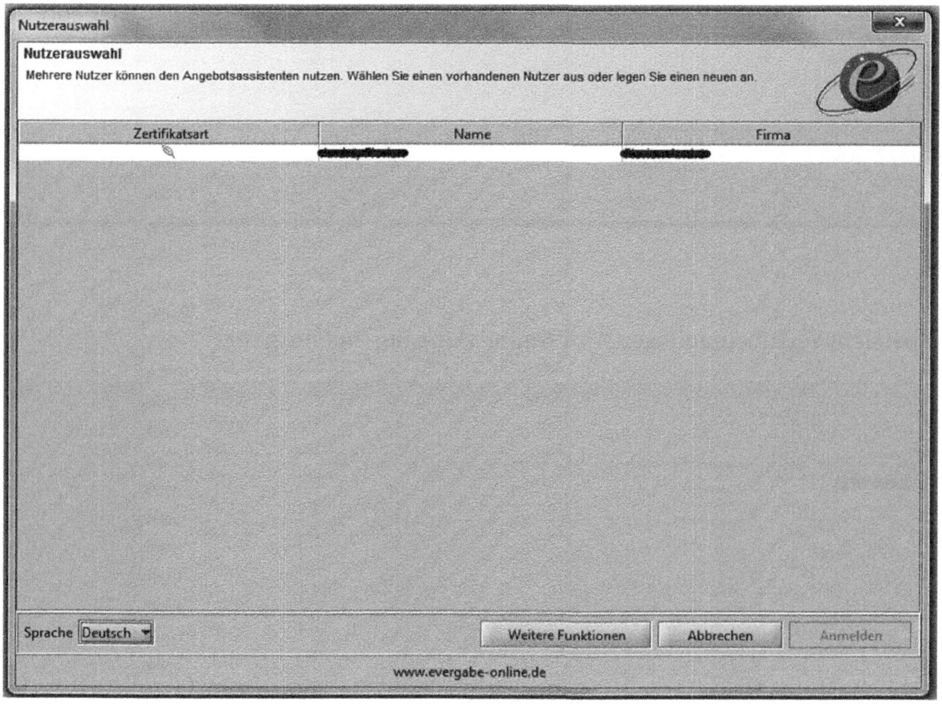

15 Einlesen der Vergabeunterlagen insAnA

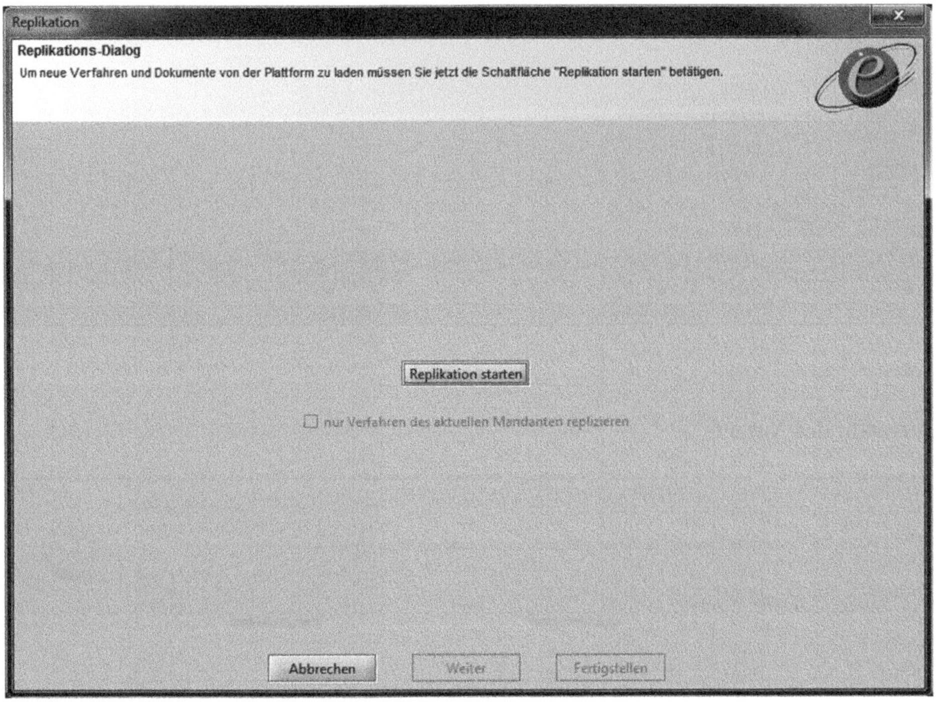

16 Übersicht Vergabeunterlagen AnA Online (Eingang und Ausgang)

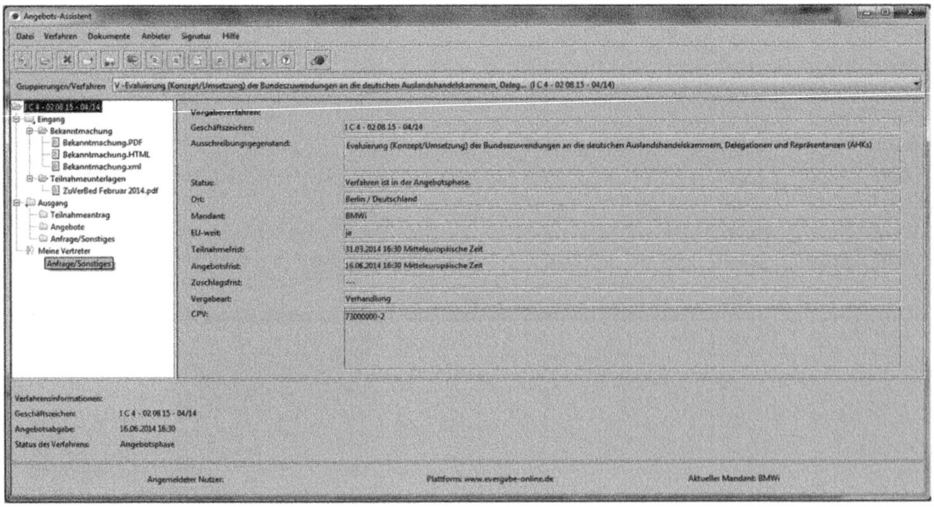

Ausschreibungssuche im AnA 17

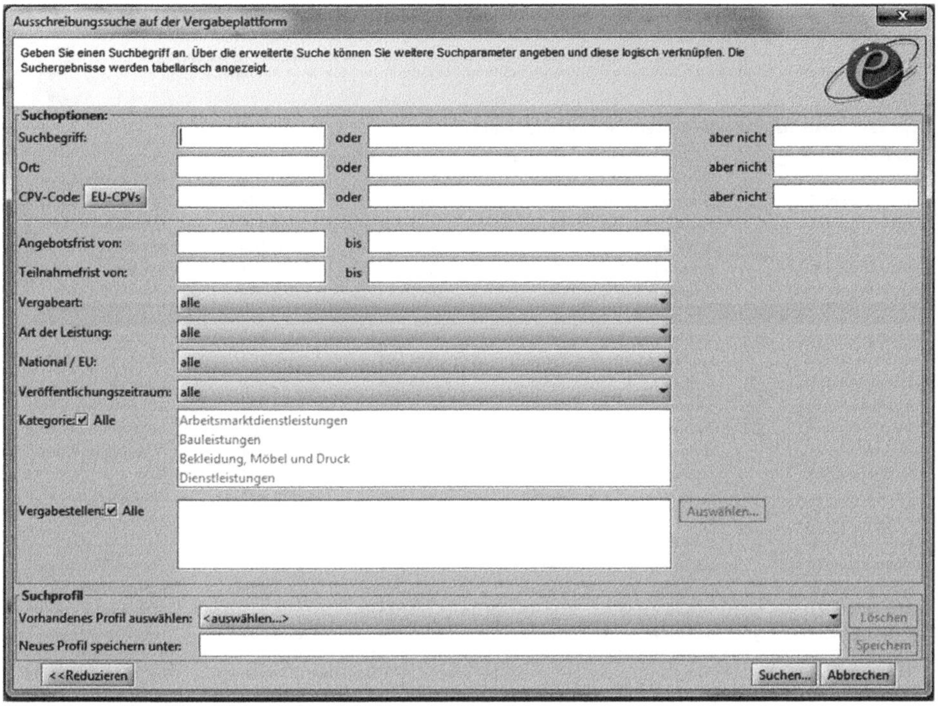

18 Suchergebiss im AnA (Suchbegriff hier: Fenster)

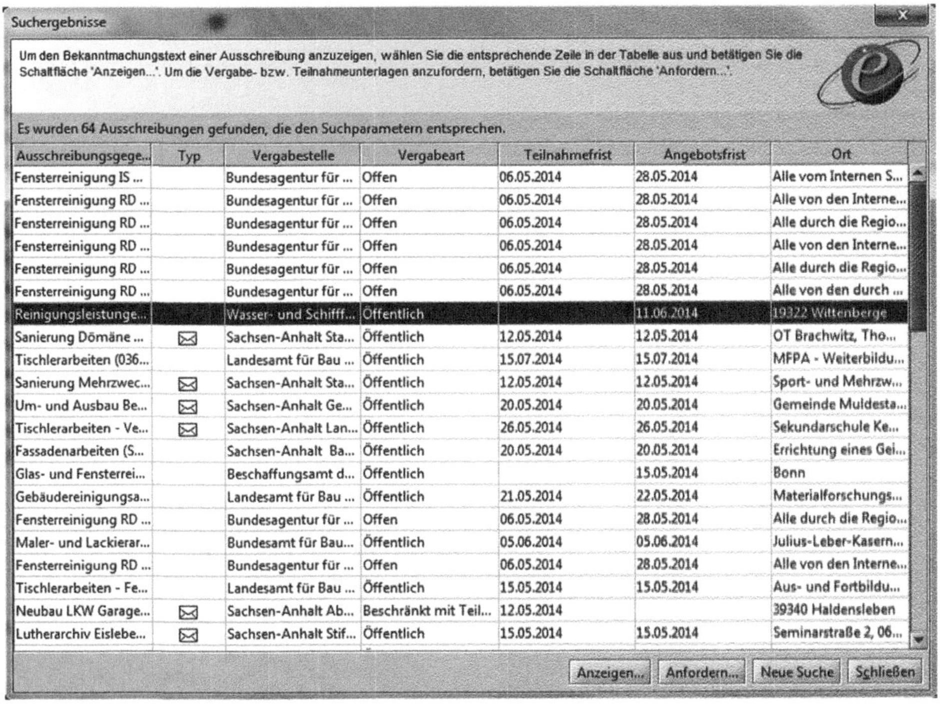

Ausschreibungsgege...	Typ	Vergabestelle	Vergabeart	Teilnahmefrist	Angebotsfrist	Ort
Fensterreinigung IS ...		Bundesagentur für ...	Offen	06.05.2014	28.05.2014	Alle vom Internen S...
Fensterreinigung RD ...		Bundesagentur für ...	Offen	06.05.2014	28.05.2014	Alle von den Interne...
Fensterreinigung RD ...		Bundesagentur für ...	Offen	06.05.2014	28.05.2014	Alle durch die Regio...
Fensterreinigung RD ...		Bundesagentur für ...	Offen	06.05.2014	28.05.2014	Alle von den Interne...
Fensterreinigung RD ...		Bundesagentur für ...	Offen	06.05.2014	28.05.2014	Alle durch die Regio...
Fensterreinigung RD ...		Bundesagentur für ...	Offen	06.05.2014	28.05.2014	Alle von den durch ...
Reinigungsleistunge...		Wasser- und Schifff...	Öffentlich		11.06.2014	19322 Wittenberge
Sanierung Dömäne ...	✉	Sachsen-Anhalt Sta...	Öffentlich	12.05.2014	12.05.2014	OT Brachwitz, Tho...
Tischlerarbeiten (036...		Landesamt für Bau ...	Öffentlich	15.07.2014	15.07.2014	MFPA - Weiterbildu...
Sanierung Mehrzwec...	✉	Sachsen-Anhalt Sta...	Öffentlich	12.05.2014	12.05.2014	Sport- und Mehrzw...
Um- und Ausbau Be...	✉	Sachsen-Anhalt Ge...	Öffentlich	20.05.2014	20.05.2014	Gemeinde Muldesta...
Tischlerarbeiten - Ve...	✉	Sachsen-Anhalt Lan...	Öffentlich	26.05.2014	26.05.2014	Sekundarschule Ke...
Fassadenarbeiten (S...		Sachsen-Anhalt Ba...	Öffentlich	20.05.2014	20.05.2014	Errichtung eines Gei...
Glas- und Fensterrei...		Beschaffungsamt d...	Öffentlich		15.05.2014	Bonn
Gebäudereinigungsa...		Landesamt für Bau ...	Öffentlich	21.05.2014	22.05.2014	Materialforschungs...
Fensterreinigung RD ...		Bundesagentur für ...	Offen	06.05.2014	28.05.2014	Alle durch die Regio...
Maler- und Lackierar...		Bundesamt für Bau...	Öffentlich	05.06.2014	05.06.2014	Julius-Leber-Kasern...
Fensterreinigung RD ...		Bundesagentur für ...	Offen	06.05.2014	28.05.2014	Alle von den Interne...
Tischlerarbeiten - Fe...		Landesamt für Bau ...	Öffentlich	15.05.2014	15.05.2014	Aus- und Fortbildu...
Neubau LKW Garage...	✉	Sachsen-Anhalt Ab...	Beschränkt mit Teil...	12.05.2014		39340 Haldensleben
Lutherarchiv Eislebe...	✉	Sachsen-Anhalt Stif...	Öffentlich	15.05.2014	15.05.2014	Seminarstraße 2, 06...

19 Digitales/elektronische Signaturfenster in Vergabeunterlagen (ohne Signatur)

*) *Wird das Angebotsschreiben nicht signiert, gilt das Angebot als nicht abgegeben. Etwaige Signaturen oder Unterschriften an anderen Stellen – z.B. unter einem zusätzlichen Begleitschreiben oder einem selbst erstellten Angebotsschreiben – können die an dieser Stelle verlangte Signatur nicht ersetzen.*

Digitales/elektronische Signaturfenster in Vergabeunterlagen (nach Signatur mit AnA) 20

Die nachstehende Signatur gilt für alle Teile meines Angebotes – sofern Nebenangebote zugelassen sind – auch für meine Nebenangebote. Die nachstehende Signatur gilt also insbesondere hinsichtlich der beizufügenden Erklärungen und Nachweise, evtl. ergänzender Angaben sowie hinsichtlich des Angebotspreises/der Angebotspreise.

Ort und Datum der Angebotserstellung

Ort:

Datum:

*Signaturfeld *)* ⇨

Unterschrift gültig

Karteninhaber: [redacted] Erstellt am: 12.05.2014 13:03:28 Gültig ab: 06.11.2013 06:22:14 Gültig bis: 16.11.2015 06:22:14 Aussteller: D-TRUST Qualified CA 1 2012:PN

***) Wird das Angebotsschreiben nicht signiert, gilt das Angebot als <u>nicht</u> abgegeben. Etwaige Signaturen oder Unterschriften an anderen Stellen – z.B. unter einem zusätzlichen Begleitschreiben oder einem selbst erstellten Angebotsschreiben – können die an dieser Stelle verlangte Signatur nicht ersetzen.*

C. eVergabe-Portal Sachsen-Anhalt

21 Hier kann auch **ohne Anmeldung** nach Vergabeverfahren in Sachsen-Anhalt gesucht werden. Sollte man sich für ein Verfahren interessieren, wird man auf die Homepage e-Vergabe, der Vergabeplattform des Bundes **umgeleitet** und kann dann mit Hilfe des oben aufgezeigten AnA die Vergabeunterlagen anfordern bzw. ausfüllen.

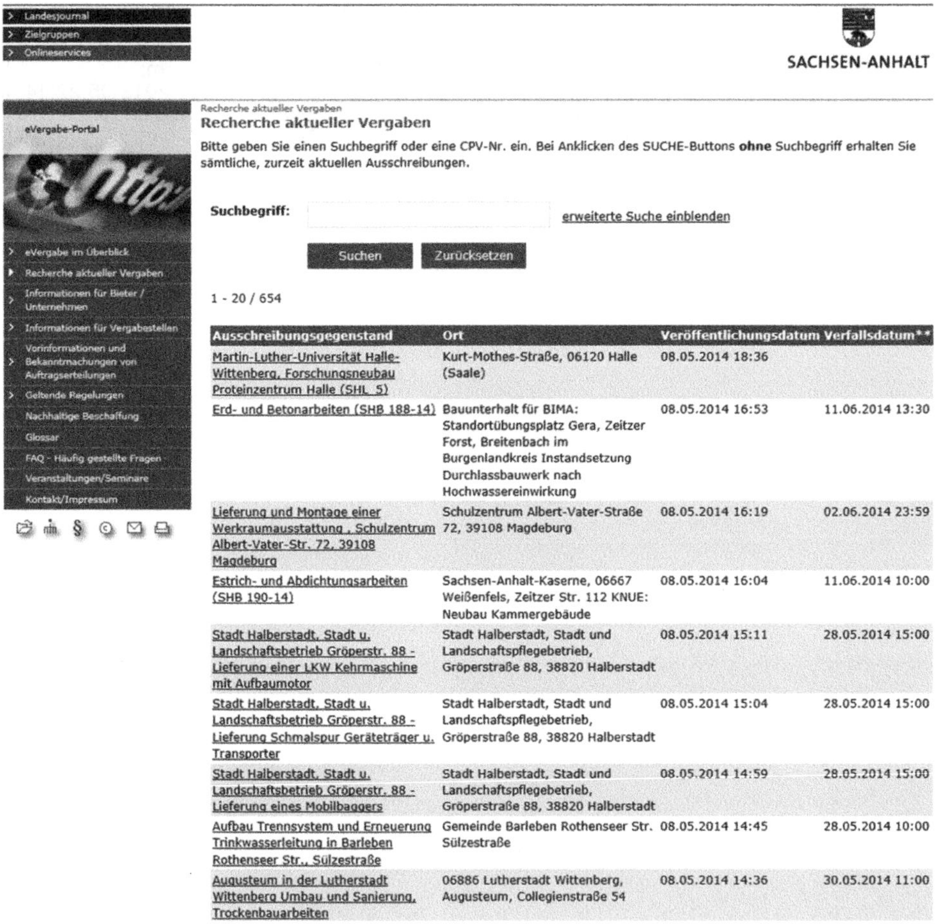

> Landesjournal
> Zielgruppen
> Onlineservices

SACHSEN-ANHALT

eVergabe-Portal

> eVergabe im Überblick
> Recherche aktueller Vergaben
> Informationen für Bieter / Unternehmen
> Informationen für Vergabestellen
> Vorinformationen und Bekanntmachungen von Auftragserteilungen
> Geltende Regelungen
Nachhaltige Beschaffung
Glossar
FAQ - Häufig gestellte Fragen
Veranstaltungen/Seminare
Kontakt/Impressum

Recherche aktueller Vergaben

Recherche aktueller Vergaben

Bitte geben Sie einen Suchbegriff oder eine CPV-Nr. ein. Bei Anklicken des SUCHE-Buttons **ohne** Suchbegriff erhalten Sie sämtliche, zurzeit aktuellen Ausschreibungen.

Suchbegriff: erweiterte Suche einblenden

Suchen Zurücksetzen

1 - 20 / 654

Ausschreibungsgegenstand	Ort	Veröffentlichungsdatum	Verfallsdatum**
Martin-Luther-Universität Halle-Wittenberg, Forschungsneubau Proteinzentrum Halle (SHL 5)	Kurt-Mothes-Straße, 06120 Halle (Saale)	08.05.2014 18:36	
Erd- und Betonarbeiten (SHB 188-14)	Bauunterhalt für BIMA: Standortübungsplatz Gera, Zeitzer Forst, Breitenbach im Burgenlandkreis Instandsetzung Durchlassbauwerk nach Hochwassereinwirkung	08.05.2014 16:53	11.06.2014 13:30
Lieferung und Montage einer Werkraumausstattung , Schulzentrum Albert-Vater-Str. 72, 39108 Magdeburg	Schulzentrum Albert-Vater-Straße 72, 39108 Magdeburg	08.05.2014 16:19	02.06.2014 23:59
Estrich- und Abdichtungsarbeiten (SHB 190-14)	Sachsen-Anhalt-Kaserne, 06667 Weißenfels, Zeitzer Str. 112 KNUE: Neubau Kammergebäude	08.05.2014 16:04	11.06.2014 10:00
Stadt Halberstadt, Stadt u. Landschaftsbetrieb Gröperstr. 88 - Lieferung einer LKW Kehrmaschine mit Aufbaumotor	Stadt Halberstadt, Stadt und Landschaftspflegebetrieb, Gröperstraße 88, 38820 Halberstadt	08.05.2014 15:11	28.05.2014 15:00
Stadt Halberstadt, Stadt u. Landschaftsbetrieb Gröperstr. 88 - Lieferung Schmalspur Geräteträger u. Transporter	Stadt Halberstadt, Stadt und Landschaftspflegebetrieb, Gröperstraße 88, 38820 Halberstadt	08.05.2014 15:04	28.05.2014 15:00
Stadt Halberstadt, Stadt u. Landschaftsbetrieb Gröperstr. 88 - Lieferung eines Mobilbaggers	Stadt Halberstadt, Stadt und Landschaftspflegebetrieb, Gröperstraße 88, 38820 Halberstadt	08.05.2014 14:59	28.05.2014 15:00
Aufbau Trennsystem und Erneuerung Trinkwasserleitung in Barleben Rothenseer Str., Sülzestraße	Gemeinde Barleben Rothenseer Str. Sülzestraße	08.05.2014 14:45	28.05.2014 10:00
Augusteum in der Lutherstadt Wittenberg Umbau und Sanierung, Trockenbauarbeiten	06886 Lutherstadt Wittenberg, Augusteum, Collegienstraße 54	08.05.2014 14:36	30.05.2014 11:00

D. Vergabemarktplatz Nordrhein-Westfalen

Registrierung 22

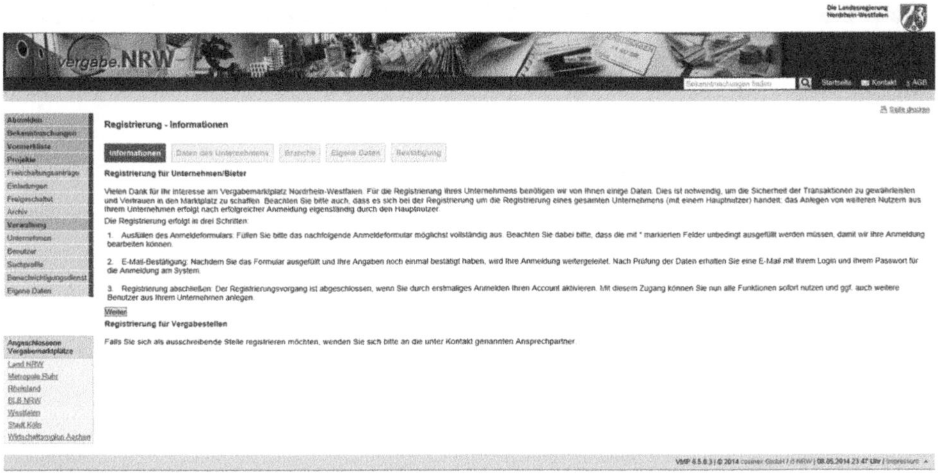

Persönliche/Firmenangaben 23

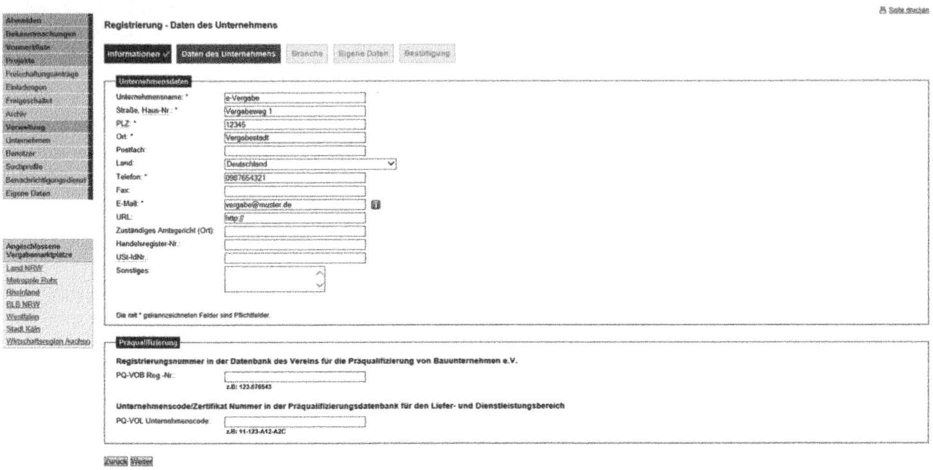

24 Festlegung der eigenen Präferenzen bei der Registrierung

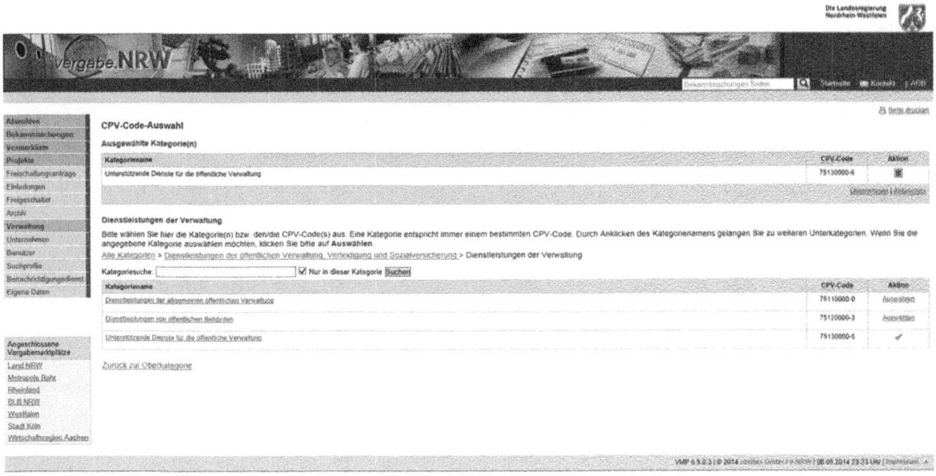

25 Suchfunktion

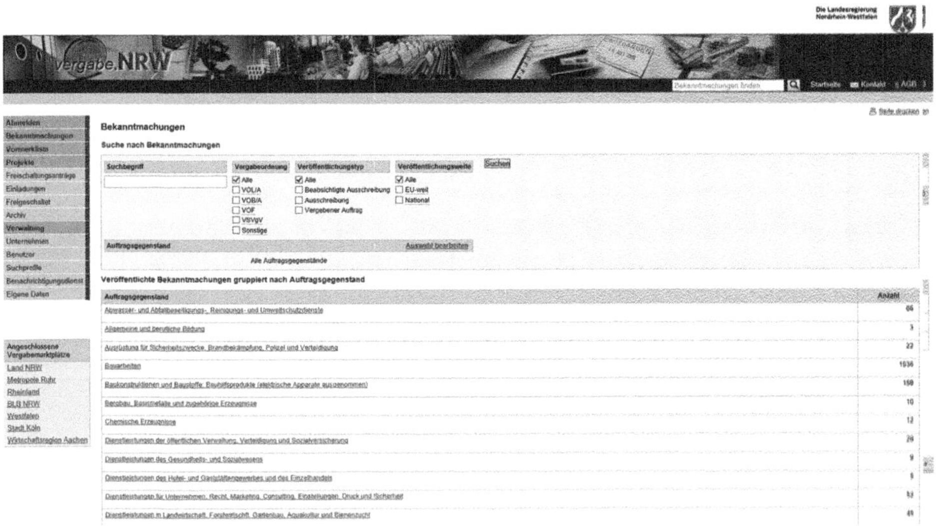

Suchprofil

26

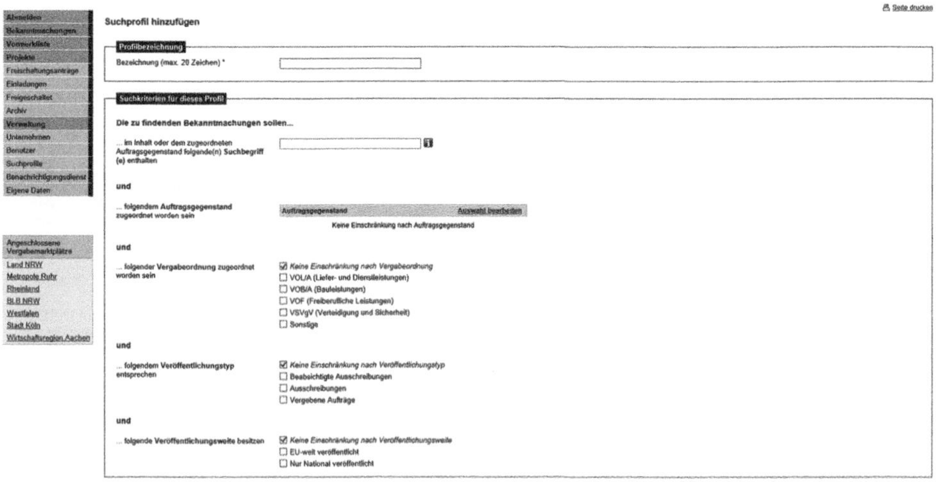

E. eVergabe Telekom

I. Überblick über das e-Vergabeportal Telekom

27 Branchenspezifisches e-Vergabeportal – daher deutlich weniger Bekanntmachungen als in branchenunspezifischen Portalen

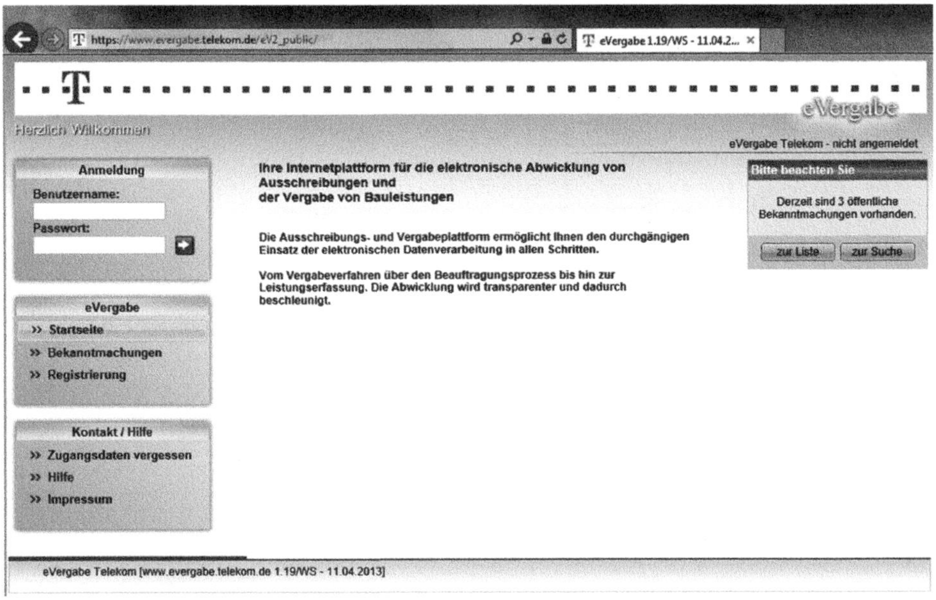

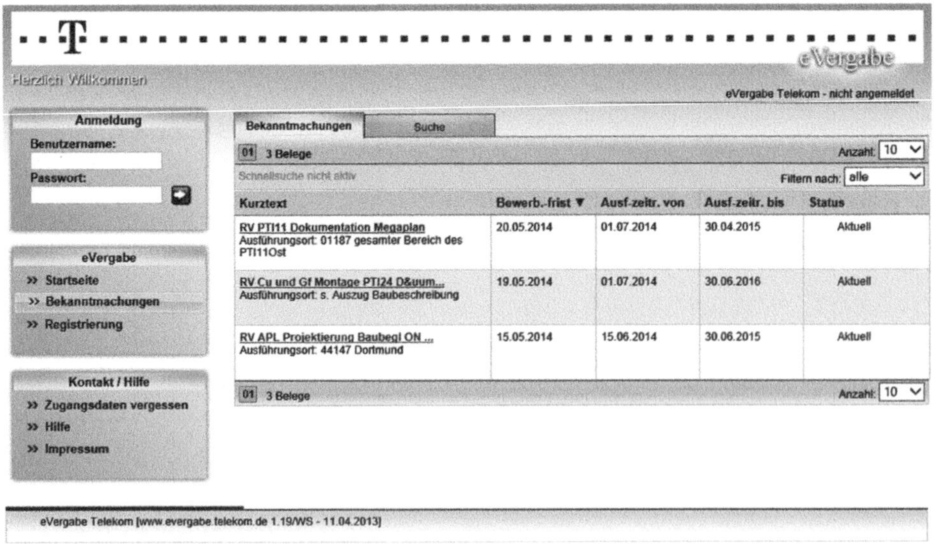

Voraussetzungen zur Registrierung als Bieter 28

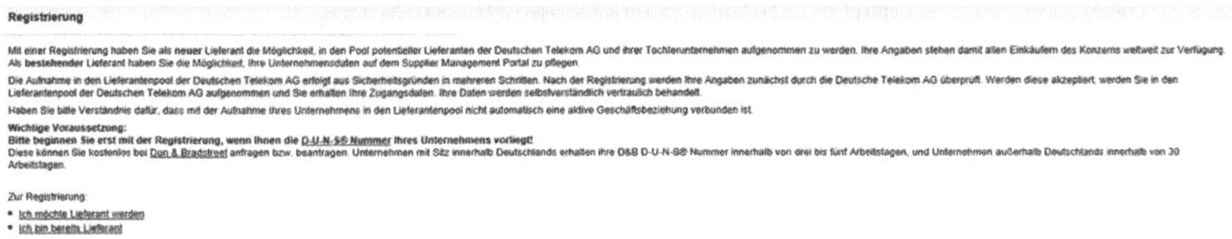

II. Exkurs: Dun & Bradstreet

Eine D-U-N-S® Nummer für Ihr Unternehmen muss vor der Registrierung auf den Seiten der Telekom vorliegen. 29

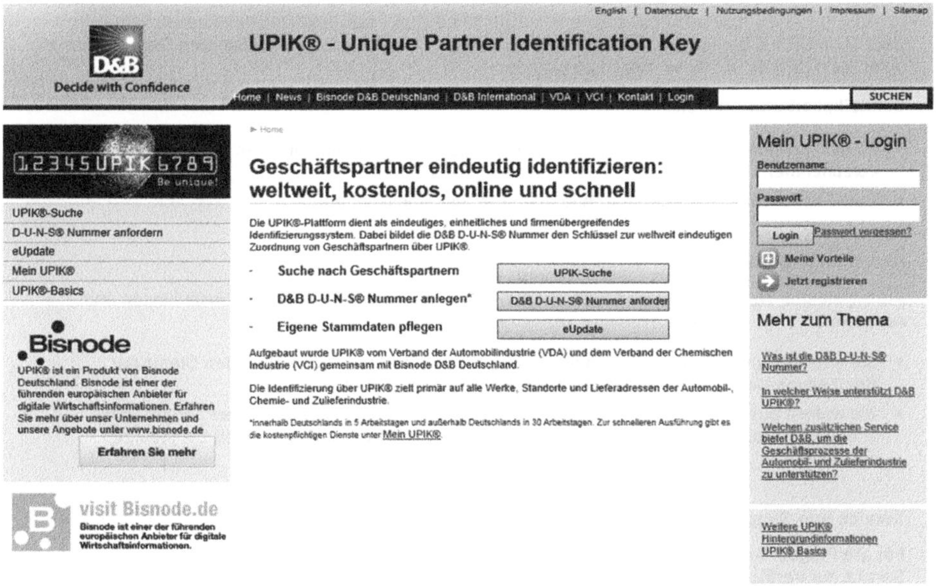

D&B
Decide with Confidence

UPIK® - Unique Partner Identification Key

D&B D-U-N-S® Nummer

Was ist die D&B D-U-N-S® Nummer?

Die D&B D-U-N-S® Nummer (Data Universal Numbering System) ist ein "nicht-sprechender" 9-stelliger Zahlenschlüssel zur weltweiten und eindeutigen Identifizierung von Unternehmen. Er wurde von D&B 1962 eingeführt und ist heute der Schlüssel zu Daten von weltweit mehr als 120 Mio. Unternehmen.

In welcher Weise unterstützt D&B UPIK®?

Bisnode D&B Deutschland entwickelt in Abstimmung mit den UPIK®-Partnern die UPIK® Online-Plattform zur kostenlosen Anlage und Pflege der eigenen Kommunikationsdaten. D&B´s einzigartige, weltweiten Ressourcen und seine Informationsreichweite unterstützen das UPIK® Identifizierungssystem dabei, jederzeit auf eine standardisierte und vertrauensvolle Datenbasis für geschäfliche Entscheidungen zugreifen zu können.

Welchen zusätzlichen Service bietet D&B, um die Geschäftsprozesse der Automobil- und Zulieferindustrie zu unterstützen?

D&B unterstützt die Darstellung der Unternehmen auf der Ebene von Geschäftsbereichen, zwischen denen die tatsächlichen Transaktionen (Bestellungen, Lieferabrufe, Austausch von Dokumentationen usw.) stattfinden. Dies ist zunächst nur für eine begrenzte Anzahl* von Ländern möglich. UPIK® & D&B erweitern ständig die Anzahl der Länder, für welche auch zu verschiedenen Geschäftsbereichen, an ein und demselben Standort eine D&B D-U-N-S® Nummer vergeben werden kann.

Ihre Vorteile mit Mein UPIK®

Über Mein UPIK® greifen Sie auf zahlreiche kostenlose Services zu. Bitte registrieren Sie sich einmalig unter Mein UPIK®, um diese nutzen zu können.

Schnelligkeit und Effizienz

- Einmal registriert müssen Sie sich nicht mehr zusätzlich anmelden, um zum Beispiel ein eUpdate vorzunehmen.
- Damit entfallen auch wiederkehrende manuelle Sicherheitsabfragen.

Aktualität und Übersicht

Als registrierter Nutzer gelangen Sie zu Ihrem UPIK® Cockpit mit individuellen Einstellungen und Arbeitshilfen.

- Sie erhalten eine tagesaktuelle Übersicht Ihrer UPIK® Anfragen und sehen den Status der Bearbeitung. Außerdem werden Ihre UPIK® Dienste angezeigt.
- Sie wählen aus, ob und wie Sie über den Verlauf von Bearbeitungen oder über UPIK® News informiert werden möchten. Die Einstellungen in Ihrem UPIK® Cockpit können Sie jederzeit anpassen.

Service und Support

Für alle Fragen, Anregungen oder Reklamationen der registrierten UPIK® Nutzer steht der UPIK® Service zur Verfügung.

Den UPIK® Service können Sie:
- bequem per E-Mail kontaktieren,
- von 8:00 bis 17:00 Uhr telefonisch erreichen

Kostenlose UPIK® Zusatzdienste

UPIK® Data Control: Wählen Sie diesen Service, wenn Ihre Daten innerhalb UPIK® ausschließlich von einem festen Ansprechpartner gepflegt werden sollen. Alle Leistungen stehen registrierten Mein UPIK® Nutzern jederzeit und kostenlos zur Verfügung.

Registrieren Sie sich jetzt kostenlos auf Mein UPIK®! Klicken Sie hier:

Kostenlose Registrierung

III. Registrationsformular

Verifikation der Angaben und Abfrage weiterer Angaben erfolgt telefonisch 30

Kostenlose Registrierung für Mein UPIK®

Bitte füllen Sie die nachfolgenden Felder aus. Mit * gekennzeichnete Felder sind Pflichtfelder zur kostenlosen Registrierung.

Anrede*

Name*

Vorname*

Firma*

Abteilung

Funktion*

Straße*

PLZ*

Ort*

Land*

Telefon*

Telefax

E-Mail*

Wählen Sie einen Nutzernamen (Ihr zukünftiger Anmeldename)*

☐ Ich bin damit einverstanden, dass meine vorstehend angegebenen personenbezogenen Daten einschließlich meiner E-Mail-Adresse und Telefonnummer zu Zwecken der Kundenbetreuung, -befragung und persönlich auf mich zugeschnittenen Kundeninformationen der Bisnode D&B Deutschland GmbH erhoben, verarbeitet, übermittelt und genutzt werden dürfen. Ich kann dieser Verarbeitung und Nutzung jederzeit kostenlos gegenüber der Bisnode D&B Deutschland GmbH, Robert-Bosch-Straße 11, 64293 Darmstadt, widersprechen.

☐ *Ich habe die Nutzungsbestimmungen und den Datenschutzhinweis von D&B gelesen und akzeptiert.

Für weitere Fragen steht Ihnen der UPIK® Service upik@dnbgermany.de gern zur Verfügung.

[Senden] [Eingaben zurücksetzen]

IV. Registrationsformular Telekom

31 Zu Beachten: es wird die Motivation zur Registrierung abgefragt

Ich möchte Lieferant werden

Sie bewerben sich als möglicher, neuer Lieferant bei der Deutschen Telekom AG und ihren Tochterunternehmen. Die Aufnahme in den Lieferantenpool erfolgt in vier Schritten:

- Registrierung: Ausfüllen und Absenden des Registrierungsformulars
- Prüfung: Überprüfung Ihrer Angaben durch die Deutsche Telekom AG
- Freigabe: Aufnahme in den Lieferantenpool durch die Deutsche Telekom AG und Übermittlung der Zugangsdaten per E-Mail an Sie
- Erstanmeldung: Ausfüllen des Fragebogens und Vervollständigung der Stammdaten Ihres Unternehmens

Nach Prüfung Ihrer Registrierungsdaten erhalten Sie eine Benachrichtigung per E-Mail.

Für Ihre Registrierung füllen Sie bitte das folgende Formular aus:

Firmenname: *
inkl. Rechtsform
Firmenname Teil 2:
Firmenname Teil 3:
Firmenname Teil 4:
DUNS-Nummer: *
Land: * Deutschland
Straße: * / Hausnummer: *
Postleitzahl: * / Stadt: *
URL:
Sprache: * Bitte auswählen...
Anrede: *
Vorname: *
Nachname: *
Telefon: * Bsp. 0049 - 228 - 18117000
E-Mail: *
Warengruppe:
- IT HW/SW
- IT-Services
- Marketing & Indirect Materials
- Network
- Terminals, Service Platforms and VAS

Beschreibung des Leistungsspektrums: *
Name Telekom Einkäufer:
E-Mail Telekom Einkäufer:
Telefon Telekom Einkäufer: Bsp. 0049 - 228 - 18117000
Ihre Motivation zur Registrierung: *

Absenden

* Pflichtfelder

32 Nach der Registrierung und bereits erteilten **Verifizierung** durch Dun & Bradstreet wird von der Telekom eine weitere Prüfung vorgenommen, ob man ein Bieter geeignet ist.

Ich möchte Lieferant werden

Vielen Dank für Ihre Registrierung im Lieferantenportal der Deutschen Telekom AG. Bitte haben Sie Verständnis dafür, dass die Prüfung Ihrer Registrierung 5-8 **Werktage** in Anspruch nimmt. Sobald die Prüfung Ihrer Angaben abgeschlossen ist, erhalten Sie eine Rückmeldung von einem unserer Mitarbeiter. Sollten bei der Bearbeitung oder Übermittlung Ihrer Registrierungsdaten Schwierigkeiten auftreten, kontaktieren Sie uns bitte über unsere Kontaktangaben.

V. Erstmalige Anmeldung

Nachdem man von der Telekom geprüft wurde und diese die Freigabe erteilt haben, erhält man seine Zugangsdaten in **zwei separaten e-Mails** an die in der Registrierung angegebene E-Mail-Adresse. Direkt bei der ersten Anmeldung ist das Passwort zu ändern. 33

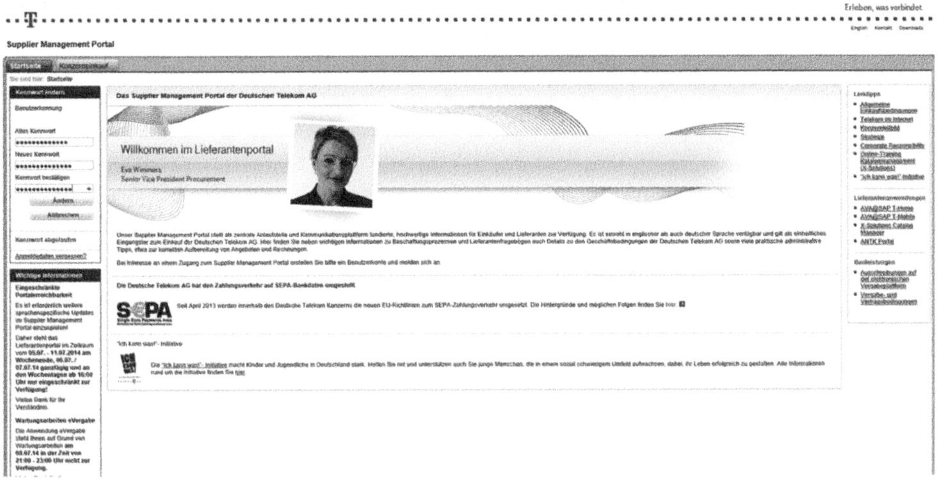

VI. Nutzungsbedingungen

Um die Dienste der Lieferantenplattform der Deutschen Telekom nutzen zu können, muss man hier den **Bestimmungen des Datenschutzes** und den speziellen Nutzungsbedingungen (NB e-commerce) der Deutschen Telekom Gruppe für von ihr bereitgestellten elektronischen Kommunikationsverfahren zustimmen. 34

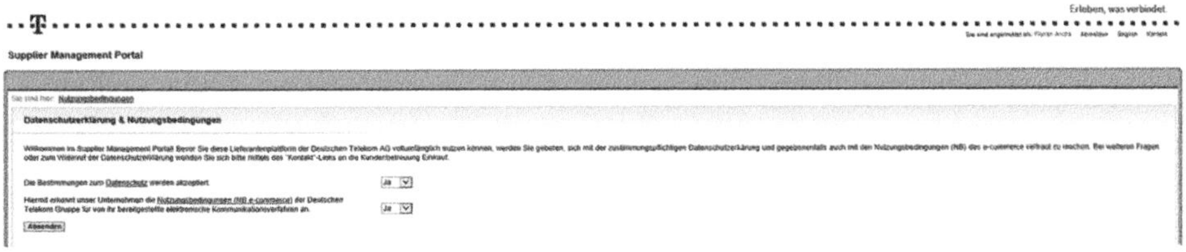

VII. Aufbau des Supplier Management Portals

35 Innerhalb des Portals stehen den Nutzer **verschieden Funktionen** zur Verfügung – unter anderen werden dem Nutzer hier auch die Vorteile aufgeführt, die sich für ihn als potentiellen Lieferanten ergeben, wenn er mit dem Supplier Management Portal arbeitet. Die Benutzung der einzelnen Funktionen, die sich hinter den verschiedenen Reitern verbergen, ist intuitiv erfassbar – nicht nur daraus ergibt sich eine **hohe Transparenz** innerhalb des gesamten Prozesses.

Supplier Management Portal

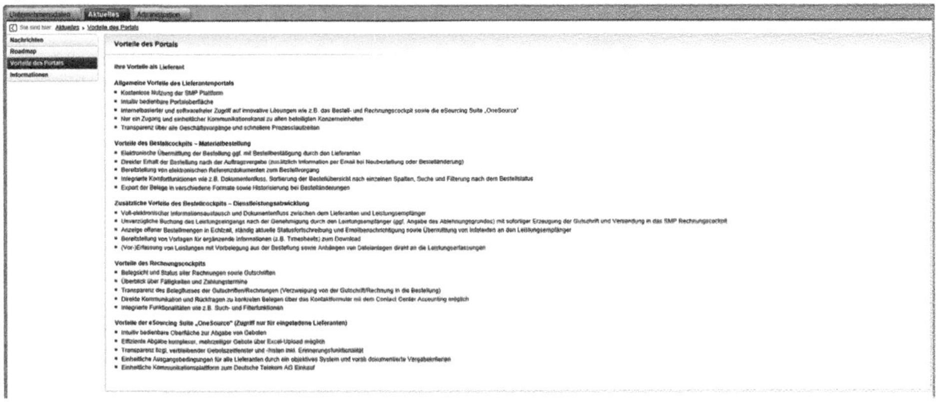

Kapitel 8
Ausblick

Die Einführung der elektronischen Vergabe schreitet immer weiter voran. Vergaben des Bundes werden schon heute **nahezu vollständig elektronisch** abgewickelt. Auch für alle anderen öffentlichen Auftraggeber wird es mit der Umsetzung der 2014er Vergaberichtlinien zur Pflicht werden, alle europaweiten Ausschreibungen **spätestens ab 2018 nur noch elektronisch** abzuwicklen. Ob bzw. wie weit der nationale Gesetzgeber darüber hinaus gehen wird – mit kürzeren Umsetzungsfristen oder mit verpflichtender eVergabe auch unterhalb der Europa-Schwelle – konnte bei Redaktionsschluss dieses Buches noch nicht beantwortet werden. Aber das **Europarecht zwingt alle** öffentlichen Auftraggeber, bis spätestens Herbst 2018 die technischen und organisatorischen Rahmenbedingungen für die vollständige elektronische Vergabe zu schaffen. Im Rahmen dieses unausweichlichen Prozesses sind weder Hektik noch Muße angezeigt, wie *Adams*[1] treffend ausführt: 1

> *„Digitale Angebote sind in allen marktgängigen Verfahren möglich, obwohl sie derzeit nicht zwingend erforderlich sind. Dennoch: Ab 2016 (plus Nachfrist bis spätestens Herbst 2018) werden zumindest alle EU-Verfahren vollelektronisch abgewickelt werden müssen. Aus den bisherigen Erfahrungen empfiehlt es sich, dieses Datum nicht erst abzuwarten, keinen Hürdenlauf ins Jahr 2016 zu starten, sondern die Prozesse – nicht hektisch, aber möglichst bald – auf die elektronische Angebotsabgabe umzustellen. Dies sollte nicht nur für die großen und komplexen Verfahren gelten, auch wenn sich die Kostenreduzierung dort am deutlichsten zeigt.“*

Es darf also erwartet werden, dass diese Möglichkeiten dann auch für die Mehrzahl der Auftragsvergaben genutzt werden. 2

A. Handlungsalternativen

Papiergebundene Verfahren zusätzlich weiterhin zuzulassen (jedenfalls dort, wo die eVergabe nicht verbindlich vorgeschrieben ist), ist keine wirkliche Alternative. Schließlich müssen sich alle Verwaltungen und alle Bieter in den nächsten Jahren ohnehin auf die Anwendung der eVergabe umstellen. Das Weiterführen des bisherigen Systems würde dazu führen, dass **zwei parallele Strukturen** entstehen: Ein Ablaufschema für papiergebundene Angebote, ein zweites für elektronische. Desgleichen gilt für die alle Verwaltungsabläufe in der Planung der Ausschreibung. 3

1 Adams, Service-Guide eVergabe Ausgabe 01/2014, S. 9.

4 Derartige **Doppelstrukturen** mögen in der Umstellungsphase noch sinnvoll sein, solange sich nicht alle Marktteilnehmer an die neue eVergabe gewöhnt haben. Aber die bisherigen Bemühungen zur Einführung der eVergabe zeigen: Wird nicht irgendwann ein **Endpunkt für das alte Verfahren** angekündigt, sind die Beharrungskräfte so groß, dass die Einführung nicht voran kommt.

5 Das Mantelbogenverfahren hat sich in den letzten Jahren als Kombination aus elektronischem und papiergestützten Verfahren bewährt und vor allem kleinen und mittleren Bietern die **Arbeit mit Signaturkarten erspart**. Die nationale Rechtsfindung hat dieses Verfahren als einen Spezialfall des schriftlichen Verfahrens eingeordnet. Wenn sich diese Auffassung verfestigt, wird das Mantelbogenverfahren für binnenmarktrelevante Vergabeverfahren demnächst nicht mehr möglich sein.[2]

6 Auch für nationale Vergabeverfahren kann das Mantelbogenverfahren in einer Übergangszeit vielleicht noch eine höhere Bieteranzahl ermöglichen. Doch es hat den Nachteil, dass damit **nicht die volle Rationalisierung** erreicht werden kann, weil es noch immer einen Medienbruch enthält: Die Mantelbögen bedürfen weiterhin der physischen Aufbewahrung. Eine archivarische Doppelstruktur von elektronischer und physischer Aktenführung bleibt erhalten.

7 Die Anstrengungen der EU weisen aber noch über das Ende des Vergabeverfahrens hinaus. So soll auch die **gesamte Auftragsabwicklung** bis hin zur Rechnungsstellung demnächst voll elektronisch möglich sein. Einzelne papiergebundene Arbeitsschritte, wie der Mantelbogen, würde in einer ansonsten durchgängige digitalen Prozesskette zum Sand im Getriebe.

8 Die Zielsetzung, auch den letzten **Medienbruch zu vermeiden**, ist also richtig. Um das zu erreichen und eine weiterhin hohe Bieteranzahl auch bei kleinen und typischerweise von lokalen Auftragnehmern ausgeführten Aufträgen zu erhalten, wird erst aber nötig sein, den kleinen und mittleren **Unternehmen ausreichende Hilfestellungen** zu gewähren, damit sie sich auf diese Herausforderung einstellen können.

B. Koordinationsbedarf

9 Die Einführung der eVergabe ist nicht das einzige Projekt der Verwaltungsmodernisierung. **eGovernment** soll, wenn es nach dem Willen der Bundesregierung geht, in **alle Bereich der Verwaltung** Einzug halten. Das bedeutet aber auch, dass die nun entstehenden Insel-Lösungen für verschiedene Verwaltungsvorgänge intelligent miteinander verknüpft werden.

10 So ist es an den Gerichten längst üblich, **elektronische Akten** zu führen. Aber wird es auch möglich sein, die Vergabeakte aus einem elektronischen Vergabeverfahren rechtssicher elektronisch an die Vergabenachprüfungsinstanzen zu übergeben?

2 Vgl. Poppitz: „Der dritte Weg – Das Mantelbogenverfahren“ , VS 2014, 30.

Noch

Gleiches gilt für die **Dokumentenmanagementsysteme**, die nach und nach in den Verwaltungen Einzug halten. Die schönste medienbruchfreie eVergabe stößt dort an ihre Grenzen, wo nicht Medienbrüche, **sondern fehlende Schnittstellen** dazu führen, dass Unterlagen nicht elektronisch übergeben werden können. 11

Interessant wird auch der Umgang mit der Einsicht in die Vergabeakte im Nachprüfungsverfahren. Das eGovernmentgesetz regelt zwar in § 8: 12

> Soweit ein Recht auf Akteneinsicht besteht, können die Behörden des Bundes, die Akten elektronisch führen, Akteneinsicht dadurch gewähren, dass sie
> 1. einen Aktenausdruck zur Verfügung stellen,
> 2. die elektronischen Dokumente auf einem Bildschirm wiedergeben,
> 3. elektronische Dokumente übermitteln oder
> 4. den elektronischen Zugriff auf den Inhalt der Akten gestatten.

Wer hier Medienbrüche vermeiden will, kann eigentlich nur die Varianten 3 oder 4 nutzen, was allerdings voraussetzt, dass die Vergabekammern in die Lage versetzt werden, **Aktenauszüge zur Einsichtnahme** zu fertigen, um die Geschäftsgeheimnisse der Mitbewerber zu schützen. 13

Dies alles umzusetzen, erfordert noch einen hohen Aufwand an **Koordinierung der eingesetzten Systeme**. Die kommunale Ebene ist heute noch vielfach damit überfordert, überhaupt ganze Verwaltungsvorgänge elektronisch abzubilden. Zumeist beschränken sich die eGovernment-Angebote lediglich auf die elektronische Kommunikation mit dem Bürger[3]. 14

Der Bund bindet zwar mit dem eGovernmentgesetz seine eigenen Dienststellen und die Behörden der Länder und Kommunen, soweit sie Bundesrecht ausführen (wie z.B. bei der Ausstellung von Personalausweisen). Auch hat der Bunde im Verwaltungsverfahrensgesetz für sein Handeln die Voraussetzungen für die elektronische Kommunikation geschaffen. In vielen Landesverwaltungsverfahrensgesetzen sieht das (z.B. für die Verwendung der De-Mail) noch anders aus. Hier müssen **noch Lücken geschlossen werden** – und die gesetzlichen Regeln einheitlich ausfallen. 15

C. Führt eVergabe zu mehr Ausschreibungen und mehr Bewerbungen?

Die Anzahl der Studien über die tatsächliche Wirkung der elektronischen Vergabe ist überschaubar. Europaweit hat die EU-Kommission in ihrem Grünbuch zur elektronischen Beschaffung im Jahr 2010 **einige Erhebungen** zusammengetragen, die 16

3 Klinger: „Gesetz gibt neue Impulse“, der gemeinderat 2/14 S. 14f.

Noch

passend zur Zielsetzung der Kommission, die elektronische Vergabe zu fördern, Einsparungserfolge in verschiedenen Mitgliedsstaaten aufzeigen:

- *Die Agentur Intercent ER der italienischen Region Emilia Romagna bietet eine Reihe von e-Procurement-Diensten, darunter Internet-Marktplätze (e-Marketplace), elektronische Kataloge (e-Catalogues) und elektronische Versteigerungen (e-Auctions) und ist nun Referenz für 539 Verwaltungen (90 % der lokalen Behörden). Im Jahr 2008 hat die Agentur Transaktionen im Volumen von ca. 419 Mio. € abgewickelt und dabei Effizienzgewinne im Wert von 67,5 Mio. € und Zeiteinsparungen im Umfang von 45 Mannjahren realisiert.*
- *Die österreichische Bundesbeschaffungsagentur zentralisiert Einkäufe für Bundesbehörden mittels e-Procurement-Funktionen. 2008 verbuchte sie Einsparungen in Höhe von 178 Mio. € bei einem Beschaffungsvolumen von 830 Mio. €. Die Vorteile scheinen die jährlichen Instandhaltungskosten in Höhe von 5 Mio. €, die weniger als 3 % der Einsparungen ausmachen, deutlich zu überwiegen.*
- *Seit 1. Februar 2005, dürfen alle öffentlichen Auftraggeber in Dänemark nur nochelektronische Rechnungen akzeptieren. Diese Reform betrifft ca. 15 Millionen Rechnungen jährlich und gilt für den gesamten öffentlichen Sektor von Ministerien bis zu Kindergärten. Die elektronische Fakturierung (e-Invoicing) wird der Öffentlichkeit voraussichtlich 100 Mio. € jährlich einsparen – zusätzlich zu den Einsparungen bei der internen Verwaltung.*
- *In Norwegen ermöglicht die Plattform Ehandel den Behörden Zeiteinsparungen bei der Bearbeitung von Bestellungen, Entgegennahme von Gütern und Rechnungsstellung von 20 bis 40 % sowie Kosteneinsparungen bei der Auslieferung von 2 bis 10 %.*
- *Im Vereinigten Königreich führt die Webseite Buying Solutions in ihrem Jahresbericht 2008/09 an, dass sie Transaktionen im Wert von über 5 Mrd. £ unterstützt und dabei Einsparungen in Höhe von 732 Mio. £ ermöglicht hat. Daneben berichtet das Vereinigte Königreich, dass die mit elektronischen Versteigerungen (e-Auctions) erzielten Einsparungen häufig 10 % überschreiten (und manchmal bis zu 45 % betragen), und hat kürzlich angekündigt, dass der beabsichtigte Einsatz von e-Auctions den Steuerzahlern bis Ende 2011 Einsparungen von bis zu 270 Mio. £ bringen soll.*
- *In einer portugiesischen Studie wurden die besten Angebote für öffentliche Arbeiten verglichen, die von 50 staatlichen portugiesischen Krankenhäusern 2009 (mit einem papiergestützten System) und 2010 (per e-Procurement) vergeben wurden. Die Studie gelangte zu dem Ergebnis, dass 2010 infolge des durch e-Procurement intensivierten Wettbewerbs Einsparungen von 18 % erreicht worden sind.*[4]

4 Grünbuch zum Ausbau der e-Beschaffung in der EU, KOM(2010) 571 endgültig, S. 5.

Allerdings sind solche Erfolge auch abhängig vom jeweils zu betrachtenden Markt. 17
Erfolge hinsichtlich einer **Verbreiterung der Angebotsbasis** sind nur dort zu erwarten, wo im konventionellen, papiergestützen Verfahren noch nicht alle Marktteilnehmer erreicht werden. Je **spezialisierter das Beschaffungsgut**, je kleiner europaweit die Anzahl theoretisch in Frage kommender Lieferanten ist, desto geringer werden die Einsparungs- und Marktöffnungserfolge der eVergabe sein.

Beispiel
Eine Studie der Universität Kassel zur Beschaffung von Polizeiausrüstung hat dies gezeigt. Es hat sich herausgestellt, dass in diesem hoch spezialisierten Markt die Angebotsvielfalt nicht erhöht werden konnte, weil auch über die eVergabe nicht mehr Marktteilnehmer erreicht worden sind, also zuvor.[5]

Alleine eine eVergabe-Software anzuschaffen, führt nicht automatisch zu mehr Angeboten. Insbesondere ist schon bei der **Konzeption der Beschaffung** zu beachten, dass eine signifikante Angebotsausweitung nur dann eintreten wird, wenn die Bieteranzahl nicht durch die Definition des Beschaffungsgegenstandes zu stark eingeschränkt ist. So sieht das auch das OLG Karlsruhe: „Auch bei der Festlegung des Beschaffungsbedarfs ist grundsätzlich der Zweck des Vergaberechts, einen **möglichst breiten Wettbewerb** zu ermöglichen, zu beachten."[6] 18

Hinweis
Anders ausgedrückt: Die elektronische Vergabe ersetzt nicht die Pflicht zur umfassenden Markterkundung.

Für **standardisierte Produkte**, die von einer Vielzahl von Anbietern hergestellt 19
werden, oder Bauleistungen, die von **unzähligen Unternehmen** in ganz Europa erbracht werden können, sollte aber aus rein logischen Erwägungen die Anzahl der Angebote durch die elektronische Vergabe zunehmen. Denn es darf als sicher unterstellt werden, dass auf dem elektronischen Verbreitungsweg mehr Unternehmen die Gelegenheit erhalten, vom Beschaffungsbedarf des Auftraggebers zu erfahren. Diese **breitere Streuung** kann nur den Effekt haben, dass entweder gleich viele oder mehr Unternehmen von der Ausschreibung Kenntnis erhalten und sich bewerben können. Ein möglicher gegenläufiger Effekt, dass Unternehmen, die allein weiterhin konventionell in Presseveröffentlichungen oder dergleichen nach Aufträgen suchen, nicht mehr erreicht werden, kann ja vom Auftraggeber ausgeglichen werden. Es bleibt ihm ja unbenommen, auf seine elektronische Ausschreibung **auch auf konventionellem**

5 Laux: „Wirksamkeit der Nutzung von E-Vergabe im Beschaffungsmanagement der öffentlichen Verwaltung", Kassel, 2010. Zugleich Dissertation zur Erlangung des akademischen Grades eines Doktors der Wirtschafts- und Sozialwissenschaften.
6 OLG Karlsruhe, Beschl. v. 15.11.2013, Az.: 15 Verg 5/13 (2. Leitsatz).

Wege hinzuweisen. Letzteres dürfte aber nur in einer gewissen Übergangszeit sinnvoll sein, bis sich die neue Technik der eVergabe auch in Bieterkreisen vollständig durchgesetzt hat.

20 Die zweite Frage in diesem Zusammenhang wäre, ob denn auch die öffentlichen Auftraggeber durch die elektronische Vergabe motiviert werden, mehr Aufträge zu **veröffentlichen anstatt sie freihändig** zu vergeben. Die weit überwiegende Zahl der Auftragsvergaben – sowohl was die absolute Zahl, als auch was das Auftragvolumen angeht – wird nämlich freihändig getätigt.

Beispiel
Der Freistaat Sachsen veröffentlicht regelmäßig einen Bericht über alle Auftragsvergaben der Landesbehörden. Dessen Zahlen aus dem Jahr 2012 seien hier exemplarisch zitiert: Danach wurden 96 % aller Aufträge freihändig vergeben, was 61 % des gesamten Auftragsvolumens entsprach.[7] Der Vergleich mit den Vorjahren zeigt dabei keine Tendenz, dass die Zahl der freihändigen Vergaben rückläufig wäre, obwohl unterstellt werden darf, dass auch in Sachsen die Einführung der eVergabe immer weiter fortschreitet.

---

21 Dies zeigt, dass in den Verwaltungen ein **gewisses Beharrungspotential** besteht: Es bedarf eines Impulses von außen, um **alte Prozesse aufzubrechen** und durch neue zu ersetzen. Gerade bei der ad-hoc-Vergabe von Kleinaufträgen ist es oftmals einfacher, drei Anbieter anzurufen und um ein Angebot zu bitten, als ein Formular am Rechner auszufüllen und auf unbestimmte Antworten zu warten. Hier gilt es, den Blick in den Vergabestellen dafür zu schärfen, welche **bisherigen freihändigen Vergaben** sich für die eVergabe eignen. Aus dem Vergabebericht des Freistaates Sachsen sei dazu ein weiteres Beispiel zitiert.

Beispiel
So wird der freihändige Einkauf eines Kraftfahrzeugs im Jahr 2012 damit begründet, dass aufgrund eines Totalschadens sofortiger Ersatz erforderlich war. Dabei sind alle Fahrzeughersteller bereits seit Juli 2009 zur elektronischen Angebotsabgabe jedenfalls für Aufträge des Bundes verpflichtet. Ein beschleunigtes offenes elektronisches Verfahren wäre also an Stelle einer freihändigen Beschaffung durchaus denkbar.

---

22 Aber selbst **freihändige Verfahren** lassen sich ja **elektronisch abbilden**. Allerdings: *„Den Anwendern zu zeigen, dass auch hier die E-Vergabe nutzbringend sein kann, ist eine sehr anspruchsvolle Herausforderung, die noch gemeistert werden muss.*[8]" Denn durch die kleine Anzahl von Bietern in freihändigen Verfahren fielen manche Vorteile der elektronischen Abwicklung nicht mehr so ins Gewicht. Aber es bleibt auch

7 Vergabebericht 2012 des Freistaates Sachsen.

8 Schinzer: „Kein Widerspruch – Freihändige Vergabe als Herausforderung für die eVergabe", Behörden Spiegel 10/2012.

hier bei einer **Entlastung der Verwaltung** durch die Möglichkeit der automatisierten Angebotsauswertung und Dokumentation.

D. Verwirklicht eVergabe den virtuellen EU-weiten Marktplatz?

Die Verwirklichung eines einheitlichen europäischen Marktplatzes ist wünschenswert, gestaltet sich aber **in der Praxis schwierig**. Während zumindest für binnenmarktrelevante Aufträge eine einheitliche Veröffentlichungsplattform existiert, seitdem das Supplement zum EU-Amtsblatt nur noch elektronisch erscheint, sind alle anderen Vergaben und alle weiteren Schritte der elektronischen Vergabeverfahren **auf europäischer Ebene mindestens genauso zersplittert wie national.** 23

In Deutschland wurde viele Jahren über eine gemeinsame Schnittstellendefinition zwischen Softwareherstellern, Bietern und Vergabestellen beraten. Im Jahr 2013 wurde auf der CeBIT dann erstmals die **X-Vergabe** als Ergebnis dieser langjährigen Bemühungen live vorgestellt. Es ist jetzt also bekannt, dass sie zumindest prinzipiell funktioniert. Allerdings ist es noch lange nicht so, dass die X-Vergabe nun auch überall genutzt würde. 24

„Der erste Tag der XVergabe am 19. September 2013 im Beschaffungsamt des Bundesministeriums des Innern zeigte eines ganz deutlich: XVergabe tut not – und zwar sowohl bei den Bietern als auch bei Vergabestellen und Lösungsanbietern", heißt es in einer Pressemitteilung des Amtes, in der dann aber auch darauf hingewiesen wird, dass deren Einführung noch sowohl für die Vergabestellen als auch für die Bieter **eine Herausforderung** darstelle. 25

Derweil besteht die Hoffnung, dass sich der jetzt etablierte XVergabe-Standard auch europaweit durchsetzt. Denn grenzüberschreitend müssen die gleichen Probleme gelöst werden, wie innerhalb Deutschlands: Die unterschiedlichsten Vergabesysteme sollen **mit einem einzigen Bieterclient** bedient werden können. Die verbindliche Einführung der elektronischen Vergabe in ganz Europa ist also nur der erste Schritt hin zum **einheitlichen virtuellen Vergabemarktplatz**. Erst wenn es gelingt, dass die Unternehmen sich nicht mehr mit dutzenden unterschiedlicher Softwarelösungen für die verschiedenen Auftraggeber herumschlagen müssen, ist dieser einheitliche Marktplatz auch in der Praxis angekommen. 26

Ein vergleichsweise kleines Problem übrigens wird wohl die **Sprachbarriere** darstellen. Denn schon heute können die Auftragsgegenstände mittels der **CPV-Nomenklatur** in alle EU-Sprachen übertragen werden. 27

Neben dem einheitlichen Bieterclient arbeitet europaweit ein zweites Gremium, das Pan-European Public Procurement Online (PEPPOL)-Konsortium, an der **Vereinheitlichung des gesamten elektronischen Procurements** – also nicht nur für die Vergabe, sondern auch für die gesamt Auftragsabwicklung bis hin zur Rechnungsstellung und Zahlung. Die hier gesetzten Standards betreffen vor allem den europaweiten elektronischen Dokumentenaustausch. 28

Noch

29 Das PEPPOL-Konsortium beschreibt die Zielsetzung dieser Standardisierung wie folgt[9]:

> *„A Danish small manufacturer of specialised microscopes could easily bid in a tender issued by a French hospital. PEPPOL standards would ensure that the manufacturer's corporate attestations and product offers are securely submitted to the hospital in a legally and technically appropriate manner. And, if this Danish small enterprise is successful in its bid, the French hospital would be able to send orders and receive invoices in terms of a common set of defined business rules and processes.“*[10]

30 Das PEPPOL-Projekt ist erfolgreich im August 2012 beendet worden. Die dabei **definierten Standards** werden nunmehr von der OpenPEPPOL AISBL – das ist eine Non-Profit-Organisation belgischen Rechtes mit Sitz in Brüssel – weiterentwickelt und allen interessierten Softweareentwicklern zur Verfügung gestellt.

E. Kann durch eVergabe ein (Wirtschafts-) Wachstum erzielt werden?

31 Es wäre vermessen, im letzten Kapitel dieses Werkes noch die gesamte **ökonomische Wachstumstheorie** zu referieren. Wodurch wirklich Wirtschaftswachstum stimuliert werden kann, ist zwischen den verschiedenen volkswirtschaftlichen Schulen im höchsten Maße umstritten. Zwei Zusammenhänge aber sind klar:

32 Bleibt den Unternehmen ein höherer Gewinn, haben sie eher die Möglichkeit, zu investieren und zu forschen, um **technischen Fortschritt** zu ermöglichen.

33 Wenn der Staatshaushalt durch preisgünstigere Beschaffung entlastet wird, bleiben **mehr Spielräume** – für die Senkung der Belastung von Unternehmen ebenso wie für zusätzliche staatliche Investitionen.

34 Allein, niemand weiß, wie sich Staaten und Unternehmen **tatsächlich verhalten** werden. Aber genau davon wird es anhängen, ob zusätzliches Wachstum möglich sein wird.

---

9 http://project.peppol.eu/about_peppol, abgerufen am 16.04.2014. Die Website gibt es nur in englischer Sprache.

10 Ein kleiner dänischer Hersteller spezialisierter Mikroskope kann einfacher auf eine Ausschreibung eines französischen Krankenhauses bieten. PEPPOL-Stadards stellen dabei sicher, dass die Bescheinigungen des Herstellers und sein Angebot sicher in einer rechtlich und technisch einwandfreien Weise an das Krankenhaus übertragen werden. Und wenn das dänische Kleinunternehmen mit seinem Angebot erfolgreich war, kann das französische Krankenhaus seinen Auftrag im Rahmen wohl definierter Geschäftsregeln und -abläufe senden und ebenso die Rechnung empfangen.

Noch

35 Die Europäische Kommission geht in ihren Analysen davon aus, dass die Umstellung auf eVergabe das **Wirtschaftswachstum fördern** wird. Dazu trägt sie im Wesentlichen drei Argumente vor.

36 Erstens werde die eVergabe dazu führen, dass sich **mehr kleine und mittlere Unternehmen an Ausschreibungen beteiligen** können: „*Darüber hinaus kann die elektronische Auftragsvergabe dazu beitragen, neue Quellen für Wirtschaftswachstum und Beschäftigung zu erschließen. Die e-Vergabe kann Unternehmen, insbesondere KMU, das Leben erheblich erleichtern, indem sie bei Ausschreibungen für mehr Transparenz und einen besseren Zugang sorgt und die Kosten der Teilnahme an Ausschreibungen (etwa für die Übermittlung oder den Ausdruck von Unterlagen) reduziert. Die innerhalb und außerhalb der EU gemachten Erfahrungen zeigen, dass sich bei Nutzung elektronischer Vergabeverfahren die Teilnahme von KMU an öffentlichen Ausschreibungsverfahren erhöht.*“[11] Schleierhaft bleibt in dieser Argumentation aber, wieso dies zu einem Wirtschaftswachstum, also zu einer **Steigerung der Bruttoinlandsproduktes** führen sollte. Schließlich steigt das Auftragsvolumen ja nicht dadurch, dass sich mehr Bieter um ein und denselben Auftrag bewerben. Im Gegenteil: nominal fällt es sogar, weil die Leistungen ja durch die steigenden Konkurrenz zu einem geringeren Preis beschafft werden können.

37 Zweitens soll die eVergabe **erhebliche Einsparungen** bei den öffentlichen Ausgaben ermöglichen. „*Die öffentlichen Ausgaben für Waren, Bauleistungen und Dienstleistungen machen 19 % des BIP der EU aus. Eine effizientere Verwaltung der öffentlichen Ausgaben kann daher einen wesentlichen Beitrag zur Verbesserung ihrer Gesamteffizienz leisten. Die derzeitige Krise bietet den Mitgliedstaaten die Möglichkeit, die Umsetzung struktureller Änderungen in ihrer Verwaltung voranzutreiben, um den Anteil der öffentlichen Ausgaben am BIP zu verringern und die eingesparten Mittel für Investitionen in wachstumsfördernde Maßnahmen einzusetzen. [...] Die Modernisierung der öffentlichen Verwaltung zählt zu den fünf Prioritäten, die die Kommission in ihren Jahreswachstumsberichten 2012 und 2013 gesetzt hat. Die Reform der öffentlichen Auftragsvergabe, die Digitalisierung der öffentlichen Verwaltung, die Verringerung des Verwaltungsaufwands und die Steigerung der Transparenz sind Faktoren, die das Wachstum begünstigen.*“[12]. Aber bereits in der Argumentation der Kommission ist hier schon der Zweifel an der Wirksamkeit angelegt. Es ist eben nicht die eVergabe selbst, die das Wachstum fördert, sondern sie senkt nur die bisherigen Kosten. Wie diese **frei werdenden Mittel** schließlich eingesetzt werden, ist Ergebnis politischer Entscheidungen. Ebenso wird auf politischer Ebene entschieden werden, welche „wachtumsfördernden Maßnahmen“ denn nun unternommen werden sollen, und ob diese Maßnahmen wirksam sein werden. Kurz: Die eVergabe schafft **Spielräume für**

---

11 Pressemitteilung der EU-Kommission IP 12/389 vom 20.04.2012.

12 „Durchgängig elektronische Vergabe öffentlicher Aufträge zur Modernisierung der öffentlichen Verwaltung“ Mitteilung der EU-Kommission COM (2013) 453 endg.

Wachstum, die dann richtig genutzt werden müssen, um das Wachstum auch tatsächlich zu erzielen.

38 Drittens, **entlastet die eVergabe die Unternehmen** von Verwaltungsaufwand, jedenfalls dann, wenn die Umstellung erst einmal vollzogen ist. *„Die Umstellung auf eine durchgängig elektronische Vergabe kann erhebliche Einsparungen bewirken und das Überdenken der Struktur bestimmter Bereiche der öffentlichen Verwaltung begünstigen. Sie bildet einen Wachstumsfaktor, da sie den Binnenmarkt öffnet und Innovation und Vereinfachung fördert. Darüber hinaus kann die durchgängig elektronische Vergabe auch KMU die Teilnahme an öffentlichen Vergabeverfahren erleichtern, da sie eine Verringerung des Verwaltungsaufwands, eine Steigerung der Transparenz in Bezug auf Geschäftsmöglichkeiten und eine Senkung der Teilnahmekosten bewirkt."*[13]Dies schein noch das stärkste der drei Argumente für die wachstumsfördernde Wirkung der eVergabe zu sein. Ein **Bürokratieabbau** und die Senkung unternehmensbezogenen Verwaltungsaufwandes hat zumeist eine stimulierende Wirkung auf die Wirtschaft, weil in den Unternehmen noch am ehesten frei werdende Mittel für Innovation und Investitionen genutzt werden.

39 Fazit: ein Wirtschaftswachstum durch die Einführung der eVergabe scheint möglich, setzt aber die **richtigen Weichenstellungen** bei der nationalen Umsetzung der Vergaberichtlinien voraus, damit die wachstumsfördernden Effekte auch tatsächlich in der Wirtschaft ankommen.

13 Ebenda.

Noch

Stichwortverzeichnis

Die Zahlen in Fettdruck beziehen sich auf die Kapitel des Werkes, die Ziffern beziehen sich auf die Randnummern innerhalb der Kapitel.

Printed and bound by CPI Group (UK) Ltd, Croydon, CR0 4YY
08/10/2026
14978833-0001